Fenômenos Sociais nos Negócios

Preencha a **ficha de cadastro** no final deste livro
e receba gratuitamente informações
sobre os lançamentos e as promoções da
Editora Campus/Elsevier.

Consulte também nosso catálogo
completo e últimos lançamentos em
www.campus.com.br

Charlene Li
Josh Bernoff

Fenômenos Sociais nos Negócios
Groundswell

VENÇA EM UM MUNDO TRANSFORMADO PELAS REDES SOCIAIS

Tradução
Sabine Alexandra Holler

Do original: *Groundswell*
Tradução autorizada do idioma inglês da edição publicada por Harvard Business School Publishing
Copyright © 2008, by Forrester Research, Inc.

© 2009, Elsevier Editora Ltda.

Todos os direitos reservados e protegidos pela Lei nº 9.610, de 19/02/1998.
Nenhuma parte deste livro, sem autorização prévia por escrito da editora, poderá ser reproduzida ou transmitida sejam quais forem os meios empregados: eletrônicos, mecânicos, fotográficos, gravação ou quaisquer outros.

Copidesque: Shirley Lima da Silva Braz
Revisão: Edna Cavalcanti e Roberta Borges
Editoração Eletrônica: Estúdio Castellani

Elsevier Editora Ltda.
Rua Sete de Setembro, 111 – 16º andar
20050-006 – Centro – Rio de Janeiro-RJ – Brasil
Telefone: (21) 3970-9300 Fax: (21) 2507-1991
E-mail: info@elsevier.com.br
Escritório São Paulo
Rua Quintana, 753/8º andar
04569-011 – Brooklin – São Paulo – SP
Tel.: (11) 5105-8555

ISBN 978-85-352-3295-0
Edição original: ISBN 978-1-4221-2500-7

Nota: Muito zelo e técnica foram empregados na edição desta obra. No entanto, podem ocorrer erros de digitação, impressão ou dúvida conceitual. Em qualquer das hipóteses, solicitamos a comunicação à nossa Central de Atendimento, para que possamos esclarecer ou encaminhar a questão.

Nem a editora nem o autor assumem qualquer responsabilidade por eventuais danos ou perdas a pessoas ou bens, originados do uso desta publicação.

Central de atendimento
Tel.: 0800-265340
Rua Sete de Setembro, 111, 16º andar – Centro – Rio de Janeiro
e-mail: *info@elsevier.com.br*
site: *www.campus.com.br*

CIP-Brasil. Catalogação-na-fonte
Sindicato Nacional dos Editores de Livros, RJ

L659f   Li, Charlene
Fenômenos sociais nos negócios : vença em um mundo transformado pelas redes sociais / Charlene Li e Josh Bernoff ; tradução Sabine Alexandra Holler. – Rio de Janeiro : Elsevier, 2009.

Tradução de: Groundswell
Inclui índice
ISBN 978-85-352-3295-0

1. Redes de relações sociais em linha – Aspectos econômicos. 2. Sociedade da informação – Aspectos econômicos. I. Bernoff, Josh. II. Título.

09-0589.   CDD: 303.4833
                                                   CDU: 316.422

Para Bill Blue

Agradecimentos

Um livro – este em especial – é algo incrível e estranho. Ele começa como algo imaginário na mente de algumas pessoas e termina como um objeto bastante concreto, destinado, esperamos, a tocar a mente de muitas outras.

Nesse caminho, precisamos escutar, falar com, energizar, obter o apoio de e incluir – além de inspirar, persuadir, desafiar, implorar, encantar e colaborar com – inúmeras pessoas. Tivemos de construir nosso *groundswell* em torno desta obra e, como relatamos nestas páginas, ele promoveu mudanças em nós, assim como nós o influenciamos. Acreditamos fazer parte deste *groundswell*, e somos gratos a todos que estão nele.

Começamos por George F. Colony, fundador e CEO da Forrester Research. Quando, como analistas, nos aproximamos dele com a idéia de escrever este livro, sua decisão racional teria sido dizer não, pois deveríamos nos concentrar no que estávamos fazendo. Ao invés disso, George adotou a idéia e, nos 18 meses que trabalhamos para transformar a idéia em realidade, ele nunca vacilou em seu apoio entusiasmado. George é, por essência, uma pessoa de idéias, e queria ver que idéias poderíamos criar quando tivéssemos a chance de fazê-lo. Esperamos ter cumprido o prometido.

Ike Williams, nosso agente (ou, como o *Boston Globe* escreve, *über agent*), lida igualmente bem com editores e autores – sem o seu aconselhamento, este livro não teria sido possível.

Jacque Murphy, nosso editor, e o impressionante grupo de pessoas da Harvard Business School Publishing não apenas tornaram a obra melhor, como conseguiram finalizá-la sem comprometer a qualidade, em um prazo que deixaria a maioria das editoras surpresas. Nossos agradecimentos também são dirigidos aos nossos colegas revisores anônimos, que deram valiosas sugestões.

A maior parte dos agradecimentos vai para nossos colegas na Forrester Research. A Forrester sempre foi um ambiente altamente colaborativo, e exploramos essa cultura impiedosamente para escrever este livro. Os dados que você vê nestas páginas são fruto da dedicação incansável e da atenção a detalhes de Cynthia Pflaum. Os gráficos ficaram bonitos por causa do trabalho de Sarah Glass. O grupo de analistas dedicados a pesquisas sobre tecnologias sociais – Jaap Favier, Brian Haven, Rebecca Jennings, Mary Beth Kemp, Peter Kim, Jeremiah Owyang e Chloe Stromberg – colaborou de maneira abnegada. Expandimos a equipe e pedimos a ajuda de analistas de outras áreas de especialização, como Victoria Bracewell-Lewis, Lisa Bradner, Jonathan Browne, Charlie Golvin, Henry Harteveldt, Elizabeth Herrell, Carrie Johnson, Rob Koplowitz, Harley Manning, Chris Mines, Sucharita Mulpuru, Laura Ramos, Shar VanBoskirk, Oliver Young e provavelmente outros de quem não nos recordamos. É uma experiência valiosa ter um grupo de especialistas à disposição e, por mais ocupados que estivessem, nenhum deles nos disse não. Também gostaríamos de agradecer às pessoas que nos deram um apoio indispensável com pesquisas, dados, gráficos e marketing: Dia Ganguly, Dawn Habgood, Jennifer Joseph, Jens Kueter, Karyl Levinson, Gail Mann, Francie Mathey, Reineke Reitsma, Jackie Rousseau-Anderson, Roxana Strohmenger, Tracy Sullivan e Kevin Turbitt.

Os gestores seniores da Forrester receberam este projeto das mãos de George e o abraçaram entusiasmadamente. Gostaríamos de agradecer especialmente a nossos superiores – Christine Overby, Elana Anderson e Cliff Condon – e também aos gestores seniores da empresa que tornaram este projeto possível, apesar dos obstáculos: Brian Kardon, Dennis Van Lingen e Charles Rutstein. Ted Schadler, responsável pelo serviço de dados tecnográficos da Forrester, merece menção especial, pois compartilhou de nossa visão sobre o Perfil Tecnográfico Social e conduziu-a incansavelmente por sua organização global.

Quatro pessoas que não trabalham mais na Forrester nos tornaram os analistas e escritores que somos hoje por meio de mentoring, liderança e edição incansável. Se você gostar de nosso estilo de escrever e da qualidade de nossas idéias, essas pessoas têm muito a ver com isso. Fazemos um brinde a Chris Charron, Emily Green, Mary Modahl e ao falecido Bill Bluestein, na esperança de que tenhamos atingido seus altos padrões.

Aceitamos com gratidão a compreensão dos membros de nossas famílias, que nos apoiaram incondicionalmente – Côme, Ben e Katie; Kimberley, Rachel e Isaac – e estamos ansiosos para fazer "friending".

E, de maneira não-convencional, gostaríamos de agradecer um ao outro. Escrever um livro a quatro mãos põe qualquer relacionamento à prova. Ficamos felizes por chegar ao fim deste projeto como amigos próximos, em vez de termos estrangulado um ao outro.

Por fim, qualquer um que leia este livro deve reconhecer que é o *groundswell* mais amplo que o tornou possível. Todos esses empreendedores, fornecedores de tecnologia, executivos e pessoas comuns compartilharam suas histórias e conexões. E o *groundswell* mais amplo de nossos clientes e outros que se conectaram conosco, em nosso blog e em pessoa, contribuiu infinitamente, como sempre ocorre.

Veremos você no *groundswell*.

Josh Bernoff e **Charlene Li**
Cambridge, Massachusetts
Foster City, Califórnia

Os Autores

CHARLENE LI é uma das principais vozes na área de computação social e Web 2.0. Graças a seu trabalho nos últimos nove anos nessa tecnologia e na renomada empresa de pesquisa de mercado Forrester Research, é uma das analistas mais citadas da Forrester. Talentosa e requisitada palestrante, aparece em eventos do segmento, e foi *keynote speaker* do Forrester's Consumer Forum, em 2007.

Charlene analisa como as empresas podem usar tecnologias – blogs, redes sociais, RSS, *tagging* e *widgets* – para atingir objetivos de negócio. Criou seu próprio blog de analista em 2004 e, freqüentemente, é citada como a analista blogueira mais influente dos Estados Unidos. Hoje, compartilha um blog com Josh Bernoff, que pode ser acessado em www.forrester.com/groundswell.

Anteriormente, Charlene liderou a equipe de marketing e pesquisa de mídia da Forrester, e dirigiu o escritório de San Francisco. Também já foi a *publisher* de mídia interativa do Community Newspaper Company, um grupo de jornais em Massachusetts, e integrou o Conselho de Administração do Newspaper Association of America's New Media Federation. Charlene gerenciou o desenvolvimento de novos produtos para o San Jose Mercury News e também já trabalhou como consultora de estratégia para a Monitor Company. Possui MBA pela Harvard Business School.

Charlene vive em San Mateo, Califórnia, com o marido e os dois filhos, todos membros felizes e engajados do *groundswell*.

JOSH BERNOFF é um dos analistas de tecnologia mais destacados e citados dos Estados Unidos.

É analista da Forrester Research há 13 anos e, atualmente, é vice-presidente de tecnologia e pesquisa de mercado da empresa. Criou a segmentação tecnográfica, base do negócio de pesquisas com consumidores da Forrester mundial desde 1997. A análise de Josh busca o entendimento mais profundo das pessoas, como elas usam a tecnologia e como isso influencia os negócios. Ele tem um blog com Charlene Li em www.forrester.com/groundswell.

Focado atualmente em tecnologias sociais, Josh também criou análises revolucionárias de mudanças na indústria da mídia, com artigos de muita repercussão, como "Will Ad–Skipping Kill Television?" e "From Discs To Downloads". Em uma participação no "60 Minutes", Mike Wallace o apresentou como "o principal analista de televisão da Forrester Research, a autoridade em termos de para onde vai esse veículo".

Josh já fez trabalhos de consultoria com executivos seniores de empresas globais, como ABC, Best Buy, Cisco, Comcast, L'Oréal, Microsoft, Sony, TiVo e Viacom. É palestrante bastante solicitado, e já foi *keynote speaker* em conferências na América do Norte, Barcelona, Cannes, Londres, Roma e São Paulo. Antes de se juntar à Forrester, trabalhou como executivo e escritor em várias start-ups de tecnologia de Boston.

Ele vive em Arlington, Massachusetts, com a esposa e os dois filhos.

Introdução

Rick Clancy parecia preocupado.

Rick é um homem de pouco mais de 50 anos, imponente e grisalho, e, até hoje, tem um jeito confiante que sempre refletiu seu controle sobre as situações. Como diretor de comunicações da Sony Electronics, já o vimos lidando, sempre com gentileza e autoconfiança, com repórteres da seção de negócios, concorrentes desleais, recall de produtos e mais de um CEO rabugento de empresa.

Iríamos encontrá-lo para o café-da-manhã, antes de uma reunião que duraria o dia inteiro. Ele estava lutando com uma força que não compreendia, e que aumentava de tamanho continuamente: blogueiros, grupos de discussão, YouTube. Consumidores que ele jamais havia conhecido pessoalmente atribuíam notas à sua empresa em fóruns públicos com os quais ele não tinha experiência alguma, nem como exercer sua influência.

Todos estavam atacando sua querida marca, e as ferramentas tradicionais de relações públicas se mostravam tão inúteis quanto uma espada enfrentando uma chuva de dardos envenenados. Rick decidira que era hora de tomar providências e tornar-se blogueiro. Para esse experiente profissional que há quase duas décadas gerenciava a imagem da empresa, o objetivo parecia assustador. Era um encontro com o desconhecido.

Rick Clancy é um símbolo. Ele e milhares de executivos como ele estão lidando com uma tendência que chamamos de *groundswell*, um movimento espontâneo de pessoas que usam ferramentas on-line para se conectar, assumir o controle de suas experiências e obter o que precisam – informação, auxílio, idéias, produtos e poder de barganha uns dos outros. O movimento *groundswell* é disseminado, sempre em mudança, e sempre em crescimento. Ele abrange blogs e wikis; podcasts e YouTube; e consumidores que atribuem notas a produtos, compram e vendem uns dos outros e fazem os próprios negócios. É um movimento global. Não é possível detê-lo. Ele afeta todos os segmentos de mercado – aqueles que vendem para consumidores e os que vendem para empresas – nos segmentos de mídia, varejo, serviços financeiros, tecnologia e saúde. E é totalmente desconhecido pelas empresas e instituições – e suas lideranças – que estão à frente dos negócios hoje.

Resumidamente, o *groundswell* é uma tendência social em que as pessoas usam tecnologias para obter o que desejam umas das outras, em vez de recorrer às empresas. Se você trabalha em uma empresa, este é seu desafio.

O fenômeno *groundswell* não é fogo de palha. As tecnologias por trás desse movimento estão evoluindo cada vez mais rapidamente, mas o fenômeno em si se baseia em pessoas movidas por seu eterno desejo de se conectar. O movimento gerou uma mudança permanente e duradoura na maneira como o mundo funciona. Este livro existe para ajudar as empresas a lidar com essa tendência, *independentemente da maneira como os elementos isolados da tecnologia mudam*. Chamamos a isso pensamento *groundswell*.

Por que escrevemos este livro

Na Forrester Research, prestamos consultoria estratégica a clientes de todo o mundo. Desde que fizemos o Relatório Forrester, intitulado "Computação Social", sobre a tendência *groundswell* em 2006, o ritmo de mudança vem se acelerando, e o número de clientes que nos fazem perguntas sobre ele vem aumentando. O burburinho sobre o assunto também cada vez aumenta mais. Com todos os livros e artigos sobre blogs, comunidades e wikis, os estrategistas das empresas têm dificuldade para saber por onde começar. Nossa intenção era dar aos clientes, e ao mundo, uma visão clara sobre a tendência *como um todo*, e não apenas fragmentos dela, acompanhada de um conjunto de claras recomendações estratégicas. Também queríamos colocar em prática os ativos que acumulamos na análise dos efeitos da tecnologia sobre os negócios por mais de uma década: dados sobre o consumidor, histórias reais de clientes e um enfoque em sucessos de negócios mensuráveis. Por fim, nosso objetivo era criar um formato facilmente legível, com histórias reais de pessoas que tornam o *groundswell* um lugar tão incrível, e trazer mais informações sobre os motivos (psicológicos) por trás do que está acontecendo.

O que este livro traz

Este livro foi estruturado em três partes. A primeira explica o que é *groundswell* e apresenta as ferramentas básicas que você precisa para compreendê-lo. A segunda conta o que fazer com ele. E a terceira o ajuda a usá-lo para ter sucesso em sua empresa. Essas três partes estão distribuídas em 12 capítulos:

Capítulo 1: Por que Groundswell – e por que agora?
É um chamado para a ação. Nesse capítulo, mostramos como o *groundswell* pode ameaçar instituições como empresas e marcas quando os consumidores ganham força uns com os outros.

Capítulo 2: Jiu-jítsu e as tecnologias do Groundswell
Define a premissa básica que pode colocar o *groundswell* a seu favor, como o mestre de jiu-jítsu, que coloca a força de seu adversário a seu favor. Nesse capítulo, descrevemos as tecnologias que fazem parte do *groundswell*, e mostramos como elas podem ameaçar empresas e como você pode beneficiar-se delas. Por fim, analisamos como avaliar as novas tecnologias à medida que elas surgem.

Capítulo 3: O Perfil Tecnográfico Social
Apresenta uma ferramenta importante para análise de dados. O Perfil Tecnográfico Social possibilita que você examine qualquer grupo de pessoas – australianos, mães de primeira viagem, ou sua base de clientes – e perceba de que maneira esse grupo está participando do *groundswell*. Esse tipo de análise deve ser o elemento básico de qualquer estratégia de *groundswell*.

Capítulo 4: Estratégias para explorar o groundswell
Dá início à segunda parte do livro, voltada para a estratégia. Aqui, definimos o processo POST de quatro passos para elaborar estratégias – pessoas, objetivos, estratégia e tecnologia – e revelamos por que é um erro começar pelas tecnologias. E já que os objetivos são essenciais para o sucesso, defina os cinco objetivos principais para a estratégia de *groundswell*: escutar, falar, energizar, apoiar e incluir. Cada um desses objetivos é descrito nos capítulos seguintes, com ênfase no retorno sobre o investimento (ROI) de cada técnica.

Capítulo 5: Como escutar o groundswell
Explica como usar o *groundswell* para pesquisas de ferramentas como comunidades particulares e monitoramento de marca. Demonstramos a idéia com estudos de caso do National Comprehensive Cancer Network e da empresa de automóveis Míni.

Capítulo 6: Como falar com o groundswell
Mostra como usar o *groundswell* em marketing e relações públicas, com técnicas como vídeos gerados pelos usuários, blogs e comunidades. Os estudos de caso foram feitos com a Blendtec, a empresa por trás do willitblend.com; Ernst & Young, no Facebook; os blogs da HP; e a comunidade da Procter & Gamble para meninas adolescentes, beinggirl.com.

Capítulo 7: Como energizar o groundswell
Apresenta uma estratégia-chave – como incentivar seus melhores clientes e possibilitar que eles engajem seus colegas. As técnicas apresentadas nesse capítulo são ratings, análises e comunidades, com estudos de caso apresentando o varejista on-line eBags, o provedor de e-mails Constant Contact e a fabricante de brinquedos Lego.

Capítulo 8: Como ajudar o groundswell a se apoiar
Trata de economizar dinheiro e obter conhecimentos ao permitir que os clientes se apóiem mutuamente. Demonstramos isso por meio do CarePages, uma rede para pacientes em hospitais; os fóruns da comunidade Dell; e um wiki da renomada consultoria BearingPoint.

Capítulo 9: Como incluir o groundswell
Explica como alcançar o objetivo mais poderoso de todos – transformar seus clientes em colaboradores. Nesse capítulo, apresentamos histórias surpreendentes de colaboração de clientes dos produtos para animais de estimação Del Monte, da rede alimentícia de varejo canadense Loblaw, da empresa de aplicativos de vendas salesforce. com e do banco francês Crédit Mutuel.

Capítulo 10: Como a conexão com o groundswell transforma sua empresa
Dá início à Parte III do livro, voltada para a transformação. Esse capítulo alinhava todas as técnicas anteriores e responde à pergunta: Como posiciono minha empresa para adotar a filosofia *groundswell*? Examinamos como a Dell e a Unilever saíram na frente ao implementar várias dessas técnicas e adotar a influência do *groundswell* em vários ambientes.

Capítulo 11: O groundswell em sua empresa
Examina como as mesmas tendências que dão poder a seus clientes no *groundswell* também dão poder aos funcionários em sua empresa. Examinamos como wikis, blogs e redes sociais dentro das empresas podem aumentar a produtividade de uma organização global, e veremos como isso funciona na Best Buy, Organic, Bell Canada, Avenue A/Razorfish e Intel.

Capítulo 12: O futuro do groundswell
Prevê os próximos passos na tendência *groundswell*. Mostramos como as forças demográficas e tecnológicas criarão um mundo desagregado, colaborativo e fluido nos próximos 10 anos; como isso afetará as empresas e o que você deve fazer para se preparar.

O que você lerá é produto de centenas de interações com clientes e milhares de horas de colaboração e análise, todas com um único objetivo: preparar profissionais e executivos para obterem sucesso no mundo das tecnologias, em constante mudança. Como Rick Clancy, da Sony, pode ser que você ache que este seja um mundo estranho para se circular, mas não há volta. Convidamos você a fazer parte do mundo do *groundswell*.

Sumário

Introdução······xiii

PARTE I
Como compreender o *groundswell*

1. Por que o *groundswell* – e por que agora?······3
2. Jiu-jítsu e as tecnologias do *groundswell*······17
3. Perfil Tecnográfico Social······41

PARTE II
Como explorar o *groundswell*

4. Estratégias para aproveitar o *groundswell*······69
5. Como escutar o *groundswell*······81
6. Como falar com o *groundswell*······105
7. Como energizar o *groundswell*······137
8. Como ajudar o *groundswell* a se apoiar······161
9. Como incluir o *groundswell*······187

PARTE III
O *groundswell* transforma

10. Como se conectar com o *groundswell* transforma sua empresa   207

11. O *groundswell* dentro de sua empresa   225

12. O futuro do *groundswell*   243

Notas   253

Faça parte da conversa   273

Índice de Casos   275

Índice   279

PARTE I

Como compreender o *groundswell*

1. Por que o *groundswell* – e por que agora?

Quando acordou no dia 1º de maio de 2007, Kevin Rose nem imaginava que aquele seria o dia mais interessante de sua vida, causado pela insurreição de seus próprios clientes.

Caso você tenha uma caricatura em mente de um empreendedor *new age* da Internet, Kevin provavelmente se encaixa nela. Ele fundou sua empresa, Digg, quando tinha 27 anos. Quando foi entrevistado para este livro, ele tinha a barba por fazer e estava usando uma camiseta verde-acinzentada suja. Quando ele fala, você escuta a voz arrastada típica de Keanu Reeves. Mas se você escutar com atenção, perceberá que esse cara é genial. Ele já foi capa da *Business Week*.[1] Ele compreende o movimento incontrolável do fenômeno liderado pelas pessoas na Internet, e também qualquer um que já tenhamos conhecido. É por isso que o que aconteceu no dia 1º de maio foi tão surpreendente.

Digg.com é um site em que os associados votam e fazem comentários sobre notícias da mídia. A participação é aberta a todos. Você clica em uma notícia qualquer da Internet para "escavar" ("digg", em inglês) a notícia, e o site do Digg apresenta as notícias mais populares em sua página principal. Os leitores do Digg não apenas escavam as notícias, mas também posts em blogs e outros sites da Web – qualquer coisa que seja novidade. Há algoritmos complexos que dão conta do que é recente e ajudam a evitar fraudes, mas essa é a idéia principal. Com a enorme quantidade de notícias que são publicadas diariamente na Internet, o Digg é uma maneira de classificar o que é importante, de acordo com a opinião de leitores como você.

Seis meses antes dos eventos de 1º de maio, Kevin nos dissera: "É estranho acordar de manhã e imaginar, 'O que será que estará na primeira página?'" Isso acabou sendo presciente.

Tudo começou quando um blogueiro chamado Rudd-O escreveu em seu blog, no dia 30 de abril:[2]

Espalhem esse número

09 F9 11 02 ... quer saber por que esse número é tão importante?

A indústria cinematográfica está ameaçando a Spooky Action at a Distance por ter publicado este número, por violação de direitos autorais.

Nunca imaginei que um número pudesse ser protegido por direitos autorais.

Mas o que esse número representa? É a chave de processamento de HD-DVD para a maioria dos vários filmes lançados até agora.

Tradução: a encriptação para o novo formato de alta definição de DVDs fora quebrada.[3] Com habilidades técnicas apropriadas, era possível fazer cópias desses incríveis DVDs antipirataria, e Rudd-O estava alardeando isso.

Para a audiência versada em tecnologia do Digg, isso era viciante; em apenas um dia, 15 mil membros do Digg haviam votado na notícia. Portanto, um link com a chave secreta de encriptação estava no topo da página principal do Digg, para que todos pudessem ver.

Como você pode imaginar, isso não caiu bem na indústria cinematográfica. A AACS LA – uma organização apoiada por empresas como a Disney, Warner Bros., Sony, Microsoft e Panasonic – havia criado a encriptação que Rudd-O afirmava ter quebrado, e a organização decidiu reagir. Michael B. Ayers, um advogado da Toshiba que é presidente do AACS LA, explicou: "Temos um direito legítimo a defender. A única razão para distribuir [esta chave] é fraude" – isto é, burlar a proteção a cópias. É claro que Michael solicitou aos advogados da AACS LA para enviar um e-mail de ordem de cessação ao Digg. Lembre-se de que o Digg não violou nenhuma lei de direitos autorais nem quebrou nenhum código – o site respondeu apenas às solicitações dos membros em relação às notícias mais populares, como sempre. Mas, em vez de se arriscar a enfrentar uma ação judicial devastadora, o Digg removeu o link (e publicou uma explicação no blog do Digg).[4]

Os advogados e empreendedores não são a força mais poderosa na Internet. São as pessoas. E as pessoas, com poder outorgado pela tecnologia, nem sempre seguem juntas. A mídia não está organizada em pequenos retângulos chamados jornais, revistas e aparelhos de televisão. As pessoas se conectam com outras pessoas e recebem poder delas, principalmente nas multidões. Mesmo os gênios da Internet – como Kevin Rose, cujo poder vem dessas multidões – estão à sua mercê. O que aconteceu a seguir foi inevitável.

Assim que o código foi removido do Digg, outros blogueiros rastrearam o número e o publicaram novamente em seus blogs. Quando Kevin acordou no dia 1º de maio, havia 88 blogs mencionando o número. No final daquele mesmo dia, havia 3.172.[5] Mais de 300 pessoas escutaram uma versão acústica do código encriptado de 20 dígitos hexadecimais em um vídeo do YouTube publicado por "keithburgun".[6] Grant Robertson, um membro do Digg, comparou o evento a uma piadinha no programa de televisão "NewsRadio", da década de 1990: "Não é possível tirar algo da Internet. É como tentar tirar xixi de uma piscina."[7] A controvérsia virou notícia, e os repórteres começaram a publicar notícias sobre ela na Internet.

Muitos desses posts em blogs e notícias também acabaram citados no digg.com e passaram imediatamente a figurar nas primeiras posições do ranking. O Digg retirou os links que mencionavam o código proibido, mas como em um jogo de computador, os insetos aparecem mais rápido do que você consegue eliminá-los.

No dia seguinte, o Digg desistiu. Fundado com base na idéia de que seus membros decidiriam o que seria notícia, o Digg constatou que seus membros não concordavam com sua decisão. Vendo-se entre uma ação judicial e sua própria audiência, o Digg pendeu para o lado mais poderoso: a audiência. Naquela mesma noite, Kevin escreveu o seguinte no blog da empresa:[8]

DiggThis: 09-f9-11-02-9d...
enviado por Kevin Rose às 21:00, 1º de maio de 2007, no website do Digg

Hoje foi um dia maluco. E, como fundador do Digg, eu gostaria de comentar o que aconteceu.

Ao construir e modelar o site, sempre tentei ficar o mais perto possível da ação. [Mas] sempre demos o poder de moderação à comunidade. Às vezes, interferimos para remover notícias que violam nosso termos de uso... E hoje foi um dia difícil para nós. Tivemos de decidir se removíamos notícias que continham um código, com base em uma ordem de cessação. Precisávamos tomar uma decisão, e nossa vontade era evitar que as atividades do Digg fossem interrompidas ou encerradas, e por esse motivo decidimos acatar a ordem e remover as notícias com o código.

Mas agora, vendo centenas de histórias e lendo milhares de comentários, vocês deixaram claro que preferem ver o Digg sucumbir lutando a baixar a cabeça para uma empresa maior. Nós escutamos vocês e, a partir de agora, não iremos deletar notícias ou comentários que contenham o código, e arcaremos com as conseqüências, sejam elas quais forem.

Se perdermos, pelo menos morreremos tentando.

O Digg continua,

Kevin

No dia seguinte, havia *605* notícias[9] contando que o Digg deletou o link e depois mudou sua decisão. Quando solicitaram que a notícia fosse removida, os representantes do segmento haviam criado um turbilhão de publicidade que garantiu que a notícia *jamais* poderia ser deletada. As pessoas, mobilizadas na Internet em determinado momento, haviam criado um irresistível e inextinguível *groundswell*.

O que aconteceu ao Digg e ao AACS LA é emblemático

Vamos voltar no tempo um pouco e examinar o que aconteceu em 1º de maio de 2007.

Primeiro, as pessoas na Internet mostraram quem mandava na situação. Qualquer pessoa pode ser detida, convencida, subornada ou processada. Mas a Internet permite que as pessoas obtenham apoio umas das outras. Os membros do Digg e os blogueiros que publicaram o código proibido não faziam parte de uma sociedade secreta; a maioria nem se conhecia. Mas blogs, sites como digg.com e a Internet em geral permitem que eles se conectem uns com os outros e se sintam destemidos e poderosos.

Segundo, o mundo on-line tomou conta do mundo off-line. As pessoas na Internet dominaram todo o mundo do cinema e seu aparato jurídico. Os produtos do mundo físico real, nesse caso os DVDs de alta definição e os respectivos aparelhos, foram afetados. A Internet não é um ambiente que pode ser isolado com paredes – ela está integrada em todos os elementos de negócios e da sociedade.

Terceiro, as pessoas envolvidas não eram incapazes ou limitadas. A AACS LA tem talentos de engenharia inacreditáveis; Michael B. Ayers é um advogado bastante ponderado. A indústria do cinema entende de tecnologia. Kevin Rose entende de Internet. Nada disso fez a menor diferença.

Esse não é um incidente isolado. Há outros ao redor do mundo (muitos deles, e vários outros, foram relatados por Ben McConnell e Jackie Huba no livro *Citizen Marketers*):[10]

- A piloto Gabrielle Adelman e o fotógrafo Kenneth Adelman decidiram fotografar toda a costa da Califórnia (veja o trabalho no site www.californiacoastline.org). A cantora Barbra Streisand insistiu que as fotografias de sua residência fossem removidas, o que foi tão eficaz quanto tentar acabar com um vespeiro batendo nele com uma vassoura. É claro, a publicidade resultante fez as pessoas copiarem e publicarem a foto em sites por toda a Internet, sendo encontrada facilmente através de uma busca no Google Image por "casa da Barbra Streisand". Mike Masnick, um blogueiro do Techdirt, cunhou o termo *efeito Streisand* para situações nas quais tentativas para remover conteúdos da Internet causam efeito inverso.[11] A residência de Barbra Streisand ainda está disponível on-line – agora seu nome virou sinônimo de tentativas inúteis de retirar conteúdo da Internet.
- Mais de um milhão de visitantes já assistiu a um vídeo no YouTube publicado pelo estudante de direito Brian Pinkelstein,[12] que filmou

um técnico da Comcast que adormeceu em seu sofá em 2006, esperando na linha telefônica pelo suporte da Comcast para resolver um problema da Internet. Esse vídeo é o campeão de buscas quando se digita "Comcast" na caixa de buscas do YouTube.

- A New Line Cinema assumiu um projeto chamado "Snakes on a Plane", que ela planejava executar e lançar em 2006. A informação foi divulgada, os sites de fãs se multiplicaram e, pouco tempo depois, "Snakes on a Plane" pertencia à Internet. Na ausência de materiais promocionais de marketing, os fãs criaram centenas de desenhos não-oficiais de camisetas no site cafepress.com.

  Um blog não autorizado, Snakes on a Blog,[13] tornou-se um ponto de reunião dos fãs; 8.360 outros blogs e sites fazem link com ele. Os fãs insistiram que o filme incluísse esta fala para Samuel L. Jackson, a estrela do filme: "Estou de saco cheio dessas cobras malditas neste avião maldito." A New Line havia perdido o controle do filme e de seu marketing; sabendo que precisava conquistar esses fãs *hardcore* para ter sucesso, ela mudou o filme, acrescentou a fala e perdeu a classificação PG-13 (não adequado a menores de 13 anos) durante o processo.

- Jennifer Laycock, uma defensora do aleitamento materno e responsável pelo blog thelactivist.com, pretendia levantar fundos para uma instituição de apoio ao aleitamento. Ela criou uma camiseta com o slogan "Leite materno: o outro leite branco" e já havia vendido o equivalente a US$8 quando recebeu uma carta da National Pork Board, exigindo que ela parasse com as vendas, pois seu "slogan... maculava a boa reputação da marca do National Pork Board's", que era "a outra carne branca". Mas Jennifer Laycock não é uma mãe comum – ela também é uma especialista em marketing de Internet. Ela relatou o evento em seu blog;[14] logo havia mais de 200 outros blogs fazendo link com o dela.[15] A associação de suinocultores enxergou um desastre iminente em termos de relações públicas e, rapidamente, negociou um acordo e também promoveu uma arrecadação de contribuições entre seus funcionários, para ajudar na ação de Jennifer.

- Em abril de 2007, um blogueiro que trabalhava em um fornecedor do Dunkin' Donuts na Coréia do Sul, fez um post intitulado "A

Verdade sobre o Dunkin Donuts", incluindo acusações sobre preparo de alimentos em condições que violavam as leis sanitárias e a fotografia de uma chapa enferrujada que supostamente contaminava os bolinhos do Dunkin's Donuts. Em uma versão coreana do efeito Streisand, o Dunkin' Donuts conseguiu convencer o provedor do site a deletar o post, mas não conseguiu evitar que o rumor se espalhasse entre outros blogueiros.[16] O episódio teve cobertura do jornal *Korea Times*,[17] certamente o que o Dunkin' não desejava que acontecesse.

O que aconteceu com essas empresas acontecerá com você. Seus clientes estão falando sobre sua marca agora no MySpace, provavelmente de maneiras que você não aprovaria. As conversas de seus atendentes de suporte com os clientes aparecerão no YouTube, assim como seus comerciais para a televisão, com comentários sarcásticos inseridos no meio. Caso seu CEO ainda tenha cabelo, ele irá arrancá-los e pedir sua ajuda para domar essa onda de pessoas se expressando. Mas esse movimento não pode ser domado. Ele vem de milhares de fontes e arrasa os negócios tradicionais como uma enchente. E, como uma enchente, ele não pode ser estancado em um lugar. Ele não pode ser interrompido de jeito nenhum.

Esse movimento é o que chamamos de *groundswell*. Se você não pode detê-lo, pode compreendê-lo. Você pode não só conviver com ele, como também prosperar com ele – o objetivo deste livro.

O que é o *groundswell*?

Vamos definir nossos conceitos.

Em 2006, a Forrester Research divulgou um relatório chamado "Computação Social". Havíamos identificado uma tendência se configurando no mundo on-line. As pessoas estavam usando ferramentas para se conectar umas com as outras de diversas maneiras, e essas tendências representavam ameaça às empresas.

Neste capítulo, já falamos sobre blogs e sites de notícias dirigidos por seus usuários, como o digg.com. A tendência *groundswell* também inclui redes sociais, como MySpace e Facebook, e sites de conteúdo gerado por usuários, como YouTube e Helium. Ferramentas como del.icio.us, que permitem que as pessoas vejam e compartilhem seus sites favoritos na Internet, fazem parte dessa tendência, assim como sites como a Wikipedia, no qual as pessoas constroem o conteúdo em conjunto. (Descreveremos todas essas tecnologias e outras mais no Capítulo 2.) Entretanto, procuramos observar esse fenômeno com mais perspectiva, uma que abrace não apenas as tecnologias de hoje, mas a mudança fundamental no comportamento que ocorre on-line. O *groundswell* é:

> Uma tendência social na qual as pessoas usam a tecnologia para obter o que desejam umas das outras, e não com instituições tradicionais como as corporações.

Olhando o movimento dessa forma, você percebe que as raízes do *groundswell* foram plantadas muito antes do MySpace. No eBay, você compra de outras pessoas, e não numa loja. O Craigslist possibilita a você encontrar um emprego ou uma babá sem ter de procurar nos classificados de jornais. O Linux é um sistema operacional desenvolvido por engenheiros que trabalham em equipe, em vez de estarem dependentes de uma grande empresa como a Microsoft. O site Rotten Tomatoes deixa que você decida a que filme assistir a partir das críticas feitas por outras pessoas comuns. O BitTorrent possibilita que as pessoas tenham acesso a músicas umas das outras sem terem de ir a uma loja de CDs, como aconteceu com o Napster em 2000.

Comparado com o modo como as coisas eram no ano 2000, entretanto, a tendência de as pessoas se conectarem e dependerem mutuamente umas das outras on-line está em clara ascensão. É por esse motivo que agora é hora de compreender o *groundswell*, de onde ele vem e para onde vai.

Por que o *groundswell* está acontecendo agora?

A tendência *groundswell* não é um movimento passageiro. Ela representa uma forma importante, irreversível e completamente diferente de as pessoas se relacionarem com as empresas e com as outras.

Por que está acontecendo agora? O *groundswell* é produto da colisão de três forças: pessoas, tecnologia e aspectos financeiros.

Primeiro, as pessoas. As pessoas sempre dependeram umas das outras e do apoio mútuo que recebem. As pessoas também sempre se rebelaram contra o poder institucionalizado, promovendo movimentos sociais como sindicatos e revoluções políticas. Mas o equilíbrio delicado entre as economias de escala proporcionadas pelas instituições e a rebelião de seus membros mudou graças ao surgimento e disseminação das tecnologias sociais.

A tecnologia, a segunda força conduzindo o *groundswell*, mudou tudo em termos de interações sociais entre as pessoas. Por exemplo, praticamente todos estão on-line – em 2006, isso representava 73% dos americanos[19] e 64% dos europeus.[20] As conexões entre as pessoas são rápidas e onipresentes – mais da metade dos americanos on-line têm acesso à banda larga, assim como cada trabalhador em escritório, e as conexões através de telefones celulares e decodificadores de televisão são comuns. Por que isso é importante? Porque o software que conecta pessoas pode, agora, supor que as pessoas estão no mundo para se conectar entre si.

Essas conexões onipresentes levaram ao desenvolvimento de um tipo de software essencialmente diferente. Ele é muito mais *interativo* porque o software pode valer-se de uma máquina poderosa com conexão rápida na outra ponta. E ele é *ciente de pessoas – com* as pessoas se conectando o tempo todo, aplicações como o Facebook ou MSN Messenger conectam as pessoas diretamente umas às outras.

Essa nova classe de software é tão diferente que o observador de Internet Tim O'Reilly chamou-a de "Web 2.0". Contudo, por mais poderosa que ela seja, a tecnologia é apenas um *agente facilitador*. É a tecnologia nas mãos de pessoas quase sempre conectadas que a torna tão poderosa.[21]

Junto com o desejo de as pessoas se conectarem e as novas tecnologias, a terceira força que conduz o *groundswell* é representada pelos fatores financeiros on-line; na Internet, tráfego equivale a dinheiro.

Até 2007, transcorridos 12 anos da era da Web, a publicidade on-line havia atingido US$14,6 bilhões apenas nos Estados Unidos[22] e alcançou €7,5 bilhões na Europa.[23] Os anunciantes sabem que o tráfego indica que os consumidores gastam seu tempo e atenção on-line e agem para traduzir essa atenção em poder de publicidade. Nem é necessário vender os anúncios – você pode inscrever-se no Google AdSense e deixar o Google vender os anúncios para você e repartir os lucros. Apesar de não serem a única maneira de lucrar on-line, os anúncios estão crescendo tão rapidamente que qualquer negócio que gere tráfego suficiente pode contar com essas receitas.

Estas três tendências – o desejo das pessoas de se conectar, as novas tecnologias interativas e os fatores financeiros on-line – acabaram criando uma nova era. Esse é o fenômeno em ascensão chamado *groundswell*. Ele chegou, está evoluindo rapidamente e trazendo um desafio inacreditável para os estrategistas corporativos.

Por que você deve se importar com o *groundswell*?

Em 1941, o grande escritor de ficção científica Theodore Sturgeon escreveu um conto fantástico chamado "Microcosmic God".[24] Nessa história, um cientista chamado James Kidder cria em segredo uma nova forma de *vida* – uma raça de rápida evolução de seres de 3 polegadas de altura, chamada Neoterics. Os Neoterics têm metabolismo e cérebro mais rápidos do que os humanos e, por esse motivo, vivenciam o surgimento de uma nova geração a cada oito dias, e James observa-os desenvolver uma nova civilização equivalente à raça humana em menos de um ano. Conforme ele os coloca em situações de estresse e insere obstáculos em seu caminho, os Neoterics criam maneiras de contorná-los, transformando-os em invenções comercialmente bem-sucedidas no mundo real. Ele chega a colocar grupos de Neoterics em competição uns com os outros para estimular sua capacidade de invenção.

Os Neoterics superam o ritmo de qualquer laboratório humano de pesquisas, pois eles tentam, fracassam, tentam, fracassam, e adaptam-se com muito mais rapidez do que os seres humanos, normais e lentos. Como acontece em todas as histórias de cientistas malucos, a criação escapa do controle do criador.

Essa é uma metáfora adequada para o estado atual da Internet. As tecnologias da Web 2.0 e as massas de pessoas que se conectam a elas permitem a criação rápida de protótipos, fracassos e adaptação. Por exemplo, o guru de marketing tecnológico Guy Kawasaki organizou um novo empreendimento chamado Truemors – um site para compartilhar rumores – em apenas sete semanas, a um custo de investimento total de US$12.107,09.[25] Os empreendedores on-line são altamente competitivos, e a velocidade pode trazer vantagem, pois quem tem uma idéia primeiro chega primeiro aos visitantes (e ao tráfego). O resultado é a evolução de novas maneiras que as pessoas têm para interagir, avançando em ritmo alucinante.

Ao tentar lidar com essa rápida inovação, os negócios tradicionais são tão atrasados quanto os humanos comuns, como na história dos Neoterics. No mundo off-line, as pessoas não mudam de comportamento rapidamente, e as empresas podem desenvolver clientes leais. No mundo on-line, as pessoas mudam de comportamento tão logo observem algo melhor. É a força desses milhões de pessoas – aliada à rápida evolução das novas tecnologias através da tentativa e erro – que torna o *groundswell* tão diversificado em termos de forma, e tão difícil para os negócios tradicionais lidarem com ele.

O que isso significa para você? Significa que o *groundswell* logo estará chegando a seu mundo (se já não chegou).

Caso você trabalhe para uma empresa de mídia, fique atento. Os anunciantes estão movimentando cada vez mais dinheiro on-line. O *groundswell* está criando os próprios sites de notícia (como Google News ou Digg). O simples conceito de notícia está mudando, com os blogueiros competindo com jornalistas por furos de notícia. As pessoas pegam formas de entretenimento como programas de televisão e filmes, arrancam-nos das ondas de transmissão e de DVDs, e postam novas versões no YouTube ou Dailymotion.

Se você tem uma marca, está sob ameaça. Seus clientes sempre têm uma idéia do que sua marca significa, e essa idéia pode ser diferente da imagem que você está projetando. Eles agora falam uns com os outros sobre essa idéia. Eles estão redefinindo para si a marca na qual você investiu milhões em criação.

Caso você seja um varejista, seu monopólio de distribuição chegou ao fim. As pessoas não estão apenas comprando on-line, mas estão comprando umas das outras. Elas comparam seus preços com os preços na Internet e contam umas às outras onde fazer a melhor compra, em sites como redflagdeals.com. Chris Anderson, autor do livro *A Cauda Longa*,[26] apontou que o espaço nas gôndolas cria um poder quase ínfimo quando há uma seleção quase infinita on-line.

Se você é uma empresa de serviços financeiros, não controla mais os fluxos de capital. As negociações acontecem on-line, e os consumidores recebem aconselhamento financeiro em fóruns no Yahoo! Finance e Motley Fool. Empresas como a Prosper possibilitam que os clientes possam pedir empréstimo uns aos outros, e não através de bancos. O PayPal torna os cartões de crédito desnecessários para muitas transações.

As empresas dedicadas ao business-to-business são mais vulneráveis a essas tendências. Seus clientes têm todos os motivos do mundo para se unir e avaliar os serviços prestados pelas empresas, para fazer parte de grupos como ITtoolbox e compartilhar opiniões uns com os outros, ou ajudar uns aos outros no LinkedIn Answers.

Mesmo dentro das empresas, seus funcionários estão conectados a redes sociais, desenvolvendo idéias por meio de ferramentas de colaboração on-line, e discutindo os prós e os contras de suas políticas e prioridades.

O *groundswell* mudou o esquema de poder. Qualquer um pode montar um site que conecte pessoas. Se ele for bem projetado, as pessoas o visitarão. Elas dirão a seus amigos para usá-lo. Elas farão negócios, ou lerão notícias, ou iniciarão um movimento popular, ou concederão empréstimos umas às outras, ou o que quer que seja o propósito do site. E a loja, o veículo de mídia, o governo ou o banco que costumavam exercer esse papel se verão em uma posição muito menos relevante. Se você é dono de uma instituição assim, o *groundswell* comerá suas margens de lucro, reduzirá sua participação no mercado e marginalizará suas fontes de poder.

Se você não pode vencê-los...

Surpreendentemente, alguns negócios não estão sendo destruídos, tentando lutar contra o *groundswell*. Eles estão tendo sucesso com eles.

No início, não é nada confortável. O *groundswell* está cheio de ameaças, como constataram Kevin Rose, do Digg, e o advogado da Toshiba, Michael B. Ayers. As coisas acontecem rapidamente. Mas o primeiro passo para compreender o *groundswell* é mergulhar um dedo nele. Tão logo tenha feito isso, você pode identificar onde sua empresa tem o potencial de obter algum tipo de vantagem.

Um homem que compreendeu isso foi Bob Lutz. Bob está na casa dos 70 anos. Ele trabalha na indústria automobilística desde seus trinta e poucos anos. (Antes disso, ele era piloto de caças.) Ele trabalhou para a Ford e também para a Chrysler, na qual fez parte do Conselho Diretor; e entrou para a GM em 2001, como vice-presidente de desenvolvimento de produtos.

Ao final de 2004, após três anos que Bob estava na GM, as coisas não iam bem. O preço das ações estava em queda livre. Os clientes não estavam recebendo bem as novas linhas de produto, nem os críticos do setor de automóveis, que costumam fazer declarações sobre o que é novidade na indústria automotiva. Bob – um dos melhores comunicadores da GM, um líder dinâmico e articulado, apaixonado pelos produtos – não estava conseguindo dar o seu recado.

Bob precisava encontrar uma maneira de falar diretamente com as pessoas que ainda estavam abertas a ouvir a mensagem da GM. Com a aproximação da feira do automóvel em janeiro de 2005, ele decidiu que não era velho demais – nem a GM era tão conservadora – para tentar algo novo. Bob começou a escrever um blog chamado FastLane (que pode ser acessado em fastlane.gmblogs.com). O tempo transcorrido entre a decisão e o lançamento: três semanas. Impressionante para uma montadora conservadora de Detroit.

Os primeiros posts foram um pouco artificiais – nada parecido com os outros blogueiros. Mesmo assim, o primeiro post de Bob recebeu 121 comentários dos leitores. As pessoas queriam saber o que a GM tinha a dizer. Havia pessoas que faziam críticas, mas também havia elogios. Veja, por exemplo, o que um leitor do FastLane disse sobre o novo Pontiac GTO:[27]

> O GTO é um ótimo carro. Eu o dirigi e adorei. O preço realmente assusta algumas pessoas, mas se você dirigir o carro verá que o dinheiro foi bem gasto. É claro que eles poderiam ter escolhido um designer mais arrojado, algo que fale GTO. Não tem um excelente desempenho, mas você verá que é um ótimo carro, se conseguir dirigir um.

Em algumas semanas, Bob estava a mil, escrevendo posts com títulos como "Quick Missive from The Show Floor" e "Best in Class? Taste for Yourself". Esse homem nasceu para blogar. Ele só precisava da tecnologia para alcançar seu desejo inato de se comunicar. Veja como ele está fazendo isso, apenas quarto meses após ter iniciado o blog:[28]

> O que começou como uma experiência tornou-se uma forma de comunicação importante para a GM. Ela deu a mim, pessoalmente, a oportunidade de me aproximar de vocês, o público. Em geral, eu acho os comentários de vocês perspicazes e interessantes. Às vezes, as críticas são duras. Mas o fato de vocês continuarem interessados e confiantes em nossos esforços de desenvolver produtos é um motivador importante para nós.

O FastLane não revolucionou a GM. Ele não mudou a dinâmica competitiva com as montadoras japonesas nem transformou o canal de distribuição problemático das montadoras em carneirinhos. O que ele fez foi revolucionar a maneira como a GM se *comunica*. A GM não precisa mais preocupar-se com a possibilidade de as revistas de carros e os comerciais caros de televisão serem a única maneira de se comunicar com clientes, concessionárias, funcionários e investidores – ela tem seu canal direto. As buscas no Google por itens como "Chevrolet Volt" levam o internauta ao post do blog na primeira página dos resultados. Agora, a GM pode reagir a notícias, críticas e mesmo recalls sem parecer mesquinha. Ela pode lançar idéias sobre novas idéias de automóveis e ver qual é a reação do público. E o que é melhor: cada post recebe centenas de comentários, o que gera novas idéias para a empresa.

Esse é o pensamento *groundswell* em ação.

Se Bob Lutz pode participar do *groundswell*, você também pode. Seja começando a escrever o próprio blog, acrescentando pontuações e comentários em seu site, fazendo marketing através de redes sociais, ou permitindo que seus clientes se apóiem mutuamente, você *pode* obter vantagens com o *groundswell*. Você pode dominar a arte do pensamento *groundswell*.

Para usar as tecnologias do *groundswell* a seu favor, é preciso compreendê-las. O Capítulo 2 explica como tornar o *groundswell* seu aliado, incluindo todos os elementos tecnológicos e como eles se encaixam nessa dinâmica.

2. Jiu-jítsu e as tecnologias do *groundswell*

Após ter lido o Capítulo 1 – ou mesmo se você tem lido os jornais –, pode ser que chegue à conclusão de que o *groundswell* é, acima de tudo, um problema. Afinal, os negócios e outras instituições são concebidos a partir do controle, e o *groundswell* enfraquece e ameaça o controle. Os fenômenos do *groundswell* – na forma de clientes insatisfeitos colocando vídeos no YouTube, ou associados do MySpace com a própria concepção de seu logotipo – não se encaixam bem nos planos corporativos de relações públicas e marketing.

Entretanto, o *groundswell* é como qualquer outra atividade humana. Se você o compreende, pode trabalhar com ele, e até mesmo ter sucesso. Esse é o pensamento *groundswell*.

O pensamento *groundswell* é como qualquer outra habilidade complexa – é preciso ter conhecimentos, experiência e, às vezes, até o discernimento para chegar até ele. Pense nele como uma arte marcial. Isso mesmo, pense nele como o jiu-jítsu,[1] uma arte marcial japonesa que permite a você usar o poder de seu adversário em seu benefício. Se seu oponente o desafia com um golpe forte e desajeitado, ele acaba no chão – e, quanto mais rápido o golpe, mais forte o estrondo.

Este livro é, portanto, um manual de jiu-jítsu para gerentes. Como um *sensei* de artes marciais, ensinaremos a você as técnicas do *groundswell*.

Primeiro, você irá aprender sobre as forças em funcionamento no novo mundo on-line. Depois, mostraremos as ferramentas para você se engajar com essas forças. Por fim, iremos apresentá-lo às técnicas que você pode usar para colocar essas forças a seu favor.

O princípio maior *versus* as tecnologias que o integram

Este capítulo aborda as tecnologias envolvidas no *groundswell*. É importante compreendê-las, mas elas são apenas o detalhe, e é tentador deixar-se envolver pelos detalhes. Tantas palavras já foram usadas para falar sobre blogs e a atividade de blogar, redes sociais e conteúdo gerado pelos usuários que você talvez ache que entender essas tecnologias o habilitará para esse novo mundo.

Falso.

Em primeiro lugar, as tecnologias mudam rapidamente. E, em segundo, as tecnologias não são o que importa. O que importa são as forças em ação. Como um mestre de jiu-jítsu, você deve compreender *como os corpos se movimentam*, não aprender um único golpe. Você deve desenvolver compreensão sobre o *groundswell*.

Com isso em mente, aqui está o princípio para dominar o *groundswell*: concentrar-se nos relacionamentos, e não nas tecnologias.

No *groundswell*, os relacionamentos são tudo. A maneira como as pessoas se conectam umas com as outras – a comunidade que é criada – determina como o poder se movimenta.

As tecnologias *groundswell* e seu uso

Neste capítulo, agruparemos as tecnologias do *groundswell* de acordo com a maneira como as pessoas as utilizam, e o que elas significam para você e para sua empresa. Para cada uma delas, apresentaremos uma breve explicação sobre (1) como elas funcionam, (2) quantas pessoas as utilizam, (3) como elas fazem parte do *groundswell*, (4) como elas ameaçam o poder institucionalizado e (5) o que você pode fazer sobre elas. As descrições tecnológicas serão simples, pois nosso objetivo é nos concentrar nos relacionamentos, e não nas tecnologias. Enquanto você lê este capítulo, lembre-se de que as técnicas são as táticas – explicaremos como combiná-las em estratégias coesas no Capítulo 4.

Ao final deste capítulo, após termos descrito todas as principais atividades das quais as pessoas participam agora, incluiremos um bônus: um plano que você pode usar para avaliar as novas tecnologias do *groundswell* à medida que elas forem surgindo.

As pessoas como criadoras: blogs, conteúdo gerado pelos usuários e podcasts

A auto-expressão costumava ser algo particular (você pintava, escrevia poemas ou compunha músicas para si) ou difícil (você lutava para vender, publicar ou tocar suas obras). Isso não é mais verdade. Primeiro, as ferramentas para criar e editar textos, áudio e vídeo em um computador pessoal são baratas e simples, e praticamente todos podem usá-las. E segundo, o *groundswell* apresenta maneiras de exibir seu trabalho, de modo que outras pessoas possam encontrá-lo e consumi-lo com facilidade.

COMO FUNCIONAM. Um blog é um diário pessoal (ou em grupo) de comentários ("posts") contendo opiniões escritas, links e, em geral, fotografias. As pessoas podem publicar os próprios vídeos (o que é uma forma de conteúdo gerado pelo usuário)[2] em sites como YouTube, e seus artigos no Gather ou Helium. Caso você se considere mais um comentarista de rádio ou televisão, pode criar podcasts e distribuir esses arquivos de áudio e vídeo através de sites como o iTunes da Apple. As pessoas podem escutar esses arquivos de áudio individualmente ou fazer uma assinatura para ter os arquivos em seu computador ou iPod. Alguns blogueiros também criaram blogs de vídeo, como Martin Lindstrom, no site do *AdvertisingAge*.[3] Quase todas essas formas de expressão estimulam comentários; por exemplo, tanto blogs quanto os vídeos do YouTube possibilitam que os visitantes incluam os próprios comentários sobre o que foi escrito e postado.

PARTICIPAÇÃO. A leitura de blogs é uma das atividades mais populares no *groundswell*. Um em cada quatro americanos lê blogs (ver a Tabela 2-1).[4] No Japão, eles são ainda mais populares; mais da metade dos adultos on-line lê blogs pelo menos uma vez por mês. Os sul-coreanos blogam mais do que qualquer outra nacionalidade; mais de um em cada seis sul-coreanos que está on-line tem seu blog. Assistir a vídeos também é comum, mas há muito mais pessoas que assistem a vídeos do que pessoas que os criam. Os internautas que criam podcasts e até mesmo quem escuta podcasts são raros, chegando a apenas 11% da população nos Estados Unidos e menos em outros países.

COMO POSSIBILITAM RELACIONAMENTOS. Os autores de blogs lêem blogs de outras pessoas e deixam seus comentários. Eles também fazem referências uns aos outros, adicionando links aos outros blogs em seus posts. Essas ligações criam relações entre os blogs e seus autores, e formam a blogosfera.

O efeito eco na blogosfera significa que, para determinado tópico, há uma série de comentários contínuos. Os posts cruzados em blogs fazem-nos ficar nas primeiras posições dos rankings do Google devido à importância que o Google dá aos links em seus algoritmos de busca.

Da mesma forma, os posts contendo vídeos amadores fazem referência uns aos outros e incluem comentários. O YouTube permite que

TABELA 2-1

Percentual de consumidores on-line que usam blogs e conteúdo gerado em blogs

	Estados Unidos	Reino Unido	França	Alemanha	Japão	Coréia do Sul
Lê blogs	25%	10%	21%	10%	52%	31%
Comenta em blogs	14%	4%	10%	4%	20%	21%
Escreve blog	11%	3%	7%	2%	12%	18%
Assiste a vídeos gerados por usuários	29%	17%	15%	16%	20%	5%
Faz upload de vídeos gerados por usuários	8%	4%	2%	2%	3%	4%
Ouve podcasts	11%	7%	6%	7%	4%	0%

Os números incluem consumidores que participam pelo menos uma vez por mês.

Fonte: Pesquisas Tecnográficas de 2007.

se assista a vários vídeos criados pelo mesmo autor – é possível fazer uma assinatura do canal de um autor, para se manter atualizado com o conteúdo que ele adiciona.

COMO AMEAÇAM O PODER DAS INSTITUIÇÕES. Blogs, vídeos gerados por usuários e podcasts não são regulamentados, e tudo é possível. Ao contrário dos jornalistas, os blogueiros podem misturar fatos e opiniões, noticiar boatos e não divulgar conflitos de interesse. Poucas pessoas que fazem upload de vídeos para o YouTube solicitam a permissão dos respectivos participantes, e há vários problemas com violação de direitos autorais. Com freqüência, as empresas precisam controlar os funcionários que postam conteúdo não-autorizado sobre seus empregadores e seus empregos.

COMO UTILIZÁ-LOS. Escute primeiro. Leia blogs que falam sobre sua empresa e veja o que as pessoas estão dizendo.

Ferramentas de busca especializadas em blogs como Google Blog Search e Technorati podem ajudá-lo a determinar quais são os blogs mais influentes. Faça buscas no YouTube, Dailymotion, MetaCafe e outros sites de vídeo para saber o que o *groundswell* está dizendo sobre você, ou use um mecanismo de busca de vídeo que varre vários sites como Yahoo! Video.

Caso você deseje fazer um monitoramento mais aprofundado, procure serviços como TNS Cymfony e Nielsen BuzzMetrics, que monitoram blogs, vídeos e grupos de discussão on-line, em busca de menções feitas à sua empresa e a seus concorrentes, e avalie o teor geral dos comentários.

Próximo passo: comece a fazer comentários sobre esses blogs ou vídeos, ou prepare-se para criar os seus. A Sun Microsystems e a Microsoft estimulam seus funcionários a escrever blogs dentro de diretrizes preestabelecidas, com o objetivo de evitar problemas como divulgação não-autorizada de assuntos financeiros ou materiais. Blogs são uma ferramenta valiosa, não apenas para se comunicar com o mundo, mas também para receber feedback, como explicamos no final do Capítulo 1, sobre a GM. Nós (os autores deste livro) temos nosso blog – você pode acessá-lo no endereço groundswell.forrester.com. Usamos nosso blog para testar nossas idéias para este livro, para receber sugestões e exemplos de fora e, quando o livro ficou pronto, para promovê-lo.

A idéia de podcasts ainda precisa pegar. Mesmo assim, empresas como IBM e Purina já estão fazendo experiências com podcasts para seus clientes.

Para algumas marcas, o conteúdo on-line pode trazer impacto maior do que um comercial, e acaba sendo muito mais barato. Por exemplo, a Ray-Ban conseguiu que quase três milhões de pessoas assistissem a seu vídeo "Homem agarra óculos com o rosto". No comercial, os óculos de sol Wayfarer são arremessados e agarrados pelo rosto de um homem em cenários pouco prováveis.[5]

Essas táticas fazem sentido como parte de uma estratégia corporativa de escutar o *groundswell*, como descrevemos no Capítulo 5, e falar com o *groundswell*, que será discutido no Capítulo 6.

Conexão de pessoas: redes sociais e mundos virtuais

Se você deseja ver como é a variedade agitada e conectada do *groundswell*, junte-se a um site de redes sociais como MySpace ou Facebook, que já conta com milhões de membros associados. Há uma rede social para cada audiência: o alvo do LinkedIn são profissionais de mercado, as meninas jovens gostam do Piczo, os brasileiros se filiam ao Orkut, enquanto o hi5 e Bebo dominam a Europa.

COMO FUNCIONAM. Os membros desse site mantêm perfis, conectam-se uns aos outros e interagem. Além de fazer o *upload* de arquivos, uma das principais atividades nos sites de relacionamentos sociais é o "friending", um mecanismo através do qual as pessoas reconhecem relações umas com as outras, e acompanham o que acontece com seus amigos ou conhecidos. Liderados pelo Facebook, os sites de relacionamento social também estão se tornando uma plataforma para miniaplicativos. Isso expande o escopo do que os amigos podem fazer uns com os outros, desde gerenciar convites para eventos até brincar com jogos.

Para aqueles que desejam ir além de um perfil básico, o *groundswell* também oferece mundos virtuais. O Second Life é um ambiente 3D on-line que tem mais de 10 milhões de membros.[6] O Cyworld oferece um ambiente semelhante na Ásia e está se expandindo na América do Norte.

Outros mundos, como WeeWorld, são bidimensionais. De qualquer maneira, os participantes podem expressar-se de acordo com sua aparência física e suas roupas; um escritor de livros técnicos obeso e careca de 50 anos pode ser um jovem musculoso em uma blusa de gola olímpica preta, ou uma Barbie curvilínea, se assim o desejar.

PARTICIPAÇÃO. Um em cada quatro adultos americanos visita sites de relacionamento pelo menos uma vez por mês (ver a Tabela 2-2). Esses sites são imensamente populares na Coréia do Sul, onde um em cada três internautas participa, graças à alta penetração da banda larga no país e de uma população culturalmente voltada para comunidades. A participação nesse tipo de sites é bem menor na Alemanha e na França.

TABELA 2-2

Percentual de consumidores on-line que visitam sites de relacionamento social

	Estados Unidos	Reino Unido	França	Alemanha	Japão	Coréia do Sul
Visita sites de relacionamento social	25%	21%	3%	10%	20%	35%

Os números incluem consumidores que participam pelo menos uma vez por mês.
Fonte: Pesquisas Tecnográficas de 2007.

COMO POSSIBILITAM RELACIONAMENTOS. Os sites de relacionamentos sociais e mundos virtuais são, por definição, um instrumento para facilitar o relacionamento com tecnologias. No MySpace, as pessoas geralmente postam comentários sobre o perfil dos outros e compartilham suas fotografias e músicas preferidas. O Facebook tem um *feed* de notícias na página principal de cada perfil, com atualizações sobre seus amigos – alertas como "John adicionou uma fotografia a seu perfil". Os sites de relacionamento social conectam tanto pessoas que se mudaram para outros lugares quanto permitem que as pessaos que vivem perto umas das outras (como universitários) mantenham contato entre si. Eles também ajudam a estabelecer novos relacionamentos e são repletos de comunidades como "Alunos de Yale" e "Garotas da Igreja", um grupo de ministras religiosas no Facebook. Em Paris, há até mesmo uma rede social chamada Peuplade (www.peuplade.fr), cujo único propósito é conectar pessoas que moram na mesma região – surpreendentemente, os franceses usam essa rede social para fazer amigos e sair com pessoas que moram na esquina.

COMO AMEAÇAM O PODER DAS INSTITUIÇÕES. As redes sociais consomem muito tempo; 22% dos adolescentes visitam os sites diariamente, por exemplo.[7] Esse tempo gasto on-line ameaça, entre outras empresas, as empresas de mídia, o que é uma das razões pelas quais a News Corp. comprou o MySpace. Os modismos se espalham rapidamente através das redes sociais, deslocando, afetando ou (às vezes) aumentando a consciência sobre a marca.

COMO UTILIZÁ-LOS. Para entender a dinâmica das redes sociais, associe-se a uma delas.

Para as empresas, várias delas criam perfis nas redes sociais que "atraem" amigos como qualquer participante – por exemplo, a Victoria's Secret tem mais de 200 mil amigos no MySpace (www.myspace.com/vspink), e mais de mil sul-coreanos se tornaram amigos do Pizza Hut no Cyworld. Isso funciona melhor ainda se o perfil da marca tiver escudos, backgrounds e *buddy icons* que os membros da rede social possam acrescentar a seus perfis e compartilhar com amigos.

Muitas empresas estão fazendo experiências em mundos virtuais – você pode, por exemplo, fazer um test-drive de um Pontiac no Second Life, e o Skittles anuncia no WeeWorld. Essas atividades geraram publicidade, mas, até agora, qualquer valor além disso não foi comprovado.

Algumas empresas com comunidades animadas criaram as próprias redes – por exemplo, o salesforce.com criou a própria rede para que os clientes possam conectar-se com pessoas em segmentos ou departamentos similares. O Webkinz (site de uma empresa de brinquedos de pelúcia) possibilita às crianças mobiliarem as casas on-line de seus bichos e interagirem umas com as outras nesses espaços.

Discutimos estratégias que usam as redes e comunidades sociais para escutar os outros no Capítulo 5, para marketing no Capítulo 6 e para energizar seus melhores clientes no Capítulo 7. As comunidades também são ideais para possibilitar que os clientes apóiem uns aos outros; descrevemos essa estratégia no Capítulo 8.

Pessoas colaborando: wikis e código aberto

A maior parte da atividade que ocorre no *groundswell* é descoordenada – as pessoas perseguem individualmente seus interesses e conexões, e o *groundswell* surge a partir dessas interações. Isso simula a economia real. Todavia, quando os membros do *groundswell* decidem trabalhar juntos de forma explícita, os resultados são poderosos, por causa das ferramentas avançadas de colaboração disponíveis hoje, começando com os wikis.

COMO FUNCIONAM. Wikis (palavra havaiana que significa *rápido*) são sites que suportam colaboradores múltiplos com a responsabilidade compartilhada de criar e manter conteúdo, geralmente voltado para textos e imagens. O maior e mais conhecido wiki é a Wikipedia, a enciclopédia sem fins lucrativos gerada por pessoas, com mais de dois milhões de artigos. Existem vários outros wikis, mais especializados, incluindo a Conservapedia, uma versão conservadora da Wikipedia, e wikiHow, uma coleção de artigos que ensinam como fazer coisas ("Como ganhar no Banco Imobiliário", "Como mandar alguém para o inferno em uma prancha de skate"). Qualquer pessoa pode editar um wiki, o que você pode achar que acabaria em confusão. Entretanto, em praticamente todos os casos, exceto os controversos (por exemplo, artigos sobre políticos como George Bush), os colaboradores coletivos representam uma opinião consensual, a partir de um conjunto compartilhado de convenções (na Wikipedia, por exemplo, a principal convenção é adotar um "ponto de vista neutro"). A comunidade de colaboradores percebe que foram feitas mudanças e toma providências para preservá-las ou revertê-las, com base nas idéias da comunidade.

O mesmo tipo de cooperação direciona outras formas de colaboração on-line, incluindo software de código aberto como Linux (uma versão do sistema operacional Unix), Apache (um servidor Web) e Firefox (um navegador para Internet). No código aberto, desenvolvedores especializados unem seus esforços para desenvolver, testar e aperfeiçoar software, e o código fica à disposição de todos. Antes que você ridicularize esse tipo de desenvolvimento, é importante reconhecer que, hoje, o Linux suporta vários servidores Web e equipamentos eletrônicos para consumidores, incluindo TiVo; o Apache é o principal software para servidores Web na Internet;[8] e o Firefox saiu de 0% para mais de 25% de participação de mercado em menos de dois anos.[9]

PARTICIPAÇÃO. Enquanto mais de 22% de adultos americanos on-line afirmam usar a Wikipedia pelo menos uma vez por mês, apenas 6% contribuem para um wiki uma vez por mês. Ainda não coletamos dados ou contribuições ao wiki fora dos Estados Unidos.

COMO POSSIBILITAM RELACIONAMENTOS. Wikis incluem "talk pages" paralelas a cada página em que os colaboradores discutem (e às vezes brigam) sobre o que deve ser incluído. Os colaboradores podem ver os perfis uns dos outros; aqueles que contribuem com mais freqüência são mais respeitados pelos outros na comunidade. No código aberto, a comunidade de desenvolvedores avalia e decide quais linhas de código farão parte da versão a ser lançada. De um modo muito real, essas comunidades estão colaborando para definir o conteúdo dos esforços criativos que serão usados por milhões de pessoas.

COMO AMEAÇAM O PODER DAS INSTITUIÇÕES. A Wikipedia é conhecida internacionalmente e usada com freqüência: é o oitavo site mais popular da Web, de acordo com o Alexa.[10] Isso torna a Wikipedia um exemplo clássico do poder do *groundswell* – as massas determinam o que está nele, incluindo as imagens apresentadas às empresas. Por exemplo, quando este livro estava sendo escrito, a página do Nike Inc. inclui seções sobre questões de direitos humanos e controvérsias publicitárias, assuntos que o departamento de relações públicas da Nike preferia que não estivessem incluídos como uma descrição "definitiva" da empresa.

COMO UTILIZÁ-LOS. Já que as páginas da Wikipedia geralmente aparecem nos primeiros resultados de buscas na Web, o que está lá importa. As empresas devem monitorar cuidadosamente as páginas que as descrevem ou seus produtos.[11] Fazer alterações é mais difícil porque a Wikipedia desestimula pessoas ou empresas a contribuir com conteúdos sobre si mesmas. Todavia, as empresas, incluindo uma empresa de serviços financeiros que entrevistamos, conseguiram fazer correções sobre os fatos, e outras empresas já conseguiram adicionar artigos sobre seus produtos. Essas contribuições sobrevivem apenas quando a empresa age de maneira transparente. A melhor abordagem é transmitir sua mensagem nas "talk pages", na Wikipedia.

Você também pode disponibilizar wikis em nome de sua empresa, reunindo seus próprios clientes em um mini*groundswell*. O eBay, por exemplo, tem um wiki no qual seus membros oferecem dicas sobre temas como "compra e venda de antiguidades" (www.ebaywiki.com). A Reuters criou um wiki para seus leitores construírem um glossário financeiro (glossary.reuters.com).

As empresas também já descobriram que os wikis podem ser úteis *internamente* como ferramenta de colaboração para equipes que trabalham em um documento ou especificação, por exemplo. Este livro foi pesquisado e escrito em um wiki; os co-autores, editor e todos os outros envolvidos enviaram o conteúdo e os links a um repositório comum, que podia ser consultado ou editado por qualquer um.

Apresentamos outros exemplos de como as pessoas podem contribuir mutuamente no Capítulo 8, e falaremos sobre as ferramentas de colaboração interna no Capítulo 11.

Como as pessoas reagem umas às outras: fóruns, ratings e análises críticas

Fóruns – com posts e respostas alinhavados juntos – são tão antigos quanto qualquer outra tecnologia social; eles são mais antigos do que a própria Internet. E ratings e análises críticas tornaram-se tão comuns no mundo on-line que muitas pessoas não se dão conta de que essas ferramentas representam parte da tendência do *groundswell*. Mesmo assim, fóruns, ratings e análises críticas são tão fáceis de configurar e usar que agora já fazem parte de uma variedade de sites, como mídia, varejo e suporte técnico.

COMO FUNCIONAM. Há vários fóruns de discussão disponíveis na Web. Geralmente, assim que as pessoas se tornam membros, elas podem entrar no site e postar perguntas ou comentários, ou podem responder a perguntas e comentários enviados pelos outros participantes. Os comentários e respostas formam *threads*, que os visitantes podem entender como uma conversa. Yahoo! e AOL têm fóruns sobre vários assuntos; há também fóruns independentes, como tivocommunity.com, para os fãs do TiVo, e fóruns gerenciados pelas empresas, como o quickbooksgroup.com, da Intuit, para donos de pequenos negócios que usam produtos QuickBooks.

As críticas estão se tornando mais comuns do que os fóruns. A Amazon estava entre os primeiros sites a promover as críticas; as críticas estão se espalhando para sites de varejo de todos os tipos, de equipamentos eletrônicos a ferramentas de jardinagem. Sites de mídia como CNET e sites de viagem como TripAdvisor fizeram das críticas seu elemento central, enquanto outros sites, como o Rotten Tomatoes (dedicado a filmes) e o Epinions (dedicado a praticamente tudo), contêm praticamente apenas críticas e ratings. Os membros do eBay atribuem notas uns aos outros. No ExpoTV, os proprietários de produtos fazem *upload* de seus vídeos com críticas indo de cosméticos a alarmes remotos para automóveis.[12]

Em um exemplo clássico do *groundswell* aplicando suas técnicas ao próprio conteúdo, você pode atribuir notas às críticas. Uma crítica argentina, por exemplo, que deu nota máxima ao livro *Harry Potter e o Enigma do Príncipe* no site da Amazon, recebeu 884 votos de pessoas que acharam que sua crítica foi útil[13] – os fãs adoraram a maneira como ela incluiu sua paixão por Harry Potter no texto da crítica.

PARTICIPAÇÃO. Cerca de um em cada cinco americanos e japoneses on-line participa de fóruns de discussão (ver Tabela 2-3). Tornou-se comum ler ratings e análises críticas – um em cada quatro americanos e alemães, um em cada cinco britânicos, e 38% de japoneses os lêem. Enquanto percentuais muito menores de pessoas escrevem ratings e críticas, essas pessoas geram conteúdo suficiente para ajudar todas as outras.

COMO POSSIBILITAM RELACIONAMENTOS. Os fóruns de discussão são uma conversa em velocidade reduzida, permitindo às pessoas respon-

TABELA 2-3

Percentual de consumidores on-line que acompanham fóruns, ratings e análises críticas

	Estados Unidos	Reino Unido	França	Alemanha	Japão	Coréia do Sul
Participa em fóruns de discussão	18%	12%	11%	15%	22%	7%
Lê ratings e análises	25%	20%	12%	28%	38%	16%
Escreve ratings e análises	11%	5%	3%	8%	11%	11%

Os números incluem consumidores que participam pelo menos uma vez por mês.

Fonte: Pesquisas Tecnográficas de 2007.

derem umas às outras on-line; as pessoas que escrevem posts nos fóruns acabam conhecendo as tendências umas das outras, apesar de não terem se conhecido pessoalmente.

Os fóruns e críticas fazem sucesso, em parte, porque permitem que as pessoas apareçam. Veja o exemplo de Harriett Klauser, a principal crítica da Amazon. Ela lê dois livros por dia e já escreveu críticas sobre mais de 1.400 livros. Ela é conhecida das editoras, que lhes enviam 50 livros semanalmente.

COMO AMEAÇAM O PODER DAS INSTITUIÇÕES. Antes das críticas dos consumidores, as empresas se preocupavam em influenciar experts – o crítico da revista *Car and Driver*, por exemplo, ou o crítico de restaurantes do *Los Angeles Times*. Hoje, um comprador com um problema dirá a você que a tela de sua câmera digital não tem brilho suficiente, seu hotel cheira mal, ou seu vídeo de animação não tem graça nem para crianças de 4 anos.

COMO UTILIZÁ-LOS. Para os varejistas, os ratings e as críticas são excelentes – eles estimulam as taxas de compras. Quantificamos isso no Capítulo 7 como um exemplo de usar seus clientes para energizar os outros. Falamos sobre o poder de apoio dos fóruns no Capítulo 8.

Para as empresas cujos produtos e serviços são avaliados, ratings e críticas são instrutivos. O monitoramento da marca, como descrevemos no Capítulo 5, encontra citações aleatórias sobre marcas. Ratings e críticas são mais focados. Se um fabricante de eletrodomésticos lê uma crítica no buzzillions.com, afirmando que a porta de seu forno derrete durante o ciclo autolimpante, o fabricante tem um problema de qualidade, e não um problema com a crítica.

As pessoas organizam o conteúdo: tags

Classificar coisas é um ponto importante de como as pessoas se organizam. Um tipo de organização típico é a *taxonomia*, em que cada coisa individual tem uma categoria. Por exemplo, na taxonomia das espécies, *liame sapiens* vai na caixa dos mamíferos, ao passo que o *Tyrannosaurus rex* vai nos répteis. Todavia, as taxonomias dependem da opinião do expert. Um sistema de classificação para o *groundswell* tem de ser mais flexível do que isso, como explica David Weinberger, em seu livro *Everythings Miscellaneous*.[14] É aqui que entram os tags.

COMO FUNCIONAM. Imagine um site no qual os fãs da NASCAR discutem as posições da corrida. Você pode classificá-lo como "NASCAR" e "grupos de discussão", enquanto nós o classificaríamos como "fórum" e "fenômeno de fãs". Essa classificação solta e cheia de sobreposições de tags às vezes é chamada de *folksonomy*, termo criado por Thomas Vander Wal.[15] Uma *folksonomy* depende das opiniões das pessoas, e não de experts.

Os tags tornaram-se a maneira padrão como os sites acrescentam pessoas voltadas para organizações. O Digg, que foi discutido no Capítulo 1, é um site de *tagging* – você coloca um tag ("digg") nas notícias que prefere e decide em que categoria elas devem ser classificadas. Del.icio.us, que é uma aplicação simples que pode ser baixada da Internet, agora faz parte do Yahoo!, e vai um passo além. O del.icio.us oferece a opção de marcar como favorito qualquer site da Web e atribuir a ele a marcação que você deseja. Em vez de os favoritos serem adicionados a seu computador, eles são armazenados nos servidores do Yahoo!, e outras pessoas que visitam o site podem ver seus tags (caso você opte por isso) ou fazer buscas por sites com tags comuns. Um serviço semelhante, chamado StumbleUpon, foi adquirido pelo eBay em 2007.

Se você observar bem, verá que os tags estão em todos os lugares do *groundswell*. O Flickr permite que você coloque tags em fotografias. Ferramentas de blogs como WordPress permitem que você coloque tags em seus posts. O YouTube dá ao usuário a opção de colocar tags em vídeos. E, em vários outros casos, os visitantes também podem acrescentar seus tags.

PARTICIPAÇÃO. Fazer *tagging* não é para qualquer um – 14% dos sul-coreanos fazem isso, mas a participação é menor em outras regiões do mundo (ver a Tabela 2-4). Mesmo assim, monitore essa atividade – afinal, aqueles que classificam e organizam o mundo on-line determinarão como nós enxergamos este mundo.

TABELA 2-4

Percentual de consumidores on-line que usam tags

	Estados Unidos	Reino Unido	França	Alemanha	Japão	Coréia do Sul
Usa tags	7%	2%	9%	10%	6%	14%

Os números incluem consumidores que participam pelo menos uma vez por mês.
Fonte: Pesquisas Tecnográficas de 2007.

COMO POSSIBILITAM RELACIONAMENTOS. Os relacionamentos baseados em tags são sutis. Você pode usá-los para classificar suas coisas e ajudá-lo com buscas, e depois ignorar o aspecto social por completo.

No entanto, os tags definem os indivíduos. Imagine que você observe que alguém colocou um tag no blog do lançador Curt Schilling, do time de beisebol Red Sox, no del.icio.us, como "blogueiro celebridade". Caso isso chame sua atenção, você talvez tenha curiosidade de saber quem mais essa pessoa classificou como um "blogueiro celebridade". Mesmo que você jamais tenha encontrado a pessoa que fez esses tags, pode acompanhar suas escolhas na Web.

O del.icio.us tem uma ferramenta que deixa isso bastante visível. É fácil publicar os sites em que você recentemente colocou tags como um post de um blog composto por vários links e descrições. No post em seu blog, está escrito: "Isto é o que eu vi hoje, e aqui estão minhas opiniões. Talvez isso interesse a você." Seus tags se tornam uma forma de auto-expressão compartilhada e um relato do que chamou sua atenção.

COMO AMEAÇAM O PODER DAS INSTITUIÇÕES. *Tagging* parece ser inofensivo, mas é claro que você não tem controle algum sobre como as pessoas classificam você ou seus produtos. Se você fabrica equipamentos agrícolas, pode classificar a página que exibe seu bastão de choque para manuseio de gado como "gado", mas outra pessoa pode classificá-lo como "crueldade contra animais". Não é só a classificação que foge a seu controle – os julgamentos de valor também. Um dos tags mais populares no del.icio.us sobre walmartingacrossamerica.com, um blog, é "falso" – e se refere ao fato de que o blog foi desmascarado como uma construção financiada pela agência de relações públicas do Wal-Mart, Edelman.[16] O Wal-Mart não pode fazer nada a respeito. Em geral, a maneira como as empresas classificam o mundo é a fonte de seu poder (o Subway é "comida saudável ou fast-food"?). Os tags enfraquecem esse poder.

COMO UTILIZÁ-LOS. A primeira coisa que você deve fazer é ir ao del.icio.us e colocar o nome de sua empresa na caixa de buscas. Se você fizer isso para o target.com, por exemplo, constatará que (quando este livro estava sendo escrito) 297 pessoas haviam feito tags sobre a empresa. Após fazer uma busca pelo site de sua empresa, clique nos resultados que aparecem, e você verá como as pessoas estão classificando-a. É óbvio que você pode fazer as mesmas coisas com as páginas de seus produtos, o site de seus concorrentes e as notícias recentes sobre sua empresa. Ao observar como sua empresa é marcada e também *quem* está colocando esses tags, é possível aprender bastante sobre como as pessoas o percebem. Você pode usar essa informação, por exemplo, para comprar palavras de busca em mecanismos de busca e para mudar a linguagem que você usa para falar com os clientes.

Não há regra alguma contra fazer tags de seu próprio conteúdo. Abra uma conta no del.icio.us, e coloque tags nos sites de sua empresa, e em outros sites relacionados, de acordo com sua visão de mundo (se você define a categoria de sua empresa como "software CRM", coloque um tag em seu site e no site dos concorrentes com esse termo). Você pode fazer o mesmo com fotografias que envia ao Photobucket ou Flickr e com seus posts em blogs. Isso ajudará as pessoas que buscam por esses termos a encontrar fotografias, posts em blogs e sites que você considera pertinentes.

Outra maneira de usar o *tagging* é simples: organize a Web. Durante o processo de criação deste livro, usamos o del.icio.us para criar um conjunto de tags para cada capítulo, organizando os sites e notícias que havíamos encontrado. Você pode ver o que fizemos no endereço del.icio.us/thegroundswell. Caso deseje organizar sua própria coleção de sites, para si mesmo ou para compartilhar com os outros, o *tagging* é a ferramenta perfeita.

Como acelerar o consumo: RSS e *widgets*

Talvez você olhe para todos esses elementos do *groundswell* e pense que os consumidores do *groundswell* ficariam sobrecarregados com uma avalanche de conteúdo. Comece pelos e-mails que recebemos todos os dias, e sobre eles coloque as atualizações das páginas do Facebook, posts de blogs, vídeos do YouTube e itens com tags de todos os tipos. A seguir, acrescente os elementos do *groundswell* com os quais você se depara quando navega, como ratings, críticas e verbetes da Wikipedia. Quanto mais fundo você mergulhar nessas tecnologias, mais ajuda eles terão para encontrar rapidamente as informações corretas. É para isso que servem os RSS e *widgets* – ao dar às pessoas a habilidade de consumir e processar mais conteúdo social, eles aceleram a ação do *groundswell*.

COMO FUNCIONAM. O RSS significa Really Simple Syndication. Já que a sigla não explica muito, imagine o seguinte: RSS é uma ferramenta que traz atualizações. Em vez de *saírem* para os blogs, sites de notícia, sites de leilão, sites de relacionamento social e outros sites que você queira monitorar, o RSS traz o conteúdo atualizado *até você*.

Pense no RSS como um sistema com dois elementos: um transmissor e um receptor. O transmissor gera os *feeds* – uma lista atualizada de tudo que é novo em um site. Por exemplo, um *feed* de RSS pode ser posts de um blog, artigos de um site de jornal, fotos de notícias postadas por um membro do Flickr, cotações de ações, atualizações sobre jogos de basquete, itens com tag no del.icio.us – qualquer coisa que mude com regularidade. Qualquer site pode armazenar um *feed* de conteúdo que mude com o tempo.

Para ter acesso ao *feed* RSS, você precisa ter um receptor, que é conhecido como um *RSS reader*. Embora existam vários programas de leitura de RSS e páginas Web direcionadas para RSS – como o FeedRurner, Netvibes e Pageflakes –, também é possível ler os *feeds* de RSS em páginas Web personalizadas do Google e do Yahoo!. Ou nas versões mais recentes de browsers, como Firefox ou Internet Explorer.[17] Em todos os casos, o leitor de RSS organiza os *feeds* em áreas de sua tela e, em alguns casos, em tabs (orelhas). Você, o consumidor de todas essas informações, consegue ver todas as novidades em um único lugar, e clicar e ler o que lhe interessa. Seu leitor de RSS terá uma aparência diferente do de outras pessoas, dependendo do conteúdo que você adicionou. Os sites que suportam *feeds* de RSS geralmente exibem um ícone alaranjado quadrado, no qual você pode clicar para assinar o *feed* do site.

Widgets, como os RSS readers, são miniaplicativos que se conectam com a Internet. Ao contrário dos RSS, os *widgets* geralmente têm uma função específica. Por exemplo, um *widget* do tempo em sua área de trabalho mostra a previsão do tempo atualizada, ou um *widget* com preço de combustíveis pode trazer informações sobre o preço dos postos de gasolina de sua região. Com a utilização de tecnologias Web 2.0, os *widgets* são bastante interativos. Alguns são desenvolvidos para rodar em plataformas Windows ou Macintosh; outros aparecem em páginas Web ou até mesmo em seu telefone celular. Muitos deles são desenvolvidos para ficar armazenados em páginas de blogs ou de redes sociais, para outros visitantes consultá-los. Os *widgets* para as páginas iniciais do Google e Windows Vista são denominados "gadgets".

TABELA 2-5

Percentual de consumidores on-line que usam RSS

	Estados Unidos	Reino Unido	França	Alemanha	Japão	Coréia do Sul
Usa RSS	8%	3%	5%	4%	0%	1%

Os números incluem consumidores que participam pelo menos uma vez por mês.

Fonte: Pesquisas Tecnográficas de 2007.

PARTICIPAÇÃO. Menos de um em cada 12 americanos afirma que usa um *feed* de RSS (ver a Tabela 2-5). Mas o impacto do RSS será sentido muito além disso. Há 23% dos consumidores on-line nos Estados Unidos usando páginas iniciais personalizadas – e eles estão usando *feeds* de RSS, estejam ou não cientes disso. À medida que o Internet Explorer 7 e o Firefox se tornam mais populares, os consumidores se tornarão mais acostumados com os "bookmarks inteligentes" desses navegadores, que apresentam notícias RSS atualizadas nos favoritos. Acreditamos que os quadradinhos alaranjados onipresentes nos sites aumentarão a consciência sobre o RSS nos próximos cinco anos.

É mais difícil mensurar o número de usuários de *widgets* – cerca de 10% dos consumidores americanos afirmam usar um *widget* como Yahoo! Widgets ou Dashboard da Apple com regularidade. Só que os *widgets* baseados na Web estão em todos os lugares – eles aparecem com freqüência no MySpace e em blogs. Em junho de 2007, o comScore relatou que, no mundo inteiro, 21% dos consumidores on-line interagiram com um *widget* baseado na Web.[18]

COMO POSSIBILITAM RELACIONAMENTOS. O RSS é o óleo que lubrifica a engrenagem do *groundswell*. Assinar um *feed* de RSS não é uma atividade social, mas essa assinatura permite que a atividade social transcorra com eficiência. Uma pessoa que usa um RSS pode assinar mais blogs, monitorar mais páginas de relacionamento social e, em geral, permanecer conectada por mais tempo do que outras pessoas.

Os *widgets* são um mecanismo social porque se alastram. Se você colocar um *widget* em sua página Web ou página de seu perfil em um site de relacionamento social, os outros o verão. Em sua maioria, esses *widgets* incluem um botão que sinaliza "Pegue esse *widget*" e permite que outros o instalem em suas páginas.

O SplashCast faz um *widget* que exibe *feeds* de vídeo e fotografias atualizados constantemente. Vamos supor que um candidato a um cargo político queira divulgar atualizações de seus discursos e aparições em um *widget* SplashCast. Seus partidários podem inserir esse *widget* em suas páginas no MySpace e em blogs. O candidato acaba sendo amplamente divulgado por seus partidários, e seus amigos também podem acrescentar o *widget* a seus blogs e perfis. Esse é o potencial social dos *widgets*.

COMO ELES AMEAÇAM O PODER INSTITUCIONAL. Os RSS e *widgets* por si não ameaçam o poder institucional. Mas já que eles aceleram o consumo de outros materiais *groundswell*, eles intensificam a ameaça a instituições. Os consumidores de RSS podem ler mais blogs, incluindo blogs que fazem críticas à sua empresa (e eles podem enxergar uma tendência, já que os blogs se referem uns aos outros e se reforçam mutuamente). Pessoas que defendem uma causa que vai contra – ou a favor de – uma empresa podem desenvolver *widgets* e disseminá-los. Imagine um *widget* "Boicote a [insira o nome de sua empresa aqui]" compartilhado e postado por pessoas que acham que sua empresa usa trabalho escravo na Ásia, por exemplo.

COMO UTILIZÁ-LOS. Os *widgets* e RSS podem ser ferramentas excelentes de marketing, principalmente quando têm por objetivo entregar conteúdo atualizado com regularidade a seus clientes. Isso significa que seu blog, notas de imprensa, catálogos de produtos e qualquer coisa que você atualize com regularidade devem estar disponíveis por meio de *feeds* de RSS. A maioria das ferramentas de criação de blogs já suporta a função RSS.

Quanto aos *widgets*, os anunciantes já começaram a usá-los com mais freqüência. A UPS fez uma campanha de publicidade no Reino Unido, na França e na Alemanha em torno de um personagem – naturalmente, chamado Widget – que o torna mais eficiente. Faça o download de um *widget* em forma de personagem para sua área de trabalho, e ele informará não apenas onde suas encomendas estão, mas também envia uma mensagem sutil da marca UPS.[19] Nos Estados Unidos, o Discovery Channel criou um *widget* denominado Shark Week,[20] para que o público que adora seus programas relacionados a tubarões (é um público numeroso – Shark Week é um dos programas de maior audiência do Discovery Channel) possa inserir um *feed* de vídeos atualizados constantemente e promoções em seus blogs ou páginas de perfis pessoais. Os *widgets* baseados em Web, como os vídeos do YouTube, têm o potencial de se disseminar de forma viral à medida que seus fãs os enviam por e-mail e os inserem em páginas de relacionamentos sociais e em posts de blogs.

Avaliação de novas tecnologias

O *groundswell* não é estanque. Domine as ferramentas que descrevemos nas últimas dezenas de páginas e você ainda não terá visto todas as possibilidades tecnológicas do *groundswell*, que evoluem continuamente.

Exemplo: Twitter.

O Twitter é uma ferramenta que permite que seus membros se inscrevam gratuitamente (é claro) e que enviem mensagens sempre que quiserem. O Twitter pergunta: "O que você está fazendo?" A pessoa que usa o Twitter escreve uma mensagem com, no máximo, 140 caracteres, na Web, ou como mensagem de texto em um telefone celular. Essa mensagem é enviada a todos os "seguidores" dessa pessoa – todos que se interessam pelo que essa pessoa tem a dizer. Como seguidor, você pode acompanhar os "tweets" desse amigo em uma página Web ou telefone celular.

Em março de 2007, começamos a receber várias perguntas sobre o Twitter. O Twitter nos intrigava por vários motivos. Primeiro, ele se tornara uma sensação nas duas semanas anteriores, com milhares de pessoas novas usando a ferramenta. Uma dessas pessoas era o candidato presidencial americano John Edwards, que publicava pequenas atualizações sobre suas atividades de campanha. Segundo, por se conectar a telefones móveis tanto na ponta da escrita quanto na da recepção, ele tinha o potencial de se tornar um elemento disseminado do *groundswell*. Afinal, as pessoas sempre estão com seus telefones celulares, em muitos lugares em que elas nem sempre têm acesso a um computador.

Por outro lado, algumas pessoas estavam usando o Twitter de maneira bastante fútil. Algumas pessoas enviavam relatos a cada hora sobre o que haviam almoçado, ou de que reunião estavam participando. Mesmo que você receba esses *tweets* de seus amigos, isso acaba ficando sem graça em pouco tempo.

Quando nossos clientes começaram a nos perguntar sobre o Twitter, nosso questionamento foi além – como se avaliam as novas tecnologias à medida que elas passam a fazer parte do *groundswell*? Quais tecnologias irão pegar, e quais tecnologias morrerão? Em quais você deve prestar atenção, e quais delas você pode ignorar sem receio? A partir de nossa experiência com a adoção de novas tecnologias sociais em todo o mundo, elaboramos um teste de tecnologia do *groundswell*.

O teste de tecnologia do *groundswell*

Quando iniciamos este capítulo, aconselhamos você a se concentrar nos relacionamentos, e não nas tecnologias. Quando falamos em uma nova tecnologia, os relacionamentos são de enorme importância. Uma ferramenta que possibilite novos relacionamentos estabelecidos de novas maneiras será adotada mais rapidamente do que uma que não faça isso. "Mais rápido" na Internet significa semanas e meses, não anos.

Então, ao avaliar uma nova tecnologia, faça as seguintes perguntas:

- *Essa tecnologia permite que as pessoas se conectem com as outras de novas maneiras?* O *groundswell* está relacionado com fazer conexões. Se uma ferramenta torna essas conexões mais interessantes, variadas ou freqüentes, ela tem um bom potencial de adoção – porque é isso que o *groundswell* procura. Além disso, essas tecnologias se disseminam de maneira viral, pois os participantes já existentes convidam novos participantes a fazer parte do grupo. O Facebook abriu sua rede social a todos os interessados em setembro de 2006 (antes disso, era composto por praticamente apenas estudantes universitários) e cresceu rapidamente depois disso. O YouTube possibilitou uma nova forma de comunicação – vídeo facilmente transmissível, disponível em todo o planeta. O Twitter não acrescenta mídia a formas já existentes de comunicação, como blogs e envio de mensagens de texto, mas permite às pessoas transmitir e assinar vários tipos de conteúdo em um meio novo: o telefone celular.

- *É fácil participar?* A maior parte das tecnologias do *groundswell* é gratuita. As bem-sucedidas também são fáceis de ser conectadas a tecnologias que as pessoas já possuem. O Twitter é gratuito e se baseia no envio de mensagens de texto por celular e uma interface Web simples, o que já é comum. Uma tecnologia que exija que os consumidores comprem e carreguem consigo um novo equipamento de hardware, como um *smart phone*, teria de ser inacreditavelmente convincente e teria uma taxa de crescimento mais lenta – pelo menos até esses *smart phones* se tornarem mais difundidos.

- *Ela transfere o poder das instituições para as pessoas?* As tecnologias que mais beneficiam as empresas não costumam pegar. As que beneficiam as pessoas, sim. O Facebook deu às pessoas o poder de se conectar sem terem a supervisão de uma corporação; a Wikipedia permitiu às pessoas criarem conteúdo sem terem a aprovação de um expert. O Twitter, da mesma forma, permite que as pessoas se conectem. Uma das primeiras aplicações que chamaram a atenção das pessoas foi quando os participantes de uma conferência de música e tecnologia chamada SXSW enviaram *tweets* uns para os outros. Isso pode ter distraído a atenção dos participantes em relação aos eventos planejados no palco, mas tornou-os mais conectados.

- *A comunidade gera tráfego suficiente para se sustentar?* Todas as tecnologias bem-sucedidas listadas neste capítulo, de blogs a tags, facilitam às pessoas a criação de conteúdo – e elas se beneficiam com a troca recíproca de conteúdo. O Twitter se encaixa na mesma descrição. Use-o, e você cria valor para seus seguidores. (É claro, todas as ferramentas do *groundswell* também podem ser usadas para criar coisas inúteis. Mas o fato de que seus *tweets* são desinteressantes não significa que o Twitter é um fracasso – significa apenas que seus seguidores não lerão mais seus tweets.)
- *Ela é uma plataforma que incentiva parcerias?* Isso determina se um produto terá sucesso ou fracasso. Plataformas fechadas como Digg não evoluem tão rapidamente porque não aproveitam a fonte de informações que é a comunidade de desenvolvimento da Web 2.0.[21] As plataformas abertas como o Facebook, que abriu suas interfaces aos desenvolvedores de aplicativos em 2007, ganham funcionalidades novas sem que seus fundadores tenham de trabalhar tanto para isso. Quanto ao Twitter, é fácil aproveitar de qualquer um dos lados – outros aplicativos podem gerar *tweets* ou exibi-los (disponibilizá-los?). Veja o exemplo de um desenvolvedor no Olin College, em Massachusetts, que construiu um aplicativo que gera *tweets* automaticamente (mensagens de texto, se seu telefone está configurado para lê-las) sobre a disponibilidade de lavadoras e secadoras na lavanderia do dormitório, de forma que os estudantes não precisam perder tempo e ir até a lavanderia para ver se a lavadora está livre.[22]

É claro que outros fatores devem ser levados em conta quando se analisam novas tecnologias – as políticas de privacidade permitem que as pessoas se sintam seguras, ou essas tecnologias podem receber o impulso de grandes empresas, como Apple, Google, Microsoft, Nokia ou Comcast? No geral, as tecnologias que recebem um sim para essa pergunta são aquelas que têm mais chances de pegar. E, com base nesse teste, o Twitter provavelmente encontrará seu lugar entre outras tecnologias *groundswell*, e as pessoas devem prestar atenção a elas.

O *groundswell* tem dois ingredientes principais: tecnologia e pessoas. Já tratamos das tecnologias, e agora é hora de falar sobre as pessoas – em especial, seus clientes e o que eles estão fazendo (e não fazendo) on-line. A resposta a essa pergunta é diferente para cada empresa, e é por isso que criamos o Perfil Tecnográfico Social, o assunto do Capítulo 3.

3. Perfil Tecnográfico Social

Como as pessoas participam do *groundswell*? Veja o caso de três FALs.

FALs são fãs adultos do Lego. Os blocos Lego são um dos brinquedos favoritos de crianças no mundo inteiro. De acordo com Tormod Askildsen, diretor sênior de desenvolvimento de negócios no Grupo Lego, de 5% a 10% das vendas da empresa – pelo menos US$50 milhões – vão para os FALs. E, ao contrário das crianças, os FALs não envelhecem e saem do mercado-alvo. Eles ficam mais entusiasmados e compram mais. O que acaba ocorrendo é que vender as pecinhas Lego para adultos é um negócio importante. Além disso, os FALs tendem a se reunir on-line, e o *groundswell* é uma excelente maneira de impactá-los. No entanto, nem todos os FALs participam da mesma forma.

Entre os fãs adultos mais ativos e criativos do Lego, está Eric Kingsley. Eric faz posts com freqüência e *uploads* de fotos para o LUGNET, o Grupo de Usuários On-Line Lego, um fórum de apoio aos FALs. Na verdade, Kingsley foi a décima oitava pessoa a se juntar à rede. Além de suas inúmeras contribuições ao site, ele mantém três sites distintos – um para sua família, um para o grupo local de Lego na Nova Inglaterra e uma página mais detalhada dedicada aos trenzinhos Lego, sua paixão, com várias fotografias e posts em blogs, que contam seus esforços para mobilizar a fabricante de Lego a preservar sua linha de trenzinhos Lego de 9 volts. Do ponto de vista da Lego, Eric Kingsley é um colaborador ativo para a cultura Lego. Como você verá no Capítulo 7, a Lego dedica atenção especial a ele, estimulando seu entusiasmo pelos blocos Lego, de forma a atingir os outros fãs.

Outro fã é Joe Comeau. Joe é tão entusiasmado quanto Eric, mas não costuma dedicar tanto tempo para criar sites na Internet; ele faz sua contribuição quando responde e reage às idéias dos outros. Ele participa continuamente de atividades on-line – é colaborador freqüente dos fóruns LUGNET, falando sobre tudo, desde trenzinhos Lego até BrikWars, uma simulação de guerra feita com Legos. Ele também compra cerca de US$4 mil em brinquedos Lego todo ano, e por isso é um cliente importante para a empresa. Suas contribuições ao mundo Lego na Web são tão importantes quanto as de Eric, mas qualitativamente diferentes. "Quando alguém tem uma nova idéia, você trabalha nela", ele conta. "Quando se dá conta, você está construindo em um nível muito além do que havia imaginado." O *groundswell* está cheio de pessoas como Joe – na verdade, há muito mais Joes do que Erics.

O terceiro exemplo é Linda Nee. Em comparação a Eric e Joe, ela é mais propensa a participar de projetos de grupo como tentar estabelecer o recorde mundial de velocidade para a montagem de um dos kits mais complexos do Lego, o Imperial Star Destroyer. Mas como Eric e Joe, ela é viciada em construir com Legos, gastando, como ela mesma diz, "um percentual não-saudável" de seu salário com kits Lego. "Participo pouco de fóruns", ela conta, "mas leio quase tudo que os outros escrevem."

Eric Kingsley, Joe Comeau e Linda Nee são membros ativos da comunidade FALs, mas seus papéis são diferentes. Eric cria, Joe reage e Linda lê. É a interação entre eles – as atividades criativas de Eric, as reações de Joe e seu efeito em milhares de pessoas como Linda – que torna essa comunidade tão dinâmica. O mesmo acontece com qualquer comunidade na Internet – as interações entre colaboradores diferentes fazem-na prosperar.

Para entender o *groundswell* mais profundamente, você precisa dissecar e quantificar a dinâmica que separa os participantes distintos. Por quê? Porque uma estratégia que trata todos da mesma maneira é a receita do fracasso – as pessoas não são semelhantes e não reagem da mesma maneira. Sua estratégia deve levar em conta as diferenças entre os grupos – como o *groundswell* é diferente para os sul-coreanos e canadenses, ou para os compradores da Target e RadioShack. Esse é o objetivo do Perfil Tecnográfico Social, a ferramenta que apresentamos neste capítulo – permitir às pessoas nas empresas examinar o cenário e, em seguida, criar estratégias baseadas nas tendências *groundswell* de qualquer grupo de pessoas, em qualquer lugar do mundo.

Uma nova maneira de enxergar a participação no *groundswell*

No Capítulo 2, examinamos todas as atividades e aplicações diferentes no *groundswell*. Apresentamos estatísticas no início de cada seção. Vamos reunir todas elas em um único lugar, na Figura 3-1.[1]

Há muita informação na Figura 3-1 – informações demais. Algumas coisas estão bastante claras – por exemplo, há muito mais pessoas que participam de redes sociais do que pessoas que contribuem para blogs. Todavia, esse gráfico tanto suscita perguntas quanto responde a elas. Esses números são diferentes para homens e mulheres, por exemplo? Qual é a variação por idade? E, para terminar, a que conclusões você chega?

No Capítulo 2, afirmamos que compensa concentrar-se em relacionamentos, e não em tecnologias. Esse é o propósito do Perfil Tecnográfico Social. "Social" refere-se a atividades pessoa a pessoa no *groundswell*. Tecnográfico se refere a uma metodologia do Forrester Research para a pesquisa de consumidores – é semelhante a fatores demográficos e psicográficos, mas voltado para comportamentos tecnológicos. E, como ocorre com qualquer perfil, esse permite que se comparem dois grupos de pessoas quaisquer – Geração Y *versus* Geração X, ou donos de automóveis Ford *versus* donos de automóveis GM.

No coração do Perfil Tecnográfico Social, há uma maneira de agrupar pessoas com base nas atividades *groundswell* das quais elas participam. Imagine que esses grupos de pessoas e suas atividades são degraus de uma escada, como é possível observar na Figura 3-2. A escada mostra como podemos classificar os consumidores de acordo com seu envolvimento no *groundswell*, colocando-os em um ou mais dos seis grupos.[2] A Figura 3-3 mostra o tamanho relativo desses grupos entre adultos americanos que estão on-line. Observe que esses grupos se sobrepõem – a maioria dos Criadores também são Espectadores, por exemplo.

FIGURA 3-1

Participação em atividades *groundswell*

Essas estatísticas foram coletadas em uma pesquisa on-line com mais de 10 mil consumidores americanos. As barras mostram a participação nas atividades indicadas pelo menos uma vez por mês.

Atividade	%
Assistir a vídeos feitos por outros usuários	29%
Acompanhar fóruns ou grupos de discussão on-line	28%
Visitar sites de relacionamento social	25%
Ler ratings/análises críticas dos consumidores	25%
Ler blogs	25%
Atualizar/manter um perfil em um site de relacionamento social	20%
Escrever seus comentários na página de outra pessoa em um site de relacionamento social	18%
Escrever em fóruns ou grupos de discussão	18%
Escutar ou baixar áudio/música de outros usuários	14%
Fazer comentários no blog de outra pessoa	14%
Fazer *upload* de fotografias para um site público	13%
Enviar ratings/análises críticas sobre produtos/serviços	11%
Publicar, manter ou atualizar um blog	11%
Publicar/atualizar suas próprias páginas Web	11%
Escutar podcasts	11%
Usar um *widget* em seu desktop	10%
Enviar vídeos criados por você a um site público	8%
Usar RSS	8%
Fazer *upload* de áudio/música que você criou para um site público na Web	8%
Adicionar tags a páginas Web, fotos on-line etc	7%
"Votar" on-line em sites	7%
Escrever notícias, histórias, poemas etc., e postá-los on-line	7%
Contribuir/editar artigos em um wiki	6%
Usar Twitter	5%

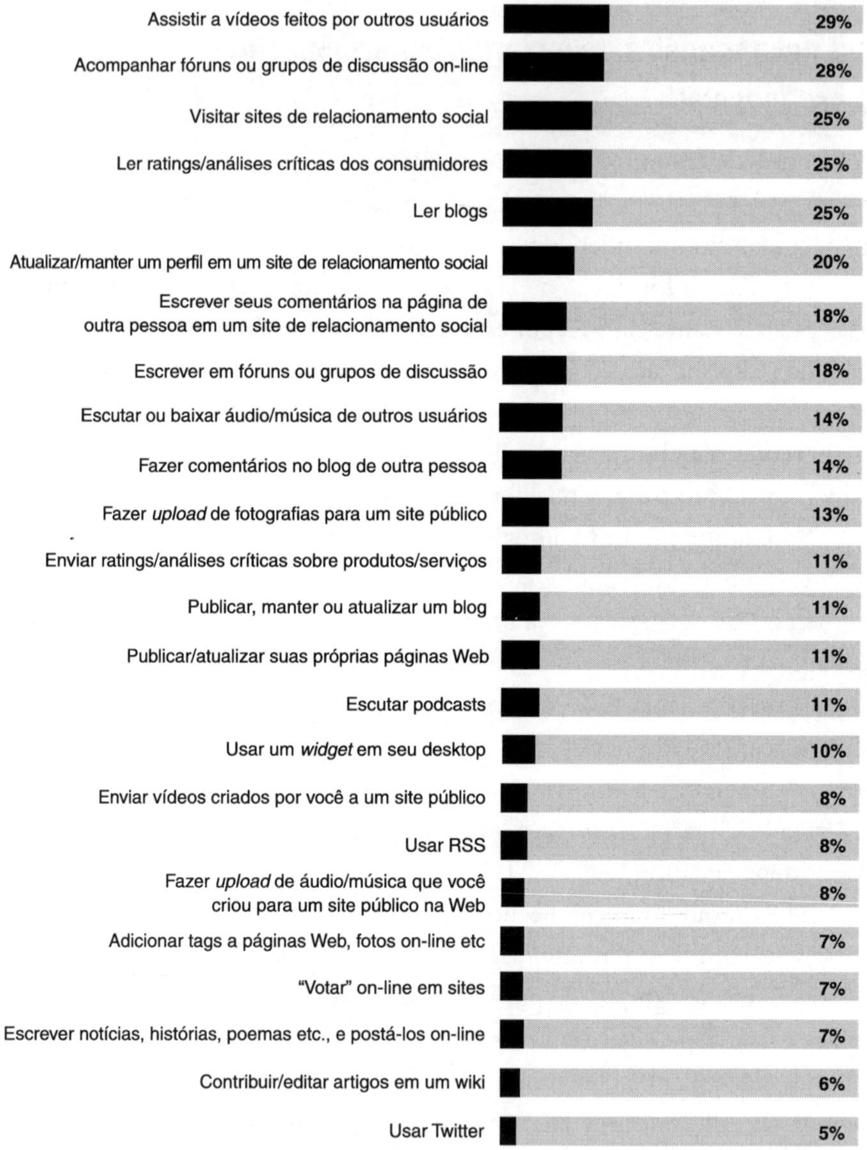

Os números representam o percentual de adultos americanos que participam pelo menos uma vez por mês (mais de 10 mil consumidores pesquisados).

Fonte: Forrester's North American Social Technographics On-Line Survey, Q2 2007.

O Perfil Tecnográfico Social inclui os seguintes grupos:

- Os *Criadores*, no alto da escada, são consumidores on-line que, pelo menos uma vez por mês, publicam um blog ou artigo on-line, mantêm uma página Web, ou fazem *upload* de arquivos de vídeo ou áudio para sites como o YouTube. Eric Kingsley é um bom exemplo. De acordo com uma pesquisa realizada nos Estados Unidos em 2007, os Criadores representam 18% da população adulta on-line; na Europa, eles equivalem a apenas 10%. A Coréia do Sul, que tem uma população engajada ativamente com blogs, tem impressionantes 38% de Criadores.

FIGURA 3-2

A Escada Tecnográfica Social

Cada degrau da escada representa um grupo de consumidores mais envolvido com o groundswell do que nos degraus anteriores. Para se juntar ao grupo em um de seus degraus, o consumidor precisa participar de uma das atividades listadas pelo menos uma vez por mês.

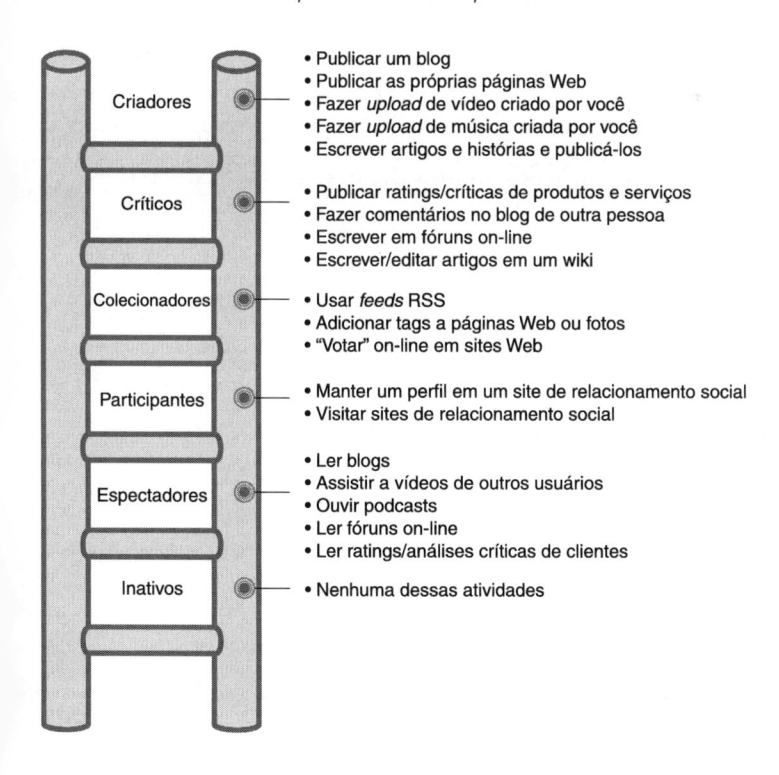

Criadores
- Publicar um blog
- Publicar as próprias páginas Web
- Fazer *upload* de vídeo criado por você
- Fazer *upload* de música criada por você
- Escrever artigos e histórias e publicá-los

Críticos
- Publicar ratings/críticas de produtos e serviços
- Fazer comentários no blog de outra pessoa
- Escrever em fóruns on-line
- Escrever/editar artigos em um wiki

Colecionadores
- Usar *feeds* RSS
- Adicionar tags a páginas Web ou fotos
- "Votar" on-line em sites Web

Participantes
- Manter um perfil em um site de relacionamento social
- Visitar sites de relacionamento social

Espectadores
- Ler blogs
- Assistir a vídeos de outros usuários
- Ouvir podcasts
- Ler fóruns on-line
- Ler ratings/análises críticas de clientes

Inativos
- Nenhuma dessas atividades

- Os *Críticos* reagem a outros conteúdos on-line, postando comentários em blogs ou fóruns on-line, escrevendo ratings ou críticas, ou editando wikis. Joe Comeau é um Crítico típico no mundo Lego. Já que é mais fácil opinar do que criar, não surpreende que há mais Críticos do que Criadores. Um em cada quatro americanos adultos é um crítico, como o é um em cada cinco europeus e também 36% da população on-line no Japão.
- Os *Colecionadores* armazenam URLs e tags em um serviço de marcadores/favoritos social como del.icio.us, votam em sites em um serviço como Digg ou usam *feeds* de RSS em serviços como Bloglines. A arte de colecionar e agregar informações desempenha papel fundamental na organização de um arsenal imenso de conteúdo sendo gerado pelos Criadores e Críticos. Por exemplo, uma pessoa que faça uma busca por "Hotel Maui" verá os sites armazenados com esse tag no del.icio.us. Da mesma forma, os visitantes do digg.com visualizam as principais notícias que foram recomendadas pelos Colecionadores nesse site. Os Colecionadores são um grupo de elite, que inclui cerca de apenas 10% dos americanos e europeus on-line, mas deve crescer mais, eis que mais sites incorporam atividades diversas do estilo dos Colecionadores. A atividade de Colecionar é mais popular em Hong Kong e na Coréia do Sul do que nos Estados Unidos, mas, na verdade, é menos popular no Japão, onde apenas 6% dos adultos on-line são Colecionadores.

FIGURA 3-3

Perfil Tecnográfico Social dos adultos on-line nos Estados Unidos

Observe que os percentuais somam mais de 100% porque os grupos se sobrepõem.

Criadores	18%
Críticos	25%
Colecionadores	12%
Participantes	25%
Espectadores	48%
Inativos	44%

Base: Adultos americanos on-line.

Fonte: Forrester's North American Social Technographics On-line Survey, Q2 2007.

- Os *Participantes* participam de/ou mantêm perfis em um site de relacionamento social como MySpace. Nos Estados Unidos, onde o Facebook cresce rapidamente entre os adultos, os Participantes já atingiram 25% da população on-line; na Coréia no Norte, onde o Cyworld é popular, chega a quase 40%. Agora, a Europa está atrás em atividades de relacionamento social, e os Joiners representam metade do número encontrado nos Estados Unidos.
- Os *Espectadores* consomem o que o restante produz – blogs, vídeos on-line, podcasts, fóruns e análises críticas. Por exemplo, Linda Nee é uma Espectadora na comunidade adulta Lego, já que ser um Espectador exige menos esforço do que outras atividades no *groundswell*, e não causa surpresa alguma que esse é o maior grupo, com 48% dos americanos adultos on-line, 37% dos europeus adultos on-line e dois terços dos adultos on-line no Japão e nos grandes centros chineses onde realizamos pesquisas.
- Os *Inativos* – ou não-participantes – também estão presentes. Entre os indivíduos on-line em 2007, 41% dos americanos, 53% dos europeus e apenas 37% dos sul-coreanos não são impactados pelo *groundswell*. É claro que se considera apenas a população on-line. Os consumidores off-line não podem participar de maneira alguma.

O Perfil Tecnográfico Social: um exemplo

Tudo bem com fazer classificações. Mas o poder real do Perfil Tecnográfico Social está aqui: por meio dele, podemos entender como as tecnologias sociais estão sendo adotadas por qualquer grupo de pessoas. Caso esse grupo seja composto por seus clientes, você pode usar o Perfil Tecnográfico Social para elaborar uma estratégia social adequada.

Imagine que você seja um profissional de marketing da rede de televisão MTV, e queira construir uma estratégia *groundswell* para pessoas entre 18 e 27 anos. Você também quer averiguar se os homens de sua audiência se comportam de maneira distinta das mulheres.

A Figura 3-4 mostra o Perfil Tecnográfico Social de americanos on-line da Geração Y, entre 18 e 27 anos. Esse único gráfico, baseado nos grupos Tecnográficos Sociais, oferece um perfil completo e factível das pessoas que a MTV deseja impactar.

FIGURA 3-4

Perfil Tecnográfico Social de jovens homens e mulheres

Observe o elevado nível de atividade entre os Participantes. Os homens jovens são mais Criadores, Críticos e Colecionadores do que as mulheres jovens, mas eles participam de redes sociais na mesma razão.

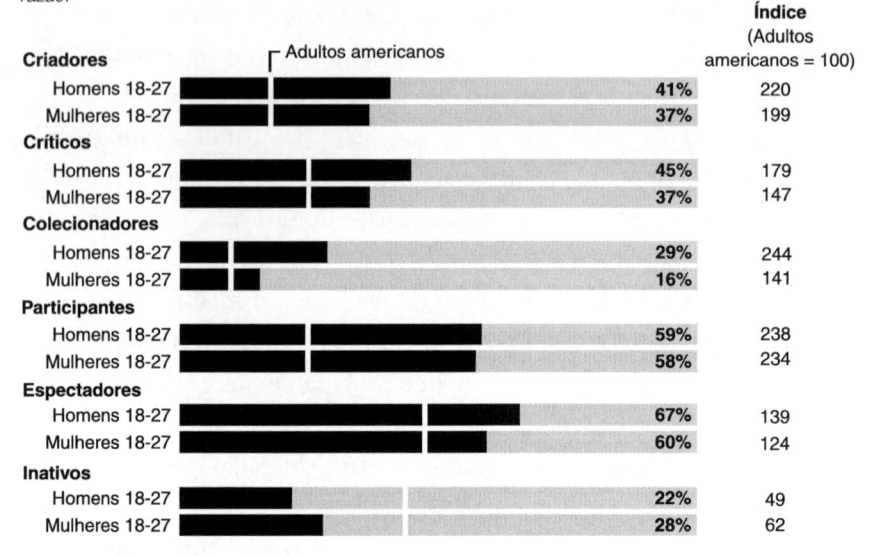

	Adultos americanos	Índice (Adultos americanos = 100)
Criadores		
Homens 18-27	41%	220
Mulheres 18-27	37%	199
Críticos		
Homens 18-27	45%	179
Mulheres 18-27	37%	147
Colecionadores		
Homens 18-27	29%	244
Mulheres 18-27	16%	141
Participantes		
Homens 18-27	59%	238
Mulheres 18-27	58%	234
Espectadores		
Homens 18-27	67%	139
Mulheres 18-27	60%	124
Inativos		
Homens 18-27	22%	49
Mulheres 18-27	28%	62

Base: Adultos americanos on-line.
Fonte: Forrester's North American Social Technographics On-line Survey, Q2 2007.

À esquerda, as barras mostram como os homens e mulheres se comparam em relação aos americanos típicos que estão on-line. À direita, o índice reflete essas diferenças em formato numérico. Um índice acima de 100 significa maior participação do que a média para os adultos americanos típicos que estão on-line, enquanto um índice abaixo de 100 indica uma participação menor.

Você pode observar imediatamente que as pessoas jovens são mais ativas no *groundswell* do que o consumidor típico, o que não chega a causar surpresa, caso você já tenha conhecido algum. Só que agora podemos *quantificar* esses insights.

Um número que salta aos olhos é que as mulheres e os homens têm grande probabilidade de ser Participantes, com cerca de 60% de participação em redes de relacionamento social, mais do que o dobro de participação dos adultos típicos (índice acima de 200). É claro que há mais de 500 grupos no Facebook e mais de 800 grupos no MySpace com a palavra-chave MTV. A MTV precisa ter presença nesses sites.

Também está claro que os jovens têm grande presença entre os Criadores, Críticos e Colecionadores, principalmente entre os homens. A MTV precisa reconhecer que qualquer iniciativa de blog, *upload* de vídeo, fórum de discussão ou RSS que ela buscar tem maior probabilidade de atrair homens do que mulheres. As mulheres da Geração Y têm muito mais probabilidade de participar do que o americano típico, mas não tanto quanto seus colegas do sexo masculino.

Para saber como esses perfis funcionam na prática, veja, a seguir, o exemplo real de um cliente que identificou um novo tipo de mulher a ser impactado: a Mãe Alfa.

ESTUDO DE CASO

O alvo são as Mães Alfa

Está surgindo um novo segmento de consumidoras. Elas são chamadas Mães Alfa, e quando este livro foi escrito, elas estavam na moda.

O termo *Mãe Alfa* (*Alpha Mom*) foi cunhado por Constance Van Flandern, que o empregou para identificar o grupo-alvo do canal de vídeo sob demanda para mães, para o qual ela trabalha. As Mães Alfa estão à vontade com a tecnologia, se interessam por maternidade e têm renda acima da média. Uma reportagem no jornal *USA Today* descreve essas mães da seguinte forma:

> As Mães Alfa possuem formação acadêmica, conhecimentos sobre tecnologia e têm um objetivo comum: serem mães excelentes. São pessoas multitarefa. São centradas nos filhos. Colocam a mão na massa. E podem ou não trabalhar fora de casa, mas quando estão em casa encaram a maternidade como um trabalho que pode ser aprendido através de pesquisa disciplinada.[3]

De acordo com o artigo, empresas como Nintendo, Cadillac e Kimberly-Clark estão focando as Mães Alfa. E aonde os profissionais de marketing querem ir, a mídia vai logo atrás. É por esse motivo que, em meados de 2007, uma empresa de mídia nos procurou com planos de construir um site de relacionamento para as Mães Alfa. Esse cliente estava interessado em saber o que as Mães Alfa querem do *groundswell*.

Para responder a essa pergunta, primeiro temos de definir com clareza as Mães Alfa através de respostas identificáveis de pesquisa. Através de nossa Pesquisa Tecnográfica Social, definimos as Mães Alfa como mães que têm uma visão positiva da tecnologia e gostam de ter uma família,[4] têm renda familiar superior a US$55 mil e alguma educação universitária. Esse segmento representa cerca de 2,5% dos adultos americanos.

Já sabemos quem são as Mães Alfa. Mas o que elas querem?

A Figura 3-5 mostra o Perfil Tecnográfico Social das Mães Alfa. Se você estiver desenvolvendo um site para elas, alguns elementos se tornarão claríssimos.

Em primeiro lugar, as Mães Alfa têm muito menos probabilidade de ser Criadoras. Apenas 11% delas estão neste grupo que cria blogs, mantém sites na Web e faz *uploads* de vídeos. Por outro lado, uma em cada quatro gosta de emitir sua opinião sobre conteúdos – as Mães Alfa incluem proporcionalmente mais Críticos do que o restante da população. E mais da metade são espectadoras, consumindo conteúdo *groun-*

FIGURA 3-5

Perfil Tecnográfico Social das Mães Alfa

Esse grupo bastante ativo de mães (renda doméstica de US$55 mil ou mais, com educação universitária e atitudes positivas em relação a família e tecnologia) apresenta pontuação superior nas atividades de Críticos.

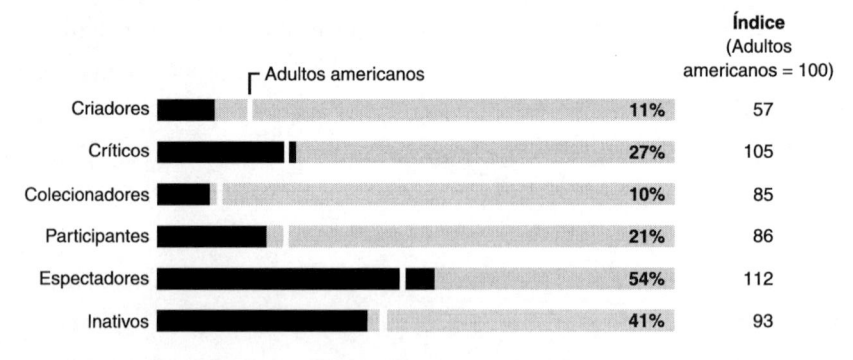

	Adultos americanos	Índice (Adultos americanos = 100)
Criadores	11%	57
Críticos	27%	105
Colecionadores	10%	85
Participantes	21%	86
Espectadores	54%	112
Inativos	41%	93

Base: Adultos americanos on-line.

Fonte: Forrester's North American Social Technographics On-line Survey, Q2 2007.

dswell a uma velocidade maior do que o consumidor adulto típico nos Estados Unidos.

Nossa cliente, diretora em uma empresa de mídia, viu o perfil e repensou a estratégia da empresa, mudando o foco de atividades Criadoras para atividades Críticas. "Sempre imaginamos que os blogs fariam parte do serviço. Mas ao examinar os dados, acho que deveríamos suspender essa atividade por algum tempo." Ela e sua equipe começaram a pensar em tecnologias como fóruns, ratings e análises críticas – formas reativas do conteúdo *groundswell*.

Ainda é cedo para saber se esse serviço terá sucesso, mas as pessoas responsáveis por sua criação se empenharam em determinar onde seus clientes-alvo se encaixavam na equação. Isso as salvou de uma ênfase nas funções erradas, que poderia ser fatal.

O poder social dos perfis tecnográficos sociais

O mundo não é totalmente plano. As pessoas na Índia não usam as mesmas redes de relacionamento social que as pessoas na Alemanha. Na França, o Dailymotion é mais popular que o YouTube. Mas as emoções básicas que levam as pessoas ao *groundswell* – o desejo de se conectar, criar, permanecer em contato e colaborar – são universais. Como resultado, podemos usar os mesmos grupos de Perfil Tecnográfico Social, aplicando-os de acordo com variáveis demográficas, ou comportamentos, em qualquer parte do mundo em que realizamos a pesquisa.

A Tabela 3-1 mostra como a participação desses grupos varia em seis países da Ásia-Pacífico e sete países europeus. (Observe que, por conta das diferenças na metodologia de pesquisa, essas tabelas não são estritamente comparáveis entre si ou com os números nos Estados Unidos. Além disso, na China e na Índia pesquisamos as pessoas ricas apenas nos grandes centros.)

Ao estudar esses gráficos, está claro que as empresas com clientes nesses países asiáticos podem movimentar-se de maneira muito mais agressiva no *groundswell*, certas de que há um grande número de consumidores que irão encontrá-las. O Japão, por exemplo, tem um alto nível de participação no *groundswell*, com 70% de Espectadores e apenas 26% de Inativos. A participação na Coréia do Sul é semelhante, mas com ênfase maior nos

Participantes, em parte devido ao site de relacionamento social Cyworld, que é bastante popular. E apesar de não ser possível enxergar toda a população na China, entre os consumidores ricos que pesquisamos, a atividade Criadora – principalmente os blogs – é popular.

A participação dos europeus é mais semelhante à dos americanos, mas com variações por países. As empresas suecas e holandesas podem engajar-se com seus consumidores bastante ativos no *groundswell*. Existem, comparativamente, mais Críticos na Alemanha do que no restante da Europa e, por esse motivo, o uso de fóruns e ratings faz mais sentido lá. Os franceses são muito menos propensos a pertencer a redes sociais, embora isso talvez indique um vazio que uma boa rede social poderia preencher. Os consumidores italianos e espanhóis são menos interessados em vários

TABELA 3-1

Perfil Tecnográfico Social dos países europeus e asiáticos

No âmbito europeu, a participação é mais alta na Suécia. Os países asiáticos são os que apresentam a mais alta participação nas atividades groundswell.

	China Metrop.	Hong Kong	Índia Metrop.	Japão	Coréia do Sul	Austrália
Criadores	36%	34%	24%	22%	38%	11%
Críticos	44%	46%	24%	36%	27%	23%
Colecionadores	18%	17%	12%	6%	14%	5%
Participantes	32%	26%	42%	22%	41%	14%
Espectadores	71%	67%	39%	70%	39%	38%
Inativos	25%	27%	31%	26%	36%	56%

Base: Adultos on-line.
Fonte: Forrester's Asia Pacific Technographics Benchmark Survey, Q1 2007.

	França	Alemanha	Itália	Espanha	Reino Unido	Holanda	Suécia
Criadores	10%	8%	19%	8%	9%	17%	12%
Críticos	18%	22%	19%	18%	16%	17%	19%
Colecionadores	12%	12%	4%	6%	5%	6%	27%
Participantes	4%	12%	10%	5%	21%	26%	25%
Espectadores	38%	44%	39%	41%	37%	41%	45%
Inativos	57%	49%	57%	56%	54%	46%	42%

Base: Adultos on-line.
Fonte: Forrester's European Technographics Benchmark Survey, Q2 2007.

elementos de participação on-line, em parte devido ao menor número de conexões de banda larga.

Entretanto, a não ser que você esteja vendendo seus produtos a um público generalizado, esses números são apenas o começo da análise. Para ver como o Perfil Tecnográfico Social se aplica na prática, analisaremos alguns desafios específicos – venda de PCs no Japão, ser eleito nos Estados Unidos e desenvolver estratégias sociais para varejistas e empresas da área de saúde na América do Norte.

Compradores japoneses de PC: os donos de computadores Fujitsu são mais ativos que os donos de computadores NEC

Para verificar como o Perfil Tecnográfico Social se aplica a mercados de fora dos Estados Unidos, vamos examinar os donos de PC no Japão. A Figura 3-6 mostra o Perfil Tecnográfico Social de duas marcas líderes: NEC

FIGURA 3-6

Perfil Tecnográfico Social dos japoneses compradores de PCs

Compradores de Fujitsu participam mais de todas as atividades do que os compradores de NEC.

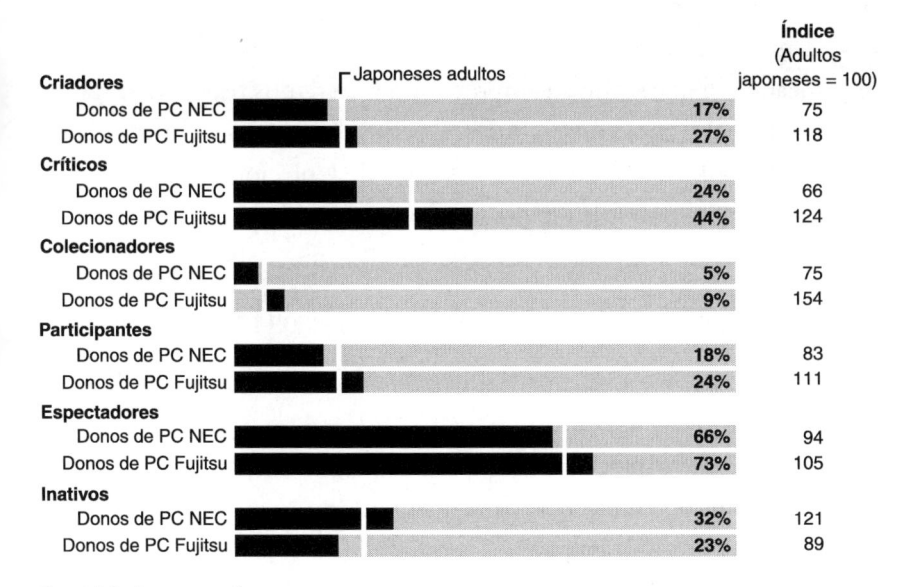

	Japoneses adultos	Índice (Adultos japoneses = 100)
Criadores		
Donos de PC NEC	17%	75
Donos de PC Fujitsu	27%	118
Críticos		
Donos de PC NEC	24%	66
Donos de PC Fujitsu	44%	124
Colecionadores		
Donos de PC NEC	5%	75
Donos de PC Fujitsu	9%	154
Participantes		
Donos de PC NEC	18%	83
Donos de PC Fujitsu	24%	111
Espectadores		
Donos de PC NEC	66%	94
Donos de PC Fujitsu	73%	105
Inativos		
Donos de PC NEC	32%	121
Donos de PC Fujitsu	23%	89

Base: Adultos japoneses on-line.

Fonte: Forrester's Asia Pacific Technographics Benchmark Survey, Q1 2007.

e Fujitsu. Observe que, nesse caso, comparamos os dois grupos com os adultos japoneses on-line, um grupo que é, de forma geral, mais ativo do que os americanos em várias atividades *groundswell*.

Nos dois grupos, a NEC tem uma participação de mercado levemente superior à da Fujitsu. Todavia, os donos de computadores NEC participam menos de todas as atividades *groundswell* do que o japonês típico on-line. Na verdade, eles são 15% menos propensos a ser Criadores e 17% menos propensos a ser Participantes do que seus compatriotas japoneses.

Em contraste, os donos de computadores Fujitsu são 18% mais propensos do que a média a ser Criadores, e 24% mais propensos a ser Críticos. A Fujitsu focou em uma variedade com estilo de computadores notebook em sua marca Lifebooks, incluindo alguns dos menores PCs com funções completas disponíveis no Japão. Seus anúncios destacam o *pop star* Takuya Kimura.[5] Com base no perfil, aparentemente os jovens donos de Fujitsus também são mais ativos no *groundswell*.

Ao examinar o perfil, você deve sempre procurar notar a magnitude absoluta dessas atividades, e não apenas o índice. Apesar de ter um perfil menos participativo, os donos de NECs são 24% Críticos e 66% Espectadores. Em conseqüência, se o objetivo da NEC fosse pesquisa, faria sentido monitorar fóruns, críticas on-line e blogs, já que há vários clientes da empresa vendo essas informações. Se a Fujitsu, por outro lado, tivesse um objetivo focado em marketing, a empresa poderia criar os próprios blogs ou fóruns para impactar seus compradores. Apesar do índice de 154 em Colecionadores para a Fujitsu, o número absoluto de Colecionadores é apenas 9% – provavelmente não vale a pena todo o esforço extra.

Adultos mais velhos: a participação é menor, mas ainda há oportunidades

Existem grupos que não participam do *groundswell*? E se um deles for seu mercado-alvo?

No início deste capítulo, você viu os níveis inacreditáveis de participação dos americanos da Geração Y. Será que o oposto é verdade: que americanos mais velhos não participam? Não exatamente. Veja a Figura 3-7.

Como é esperado, as pessoas acima de 50 anos não estão presentes no *groundswell* nos níveis dos consumidores mais jovens. *Mas muitos estão lá.*

FIGURA 3-7

Perfil Tecnográfico Social dos americanos mais velhos
Os americanos com mais de 52 anos ainda participam de algumas atividades groundswell, mas em números menores.

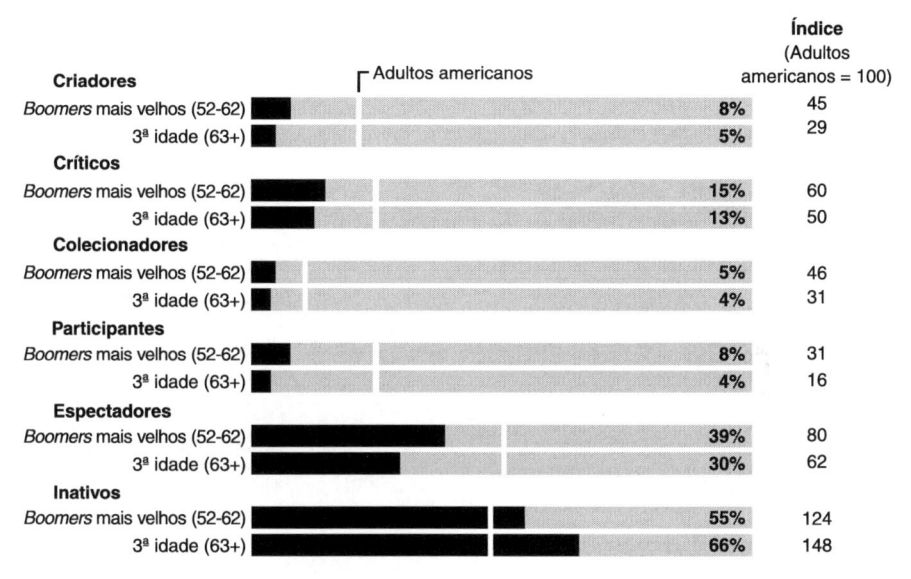

Categoria	Adultos americanos	Índice (Adultos americanos = 100)
Criadores		
Boomers mais velhos (52-62)	8%	45
3ª idade (63+)	5%	29
Críticos		
Boomers mais velhos (52-62)	15%	60
3ª idade (63+)	13%	50
Colecionadores		
Boomers mais velhos (52-62)	5%	46
3ª idade (63+)	4%	31
Participantes		
Boomers mais velhos (52-62)	8%	31
3ª idade (63+)	4%	16
Espectadores		
Boomers mais velhos (52-62)	39%	80
3ª idade (63+)	30%	62
Inativos		
Boomers mais velhos (52-62)	55%	124
3ª idade (63+)	66%	148

Base: adultos americanos on-line.
Fonte: Forrester's North American Social Technographics On-line Survey, Q2 2007.

Por exemplo, 39% dos americanos entre 52 e 62 anos, e 30% dos americanos com 63 anos ou mais são Espectadores. É claro que esses *baby boomers* têm menos da metade das chances de um adulto típico de ser Criadores, mas com uma taxa de penetração de 8%, ainda há milhões de pessoas acima de 50 escrevendo em blogs e mantendo sites.

Se você está vendendo vagas em comunidades para aposentados, você deve desistir do *groundswell*? Não necessariamente. Nesse caso, o perfil diz que você irá impactar um subgrupo ativo, que não chega perto de seu mercado inteiro. Se seu objetivo é marketing, isso quer dizer que a parcela de seu orçamento reservada ao *groundswell* tem de ser menor. E com esses níveis menores de atividade, você terá melhores resultados se procurar os participantes mais velhos do *groundswell* nos lugares em que eles já se encontram – como sites de relacionamento social como Eons e Gather –, em vez de tentar construir o próprio site.

Política americana: os democratas participam mais, porém os republicanos também se envolvem

Imagine por um instante que você é um estrategista de Web trabalhando para um candidato a presidente dos Estados Unidos. Seu objetivo é simples: atingir mais pessoas com suas mensagens e energizar sua base. Que estratégias Web são adequadas para mobilizar seus partidários?

Para responder a essas perguntas, examinamos os Perfis Sociais Tecnográficos de Democratas, Republicanos e Independentes. (Para a finalidade dessa análise, incluímos os Independentes, que em geral votam nos Democratas na coluna dos Democratas, e aqueles que, em geral, votam nos Republicanos na coluna dos Republicanos. (Os Independentes mostrados no gráfico não têm preferência partidária.) Veja os resultados na Figura 3-8.

FIGURA 3-8

Perfil Tecnográfico Social por partido político

Os Democratas têm uma participação um pouco acima da média nas tecnologias sociais; os Republicanos estão um pouco abaixo da média.

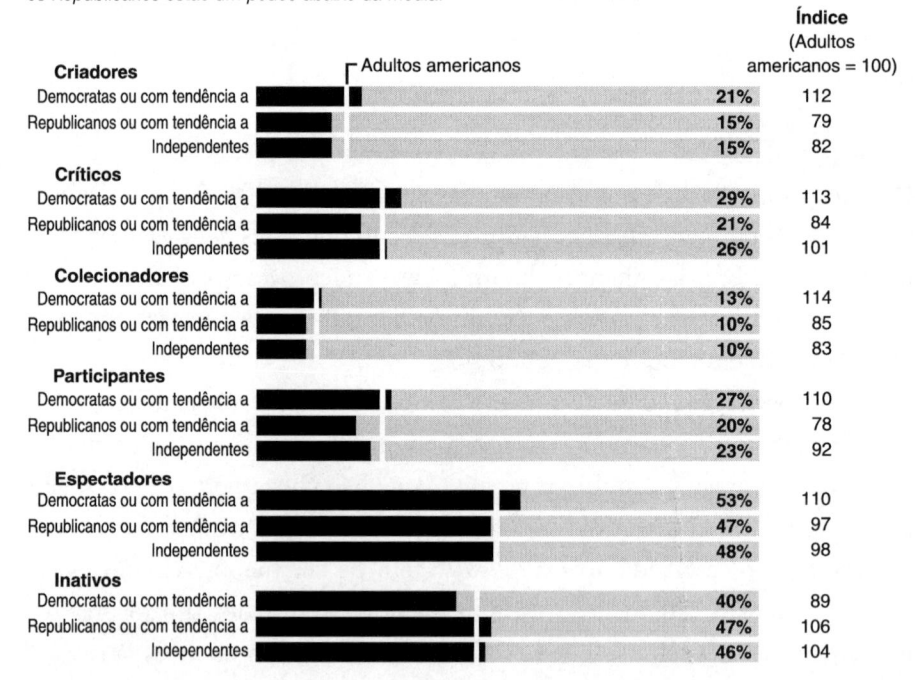

	Adultos americanos	Índice (Adultos americanos = 100)
Criadores		
Democratas ou com tendência a	21%	112
Republicanos ou com tendência a	15%	79
Independentes	15%	82
Críticos		
Democratas ou com tendência a	29%	113
Republicanos ou com tendência a	21%	84
Independentes	26%	101
Colecionadores		
Democratas ou com tendência a	13%	114
Republicanos ou com tendência a	10%	85
Independentes	10%	83
Participantes		
Democratas ou com tendência a	27%	110
Republicanos ou com tendência a	20%	78
Independentes	23%	92
Espectadores		
Democratas ou com tendência a	53%	110
Republicanos ou com tendência a	47%	97
Independentes	48%	98
Inativos		
Democratas ou com tendência a	40%	89
Republicanos ou com tendência a	47%	106
Independentes	46%	104

Base: Adultos americanos on-line.

Fonte: Forrester's North American Social Technographics On-line Survey, Q2 2007.

Ao contrário dos outros perfis que você viu nesta seção do livro, este mostra que Democratas, Republicanos e Independentes estão próximos da média em termos de participação nas tecnologias sociais. Entretanto, por ser estrategista, você foi treinado para explorar as diferenças.

Neste caso, a mensagem para os Democratas é que sua base tem 10% mais de chances de participar de qualquer um dos elementos do *groundswell*. Com um perfil assim, se seu objetivo como estrategista Democrata é disseminar sua mensagem entre a base de democratas, você teria bons resultados se conectasse com os 27% da base que são Participantes. Essa é a estratégia que o candidato Barack Obama seguiu durante as primárias com a própria rede social, my.barackobama.com.

Já para os Republicanos, sua participação tende a estar 20% *abaixo* da média. Isso não quer dizer que os Republicanos devam ignorar o *groundswell*, mas eles terão mais sucesso se gastarem recursos escassos em outras maneiras de impactar pessoas. Observe que quase metade dos Republicanos são Espectadores, e mesmo que eles não estejam escrevendo em blogs, enviando vídeos ao YouTube ou participando de grupos de discussão, estão observando todos eles. Apenas com esse motivo em mente, os estrategistas Republicanos ainda devem prestar atenção à sua imagem no *groundswell*. Como exemplo, Rudy Giuliani finalmente acabou criando um perfil no Facebook, corrigindo uma ausência que se tornara um grande erro. Também recomendamos que todos os candidatos invistam em algumas das tecnologias de monitoramento descritas no Capítulo 5.

Mas talvez a lição mais interessante nesse perfil venha dos Independentes. Esses eleitores, que provavelmente decidirão o resultado da eleição, aproximam-se da média dos Estados Unidos na concentração de Críticos, Participantes e Espectadores. Muitos deles participam, e aqueles que não participam estão assistindo. O partido que energiza sua própria base no *groundswell* pode conquistar alguns eleitores desse grupo. Como costuma acontecer no *groundswell*, a chave está em alcançar os Criadores e os Críticos – se os candidatos fossem caixas com peças Lego, os Criadores e os Críticos seriam entusiastas como Eric Kingsley e Joe Comeau – e incentivá-los a influenciar o restante de seus potenciais eleitores, principalmente os Independentes, que, provavelmente, são Participantes e Espectadores.

Compradores: Toys "R" Us e L. L. Bean deveriam comunicar-se com base no perfil dos consumidores

Imagine que você seja um varejista. Sua loja deveria criar uma comunidade de compradores? Um blog? Ela deveria participar ativamente do MySpace? Na Figura 3-9 mostramos o perfil dos clientes de duas lojas, a loja de brinquedos Toys "R" Us e a loja de equipamentos esportivos e de roupas L. L. Bean, que realiza a maior parte dos negócios pelo seu catálogo e site. Caso você trabalhe em uma dessas lojas, está com sorte – seus clientes participam bastante do *groundswell*.

Os compradores do Toys "R" Us foram o terceiro grupo mais ativo em termos de participação no *groundswell* entre os 27 varejistas que estudamos, ficando atrás apenas dos varejistas on-line Amazon e eBay. Por quê? Não temos certeza. Mas neste momento o site do Toys "R" Us ainda não tirou proveito algum desses comportamentos. Os compradores do Toys

FIGURA 3-9

Perfil Tecnográfico Social de compradores do Toys "R" Us e L. L. Bean

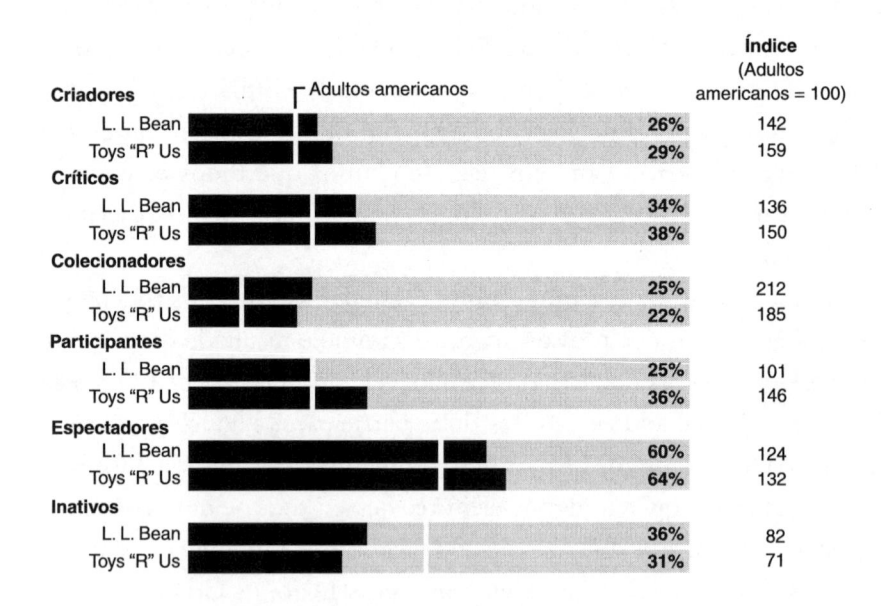

Categoria	Adultos americanos	Índice (Adultos americanos = 100)
Criadores		
L. L. Bean	26%	142
Toys "R" Us	29%	159
Críticos		
L. L. Bean	34%	136
Toys "R" Us	38%	150
Colecionadores		
L. L. Bean	25%	212
Toys "R" Us	22%	185
Participantes		
L. L. Bean	25%	101
Toys "R" Us	36%	146
Espectadores		
L. L. Bean	60%	124
Toys "R" Us	64%	132
Inativos		
L. L. Bean	36%	82
Toys "R" Us	31%	71

Base: Adultos americanos on-line.

Fonte: Forrester's North American Social Technographics On-line Survey, 02 2007.

"R" Us são quase 50% mais propensos a ser Participantes, Críticos e Criadores do que a média americana. Enquanto o site toysrus.com apresenta ratings e análises críticas, o conteúdo é bem modesto nesses itens, provavelmente porque eles não foram anunciados aos clientes on-line. O Toys "R" Us precisa focar sua energia *groundswell* em um objetivo específico – nesse caso, mudar a disposição das ferramentas de rating para lugares mais visíveis, e enviar e-mails aos compradores on-line lembrando-os de escrever uma crítica sobre o produto após algumas semanas depois da compra. Ou a empresa pode dar apoio às tendências participantes dos pais que fazem parte da Geração X para criar uma comunidade on-line voltada para crianças e brinquedos e atividades adequadas a elas.

Quanto à L. L. Bean, a despeito da maioria de compradores on-line e do site sofisticado, seus clientes não se sentem tão à vontade no *groundswell* quanto os clientes do Toys "R" Us. Apesar disso, seus clientes meticulosos parecem adotar o impulso Colecionador – 25% são Colecionadores, mais do que qualquer outro varejista que investigamos. Com base nisso, recomendamos que a empresa possibilite que os Colecionadores entre seus clientes criem listas de seus produtos favoritos em torno de atividades como acampamentos em família ou viagens para pescar. Ela também pode criar *feeds* personalizados de RSS e *widgets* sobre esses interesses específicos. (Verifique você mesmo – eles talvez tenham acrescentado esses itens após este livro ter sido publicado.) O alto número de Criadores pode ser atendido quando se possibilita que os membros postem facilmente as fotos de suas viagens de acampamento ou pesca, como faz a loja Dick's Sporting Goods.

Também examinamos o perfil dos compradores do Wal-Mart, que não é mostrado aqui, mas com mais da metade dos americanos fazendo suas compras no Wal-Mart, você não ficaria surpreso em constatar que esse perfil se parece muito com o perfil do adulto típico on-line. O Wal-Mart poderia segmentar seus clientes e traçar um perfil dos segmentos, como temos certeza de que a empresa faz com o marketing tradicional. Com um segmento de jovens tão ativos nas redes sociais, o Wal-Mart deve estar presente em sites de relacionamento social (e, na verdade, a empresa criou um grupo no Facebook para estudantes universitários em 2007). O Wal-Mart precisa analisar suas mães Alfa, *baby boomers*, idosos e assim por diante, para determinar o que a empresa precisa saber. Também faria sentido traçar um perfil dos clientes do Wal-Mart em termos geográficos – as estratégias que funcionariam na Califórnia podem ser problemáticas no Kansas.

Pessoas que sofrem de doenças: tratamentos para a obesidade têm oportunidade no *groundswell*

As empresas da área de saúde enfrentam alguns grandes desafios para trabalhar no *groundswell*. Primeiro, seus clientes-alvo são geralmente mais velhos – e as pessoas mais velhas participam do *groundswell* em números menores, embora, como já vimos, alguns participem realmente. E, segundo, eles são parte de segmentos altamente regulados que colocam amarras no tipo de inovação livre em marketing que a maioria dos fabricantes pode colocar em prática.

Apesar de sua idade, as pessoas com problemas de saúde geralmente se identificam com outras em situações semelhantes, compartilhando informações e estratégias para lidar com o problema – uma aplicação perfeita para comunidades, wikis e grupos de apoio. Portanto, o *groundswell* é bom se você tem um problema de saúde, ou não? Depende do problema que você tem.

A Figura 3-10 mostra os diferentes perfis de pessoas com dois problemas crônicos de saúde: câncer e obesidade.

Com base nesses números, você pode acreditar que uma comunidade de pacientes com câncer não se encaixaria nela. Na verdade, a American Cancer Society's Cancer Survivors Network (www.acscsn.org) é uma fonte vibrante de apoio para pacientes com câncer em todo o país. A lição é a seguinte: pontuações mais baixas no Perfil Social Tecnológico não são capazes de destruir a estratégia da comunidade.

Os membros da American Cancer Society têm um objetivo de apoio: ajudar os pacientes a se ajudar. Eles observaram que sua comunidade atraía um grupo pequeno mas crescente e apaixonado de pacientes com câncer. Essas discussões também podem atingir os Espectadores que podem beneficiar-se delas, mesmo que eles não participem.

FIGURA 3-10

Perfil Tecnográfico Social de portadores de câncer e pessoas obesas

Por causa de sua idade, a maioria das pessoas com doenças crônicas não são propensas a participar de tecnologias groundswell. *A obesidade é uma exceção – pessoas obesas costumam ser Críticas e Participantes.*

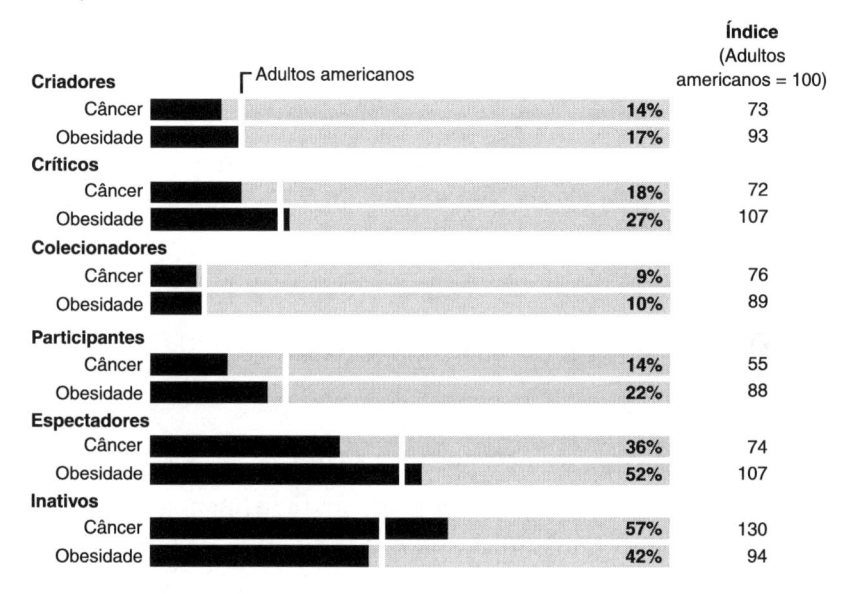

	Adultos americanos	Índice (Adultos americanos = 100)
Criadores		
Câncer	14%	73
Obesidade	17%	93
Críticos		
Câncer	18%	72
Obesidade	27%	107
Colecionadores		
Câncer	9%	76
Obesidade	10%	89
Participantes		
Câncer	14%	55
Obesidade	22%	88
Espectadores		
Câncer	36%	74
Obesidade	52%	107
Inativos		
Câncer	57%	130
Obesidade	42%	94

Base: Adultos americanos on-line.

Fonte: Forrester's North American Social Technographics On-line Survey, 02 2007.

Outra coisa que consideramos interessante nesse gráfico são as oportunidades que existem para o tratamento da obesidade. O tratamento de obesidade e para perda de peso depende fundamentalmente do apoio dos outros, e é por esse motivo que grupos como os Vigilantes do Peso e Jenny Craig existem. Essa atividade está indo para o mundo on-line. Quando a GlaxoSmithKline lançou seu medicamento alli, seu objetivo era prestar apoio, para aumentar o sucesso de seus clientes. A empresa lançou um site direcionado, myalli.com, que apresenta fóruns de discussão com a participação de um nutricionista – uma ação perfeita não apenas para os Críticos, mas para os Espectadores, que lêem o que os outros escrevem. Apesar de ser delicado fazer isso e atender aos requisitos regulatórios, faz sentido mercadológico à luz do alto número de participantes do *groundswell* entre os obesos.

Como traçar o perfil de seus clientes

Se você tem acesso a uma fonte de informações como as pesquisas realizadas pela Forrester, ótimo – você está no caminho de aprender sobre seus clientes. Caso contrário, você ainda pode fazer uma estimativa sensata da atividade social de sua base de clientes. Faça uma pesquisa com seus clientes em seu site ou contrate uma pesquisa – pergunte quais tecnologias eles usam. Para ajudá-lo a começar, apresentamos uma ferramenta gratuita no site groundswell.forrester.com. Selecione o país no qual você deseja fazer negócios e a idade e o sexo de sua base de clientes, e mostraremos o Perfil Tecnográfico Social do grupo especificado por você.

A pergunta final: Por que as pessoas participam do *groundswell*?

Após ter chegado a este ponto, e examinado a análise de pessoas e seus níveis de participação no *groundswell*, uma pergunta fundamental ainda fica sem resposta. E é uma pergunta importante, pois determina o futuro dessa tendência social.

Por que afinal as pessoas participam?

Qual é sua motivação *emocional*? O que elas obtêm disso tudo?

A razão pela qual essa pergunta é tão difícil é que ela tem várias respostas possíveis – *e todas estão corretas*. É claro que Criadores como os fãs Eric Kingsley não estão em busca da mesma coisa que Espectadores como Linda Nee. Na verdade, a mesma pessoa pode ter motivações diferentes, dependendo do local onde ela participa, do dia da semana e de quais são seus objetivos ou estado de ânimo. E, ainda assim, há um elemento fundamental por trás desse impulso por socialização – algo que toca, ou irá tocar, todos nós. É a necessidade de se conectar.

Indo além, estivemos coletando razões para a participação durante nossas entrevistas com homens e mulheres de negócios, e participantes comuns do *groundswell*. Elaboramos a lista a seguir. Seguramente, ela não está completa – em parte, há pelo menos tantos motivos quanto pessoas –, mas este é um começo:

- *Manter os laços de amizade.* O Facebook tem por objetivo conectá-lo com as pessoas que você conhece. Se você quer saber como foi o encontro da Jill, ou se Rafe passou na prova, dá uma olhada no site. E Jill e Rafe comunicarão o que aconteceu em sua página, pois eles sabem que você se importa.
- *Fazer novos amigos.* Todos nós já ouvimos histórias de pessoas que encontraram um parceiro através de redes sociais. Um em cada cinco solteiros on-line já visualizou ou participou de encontros pela Internet no último ano.[6] E não são apenas os mais jovens que se interessam por isso; as áreas de solteiros em sites como Eons, destinado ao público acima de 50 anos, estão cheias de candidatos.
- *Sucumbir a pressões sociais de amigos já existentes.* As pessoas que fazem parte do *groundswell* querem os amigos lá também. Mesmo que você não seja um Participante, seus amigos, seu filho ou seus colegas de happy hour podem ser. Seja quem for, essa pessoa está enviando um e-mail para você neste momento, pedindo que participe do *groundswell* dele ou dela. Cedo ou tarde, você cederá.
- *Retribuir.* Após constatar que um site é útil, você pode sentir-se estimulado a contribuir. Se você leu uma crítica em um site e ela o ajudou, quando chegar um e-mail convidando-o a fazer sua crítica, você pode pensar "por que não?" e escrevê-la, especialmente se os sites facilitam a participação, não importa se você queira escrever um comentário ou clicar em um botão para atribuir certo número de estrelinhas. Se você for usar um site no futuro, faz sentido contribuir agora e esperar que as outras pessoas se comportem da mesma maneira.
- O *Impulso altruísta.* As pessoas doam sangue porque acham que devem fazê-lo. Elas arriscam sua vida como bombeiros voluntários para servir a sua comunidade. Nas histórias que você lerá no restante deste livro, encontrará exemplos impressionantes de pessoas que dedicaram centenas ou milhares de horas apenas por acharem que os sites sociais valem a pena. A Wikipedia tornou-se a maior enciclopédia do mundo, movida por esse impulso. Em um site popular, se mesmo 1% dos usuários contribui com conteúdos, é o bastante para atender o restante dos visitantes.

- O *impulso lascivo*. As pessoas são fascinantes. Algumas são sensuais, outras são divertidas e outras tantas são, honestamente, estúpidas. Tudo isso está à disposição em um desfile exibicionista sem fim. Assistir a ele é melhor do que o que a televisão mostra na maioria das noites!
- O *impulso criativo*. Nem todos são fotógrafos, escritores, ou criadores de vídeos, mas para os que são a Web é o lugar perfeito para mostrar seu trabalho (respectivamente) no Flickr, em um blog ou no YouTube. Mesmo que você não seja profissional, a capacidade de se expressar – e de receber feedback positivo e construtivo – é, de certa maneira, uma recompensa para seu lado criativo.
- O *impulso de validação*. As pessoas que publicam informações no Yahoo! Answers e wiki de impostos da Intuit gostariam de ser vistas como experts bem-informados. A validação é um condutor poderoso para as redes sociais e uma força poderosa que conduz os blogueiros. As pessoas se colocam no mundo exterior, e a comunidade confirma o lugar dessas pessoas no mundo.
- O *impulso de afinidade*. Se sua liga de boliche, sua associação de pais e mestres ou seus amigos fãs do Red Sox se conectaram on-line – e não importa qual seja seu interesse, alguma empresa start-up certamente está olhando para ele –, você pode unir-se e conectar-se com pessoas que compartilham seus interesses e preocupações. Você tem uma base de experiência comum com elas, e faz sentido unir-se a elas no mundo on-line.

Muitos impulsos levam pessoas a participar. A chave não está em tentar descobrir quais são todas essas motivações, mas em encontrar as alavancas que você pode usar para fazer seus clientes e funcionários participarem *com você*. Uma coisa é compreender o que move o *groundswell*; outra bem diferente é mergulhar nele e usar essas forças a seu favor.

O maior desafio no *groundswell* não é se você domina a tecnologia ou se irrita ou encanta seus clientes. O desafio consiste em atingir um objetivo de negócios útil e, acima disso, como você mensura esse sucesso e depois prova que o esforço direcionado ao *groundswell* valeu a pena.

A próxima parte do livro foi elaborada para ajudá-lo a fazer isso. Você pode decidir entrar no *groundswell* para fazer pesquisas, ou pode querer perseguir objetivos de marketing ou aumentar suas vendas. Ou talvez queira economizar no suporte técnico ou convidar seus clientes a participarem de seus processos de inovação.

Independentemente do que deseja, para chegar lá você precisa não só dos tipos de dados que mostramos neste capítulo, mas também de uma estratégia clara – um modelo para a mentalidade *groundswell*. É isso que você encontrará no Capítulo 4.

PARTE II

Como explorar
o *groundswell*

4. Estratégias para aproveitar o *groundswell*

No início de 2007, recebemos o telefonema de um dos principais varejistas dos Estados Unidos. Nosso cliente, estrategista de uma empresa, havia notado que a Sears, um concorrente, criara uma comunidade on-line para fins de pesquisa e estudo. O cliente, a quem chamaremos Charlie, queria saber como a empresa deveria reagir. Quando conversamos com ele por telefone, a conversa foi mais ou menos assim:

"Oi, Charlie, como podemos ajudá-lo?"

"Eu vi que a Sears criou uma comunidade, e fiquei pensando se deveríamos criar uma também."

"Certo. E qual é seu objetivo, Charlie?"

Longo silêncio, hesitação.

"Você tem mais interesse em criar uma comunidade para escutar o que seus clientes estão dizendo, ou para influenciá-los?"

"Bom, não sei. Mas, se a Sears tem uma, acho que devemos ter uma também."

"Você já viu o que a Victoria's Secret fez ao criar um perfil da empresa no Facebook e comunicar-se com outros membros do Facebook, para criar relacionamentos?"

"Não, não vi. Só quero saber se a Sears está planejando mais alguma coisa."

A conversa seguiu por esse caminho por algum tempo. Antes que você comece a achar que Charlie não fez o dever de casa e não está prestando atenção, devemos dizer que sua empresa é um dos sites de comércio eletrônico mais avançados na Web. A empresa *parece* ser bem coordenada, Mas mesmo assim, quando se trata do *groundswell*, Charlie sabe que sua empresa precisa estar lá, mas ele não sabe o *porquê*.

Temos conversas assim com nossos clientes o tempo todo. Havia uma estrategista de TI em uma empresa de fast-food que queria saber como sua empresa poderia "fazer parte do espaço de relacionamentos sociais". O CIO de uma empresa de filmes queria saber sobre as melhores práticas para começar um blog. E muitos outros também vieram com perguntas.

Essas pessoas sabem que precisam se envolver, mas temem ir adiante. Para nós, parece que elas desenvolveram um tipo de febre branda. Na verdade, o problema é tão comum que até criamos um nome para ele: *síndrome de evitar a aproximação ao* groundswell. Veja se você ou se seus colegas apresentam estes sintomas:

- Interesse sério, e em algumas ocasiões, obsessivo pela blogosfera e por sites como Facebook e YouTube. Encaminhamento repetido de artigos sobre os assuntos citados a colegas que sofrem do mesmo mal.
- Salivação intensa quando escutam relatos sobre empresas que desenvolveram parcerias com sites de relacionamento social, criaram comunidades on-line ou conseguiram ser escolhidas como vencedoras em notícias na mídia e em conferências de marketing.
- Consultar os megablogs techcrunch.com e gigaom.com várias vezes ao dia, para ficar o mais atualizado possível em todas as notícias sobre mídia social e progressos na Web 2.0, boatos e fofocas. Após algumas horas fazendo isso, você sente como se tivesse corrido uma meia maratona sem ter chegado a lugar algum.
- Nervosismo acentuado quando responde às perguntas dos superiores e subordinados sobre "a estratégia on-line da empresa na era da Web 2.0".

- Perguntar a seus filhos adolescentes "O que tem de relevante nesse tal de MySpace?" e ouvir atentamente as idéias que você pode incorporar ao trabalho.
- Ansiedade diante da idéia de participar das tecnologias sociais, combinada com igual ansiedade sobre a sensação de perder a oportunidade.

Caso você ou seus colegas estejam vivenciando esses sintomas, não entre em desespero. Você não está sozinho. Podemos identificar as causas e sugerir um tratamento, que é esclarecer quais são seus objetivos, em primeiro lugar. Este capítulo trata exatamente disso.

O problema com Charlie – e tantos outros clientes nossos – é que eles estão seguindo a estratégia de trás para a frente. Eles começam a pensar sobre a tecnologia. Mas a tecnologia muda tão rapidamente que tentar persegui-la é como tentar pular em um carrossel em movimento. A tontura resultante é o que causa a síndrome de evitar aproximar-se do *groundswell*.

Há uma cura. Dê um passo atrás e se pergunte: "Meus clientes estão prontos para o quê?" e, em seguida, "Quais são meus objetivos?". Uma vez que você saiba isso, já pode começar a fazer seu planejamento.

Criamos uma sigla para as quatro etapas do processo de planejamento, que começa com essas perguntas, que você deve usar para elaborar sua estratégia de *groundswell*. Nós o chamamos de método POST, que significa *pessoas, objetivos, estratégia* e *tecnologia*.[1] POST é o fundamento do pensamento *groundswell* – um modelo sistemático para elaborar seu plano. Vamos examinar os quatro passos em mais detalhes:

- *Pessoas.* Seus clientes estão prontos para quê? O Perfil Tecnográfico Social que descrevemos no capítulo anterior tem por objetivo responder a essa pergunta (lembre-se de que você também pode gerar os próprios perfis de clientes com a ferramenta própria, que pode ser encontrada no site groundswell.forrester.com). O importante é avaliar como seus clientes se engajarão, com base no que eles já estão fazendo. Salte esse passo e adivinhe o que seus clientes pensam que pode funcionar, mas você também pode construir uma estratégia de relacionamento social completa e descobrir que seus clientes estão mais inclinados a escrever críticas do que a participar de redes de relacionamento.

- *Objetivos.* Quais são seus objetivos? Você tem mais interesse em falar com o *groundswell* para fazer marketing, por exemplo, ou em gerar vendas ao energizar seus melhores clientes? Ou você está interessado em aproveitar o *groundswell* internamente para ajudar seus funcionários a trabalhar juntos com mais eficiência? Explicamos os cinco objetivos mais poderosos na seção seguinte.
- *Estratégia.* Como seus relacionamentos com seus clientes mudam? Você quer que eles ajudem a transmitir mensagens aos outros em seu mercado? Você quer que eles fiquem mais engajados com sua empresa? Ao responder a essas questões, você pode planejar antecipadamente como serão as mudanças desejadas, e também entender como mensurá-las, uma vez que a estratégia esteja encaminhada. Mas também é necessário preparar-se para obter o apoio das pessoas em sua empresa que podem sentir-se ameaçadas por essas mudanças nos relacionamentos com o cliente.
- *Tecnologia.* Que aplicativos você deve construir? Após ter-se decidido pelas pessoas, objetivos e estratégia, você pode escolher as tecnologias adequadas, inclusive as que descrevemos no Capítulo 2 – blogs, wikis, redes sociais e assim por diante.

Cinco objetivos que as empresas podem perseguir no *groundswell*

A clareza de seus objetivos pode trazer o sucesso ou o fracasso à sua estratégia. O sucesso é um sinal a ser seguido – uma razão para entrar no *groundswell*.

Com base em nossa observação de centenas de empresas que perseguem estratégias de *groundswell*, identificamos cinco objetivos primários que elas buscam no *groundswell*. Escolha aquele que melhor se encaixa com os objetivos gerais de sua empresa:

1. *Escutar.* Use o *groundswell* para fazer pesquisa e entender melhor seus clientes. Esse objetivo se encaixa melhor em empresas que estejam buscando as percepções dos clientes para usar em marketing e desenvolvimento.

2. *Falar.* Use o *groundswell* para disseminar mensagens sobre sua empresa. Escolha esse objetivo caso você esteja preparado para estender suas iniciativas atuais de marketing digital (anúncios em banner, anúncios em sites de busca, e-mail) para um canal mais interativo.
3. *Energizar.* Procure seus clientes mais entusiasmados e use o *groundswell* para potencializar o poder de sua propaganda boca a boca. Esse objetivo funciona melhor com empresas que sabem que podem contar com fãs de sua marca para energizar.
4. *Apoiar.* Defina as ferramentas de *groundswell* para ajudar seus clientes a se apoiarem mutuamente. Isso funciona para empresas com custos significativos de suporte e com clientes que têm afinidade natural uns com os outros.
5. *Incluir.* Integre seus clientes à maneira como seu negócio funciona, usando, inclusive, sua ajuda para projetar seus produtos. Esse é o objetivo mais desafiador dentre os cinco, e se encaixa melhor em empresas que já tiveram sucesso com um dos quatro objetivos anteriores.

Na verdade, esses cinco objetivos estão relacionados com as funções de negócio de sua empresa que você já conhece, exceto se forem muito mais engajados com os clientes e prevejam um fluxo maior de comunicação – principalmente a comunicação que ocorre entre os clientes. A Tabela 4-1 mostra como esse relacionamento ocorre.

TABELA 4-1

Funções de negócio e suas alternativas *groundswell*

Você já possui esta função	Você pode perseguir este objetivo *groundswell*	Como as coisas são diferentes no *groundswell*
Pesquisa	Escutar	Monitoramento contínuo das conversas que os clientes têm uns com os outros, em vez de pesquisas e grupos de foco ocasionais
Marketing	Falar	Participar de conversas estimulantes de duas vias que seus consumidores tenham entre si, e não só das comunicações unilaterais
Vendas	Energizar	Possibilitar que seus clientes mais entusiasmados se ajudem mutuamente
Suporte	Apoiar	Possibilitar que seus clientes se apóiem mutuamente
Desenvolvimento	Incluir	Ajudar seus clientes a trabalhar uns com os outros para melhorar seus produtos e serviços

Alguns pensadores do *groundswell* dirão a você que esses objetivos são estreitos. Bobagem. Cada um deles pode trazer um impacto significativo para sua empresa. Todavia, se você não entrar no *groundswell* com um objetivo específico, fracassará. É certo que, uma vez que você comece, poderá realizar mais do que se havia proposto a fazer. Os blogueiros corporativos, que em geral pensam em começar pelo *falar*, acabam por *escutar* mais. As empresas que criam comunidades para apoiar descobrem que seus clientes têm idéias excelentes para produtos e passam a incluí-los. Sua estratégia deve ser elaborada desde o início para focar em um objetivo específico, e este deve ser progredir rumo ao objetivo que você deve mensurar. Então, você será capaz de mensurar o retorno sobre seu investimento no *groundswell*. E isso, com base em sua experiência, é o caminho mais seguro para o sucesso.

Nós próximos cinco capítulos, examinaremos estudos de caso para cada um desses objetivos e mostraremos como passar de pessoas e objetivos para escolhas estratégicas e tecnológicas. (No Capítulo 11, mostraremos como você pode alcançar esses mesmos objetivos com um *groundswell* interno – seus funcionários.)

E quanto ao business-to-business?

O *groundswell* não é apenas para consumidores. As empresas que vendem para outras empresas com freqüência nos fazem perguntas sobre o próprio envolvimento, assim como as empresas voltadas para o consumidor. De certa forma, parece que é mais difícil para as empresas voltadas ao business-to-business fazerem progressos no *groundswell*, já que há poucos modelos a serem seguidos – a maioria dos aplicativos robustos e visíveis existentes no mercado é direcionada aos consumidores.

Nosso conselho para as empresas que têm como alvo outras empresas é simples mas fundamental: *as pessoas de negócios também são pessoas*. Não há uma rede social para os negócios ou um negócio que comenta em um blog. Os negócios não interagem. As pessoas, sim.

Por exemplo, já vimos aplicações bem-sucedidas direcionadas a franquias do McDonald, a pessoas em pequenos negócios que usam serviços de e-mail marketing (ver Capítulo 7) e a homens e mulheres de negócios usando software de gestão de relacionamento com o cliente. Todas eram muito diferentes. Mas todas aplicavam a mesma lição – e o mesmo processo POST – que está relacionado com engajar-se com os consumidores.

Em aplicações para negócios, o lado das pessoas é ainda mais importante. As pessoas com as quais você quer se engajar geralmente desempenham papel paralelo dentro de suas empresas – elas são vendas, ou compradoras de material para o escritório. Elas têm seu trabalho em comum, assim como os consumidores que compram no Target ou os que têm animais de estimação têm um interesse em comum.

Em ambientes business-to-business, a melhor prática ainda é escolher um objetivo em primeiro lugar. Você pode escutar, falar, energizar, apoiar ou incluir seus clientes corporativos – pessoas de negócios – da mesma maneira como faria com os clientes. E, se você não tem um objetivo claro desde o início, pode não acertar o caminho.

Analisar uma estratégia

Recentemente, ajudamos uma varejista de roupas em sua entrada no *groundswell*. Os clientes da empresa já eram ativos em termos de tecnologias sociais, e a cultura da empresa estimulava o contato com o cliente de maneiras inovadoras – mas poucas iniciativas sociais já estavam em andamento. Isto é, os estrategistas da empresa *sabiam* que precisavam conectar-se com seus clientes no *groundswell*; eles só não sabiam *como*.

Para dar o pontapé inicial, os executivos planejaram um encontro com duração de vários dias com alguns palestrantes externos. Quando vimos esses executivos em seu terceiro dia de encontro, eles já estavam falando sobre maneiras como poderiam usar as novas tecnologias, como criar uma página do MySpace ou uma campanha viral que alavancasse um podcast. Quando começamos nossa apresentação e debate, ficou claro que estávamos indo rumo a um terreno perigoso. Ao se tornarem mais confortáveis com o *groundswell*, eles acharam que tinham as ferramentas e o conhecimento para agir, mas ainda não haviam avaliado as conseqüências.

O principal exercício que realizamos foi visualizar como seu relacionamento com os clientes seria diferente e melhor dali a três anos, e fazer as perguntas que surgem a partir de qualquer envolvimento com o *groun-*

dswell. Por exemplo, o presidente de uma divisão perguntou: "Se permitirmos que as pessoas avaliem nossos produtos em grupos de discussão, vamos permitir que as avaliações negativas apareçam? Em caso afirmativo, como nossos parceiros de manufatura reagirão? Como os funcionários reagirão? E quando já estivermos fazendo isso por um ou dois anos, como vamos expandir e usar essas informações? Agora, a empresa estava avaliando as coisas melhor. E a estratégia, que começou com idéias simples como "vamos criar um blog" e "vamos implementar ratings", passou para a pergunta mais real: Como vamos engajar nossos clientes, e como esse engajamento aumentará com o tempo?

Os executivos da empresa haviam adquirido o foco correto – pensar sobre o relacionamento que eles construiriam. Eles estavam acompanhando o processo POST. Agora, eles precisavam ouvir alguns dos conselhos que se aplicam a cada projeto, com base em nossa experiência de como os projetos do *groundswell* afetam empresas, gerentes, fornecedores de tecnologia, e seus relacionamentos. Como você verá, essas sugestões aparecem repetidas vezes, independentemente do objetivo que você esteja perseguindo.

- *Crie um plano que comece pequeno, mas que possa ser expandido.* As empresas que tentam mapear toda a sua estratégia ao longo de um ano irão constatar que seu planejamento se torna obsoleto tão logo ele seja finalizado. Por outro lado, as empresas que lançam rapidamente uma tecnologia e depois passam para outra não estão se ajudando. Em vez disso, você deve criar um plano inicial – o que você fará primeiro; como mensurará o sucesso; e, se você tiver sucesso, como expandirá esse sucesso. A seguir, prepare-se para revisar esse plano a cada seis ou 12 meses. Imagine até onde o engajamento com o *groundswell* pode levá-lo, mas não se comprometa muito rapidamente.
- *Avalie as conseqüências de sua estratégia.* Assim como ocorreu com a empresa de roupas que acabamos de descrever, seu plano deve incluir como a entrada no *groundswell* mudará sua empresa. Imagine qual será o objetivo final – um relacionamento muito diferente com seus clientes. Imagine como o *groundswell* mudará a maneira como você gerencia sua empresa nos próximos anos. Como suas áreas de marketing, publicidade e relações públicas serão afetadas? Quais se-

rão as conseqüências para seus fornecedores e distribuidores? Quem irá se comunicar com eles? Isso afetará sua estrutura de custos ou a maneira como você remunera o pessoal de vendas? Quais são as conseqüências legais? Todas essas questões devem ser consideradas antes que o plano seja concluído.

- *Indique uma pessoa importante para estar à frente.* Você está prestes a transformar seu relacionamento com os clientes. Essa é uma tarefa para algum funcionário de nível médio de TI ou de marketing? A responsabilidade final desse plano deve ser atribuída a um executivo que se reporte aos níveis mais altos da organização. A escolha dessa pessoa depende de seus objetivos – se você escolhe escutar, pode ser o chefe de pesquisas, por exemplo; se escolhe falar, pode ser o CMO (Chief Marketing Officer). Em várias empresas, o CIO ou outro funcionário de alto nível de TI são os principais conselheiros, por seu conhecimento tecnológico. No final, quem estiver encarregado do plano deve informar o CEO regularmente sobre como o processo está transformando a maneira como sua empresa faz negócios com os clientes. Em geral, os projetos de *Groundswell* influenciam pessoas muito acima do nível da organização no qual eles começaram.
- *Tenha cuidado ao selecionar seus parceiros de tecnologia e agências.* As empresas nem sempre dispõem dos recursos para construir internamente os aplicativos sociais. Por esse motivo, elas trabalham com parceiros – que podem ser fornecedores de tecnologia, como Leverage Software, especializada em comunidades, agências como Avenue A/Razorfish, que desenvolvem aplicativos, ou grandes portais como Yahoo!, que podem ser *hosts* de aplicativos ou comunidades. Seja qual for sua necessidade, a escolha de um parceiro é crítica. Você precisa ter a certeza de trabalhar com pessoas que já tenham construído diversos aplicativos e compreendam sua marca e sua empresa. É essencialmente importante que elas entendam seus objetivos – caso contrário, você se verá explicando repetidas vezes por que quer que as coisas sejam feitas de determinada maneira, e não de outra. Pergunte a elas não apenas sobre as competências atuais, mas, já que a tecnologia muda rápido, como elas enxergam o futuro dali a dois ou três anos para o tipo de tecnologia que estão desenvolvendo. Não

é hora de partir em busca do menor preço nem da empresa com mais funcionalidades. Se você não acredita que seu parceiro entende o que você deseja alcançar, e como esses objetivos podem mudar, *vá embora*. Encontre alguém que entenda.

O que pode dar errado?

É difícil criar e implementar uma estratégia social, principalmente porque há poucos precedentes e modelos a serem seguidos. Isso significa que você deve estar sempre ciente dos desafios e preparado para solucioná-los. Enquanto há vários motivos para o fracasso, os mais comuns estão relacionados com os quatro elementos do processo POST – fracasso em avaliar as tendências das pessoas, uma definição incompleta dos objetivos, falha em analisar a estratégia e má implementação da tecnologia.

Por exemplo, se seu aplicativo não está atraindo a participação esperada, pode ser que você tenha um descompasso no perfil. Isso ocorre quando as empresas elaboram estratégias que são adequadas às capacidades de seus clientes – por exemplo, um site de blogs voltados para clientes de planos de aposentadoria. Esse é o erro que a empresa que tem as Mães Alfa como alvo cometeria no Capítulo 3. Para evitar esse problema, verifique o Perfil Tecnográfico Social de seus clientes e escolha aplicativos dos quais eles participem, em vez de escolher o que você e seus colegas de planejamento consideram os mais legais.

Se você percebe que suas iniciativas estão patinando ou mudando de direção com freqüência, precisa examinar sua escolha de objetivos. Recentemente, falamos com um varejista que tinha uma comunidade bastante ativa em seu site, mas que não contribuía em nada para seu negócio, e ele queria saber como encerrá-la. Sua empresa havia gasto muita energia, mas não conseguira alinhar os interesses da comunidade com os objetivos de negócio que interessavam a ela. Agora, ele teria de gastar mais para consertar o erro. Se um executivo está insistindo para implementar rapidamente uma tecnologia social, dê um passo atrás. Reafirme que o esforço não pode ir adiante até que você tenha concordado com um objetivo alinhado aos objetivos de negócio.

E se seus clientes se engajam, mas não da maneira como você espera? A falta de vontade para avaliar e lidar com as maneiras como as tecnologias sociais mudam as relações com os clientes arrasa inúmeros projetos. O aplicativo do Wal-Mart para estudantes universitários no Facebook enfrentou esse problema. Embora o Wal-Mart tenha escolhido a estratégia certa de pessoas (usando o Facebook para impactar os estudantes universitários) e tivesse um objetivo claramente definido (promover a decoração dos dormitórios), a empresa não pensou nas conseqüências de abrir um diálogo sem controle no Facebook. Resultado: o aplicativo da empresa no Facebook tornou-se um ímã para os comentários negativos sobre as práticas de negócio do Wal-Mart. Ao pensar nas possíveis conseqüências e recrutar um executivo patrocinador que não esmoreça ao primeiro sinal de problemas, você pode minimizar suas chances de cair nessa armadilha estratégica.

Por fim, há várias maneiras de destruir um projeto devido à má implementação de tecnologia. A Web está repleta de comunidades com tráfego reduzido, por exemplo, em locais em que a dificuldade de uso impediu que a comunidade atraísse um grupo ativo de participantes. Já que as tecnologias mudam rapidamente, você deve planejar fazer a implementação de maneira rápida, simples e gradual, e com flexibilidade. Procure também mensurar o sucesso durante a trajetória, e faça mudanças à medida que você vai vendo o que funciona melhor.

As coisas darão errado. O *groundswell* não está sob seu controle, e provavelmente você nunca fez isso antes. Quando os problemas surgirem, volte para o POST. O primeiro passo para solucionar o problema é fazer o diagnóstico de *como* uma iniciativa social está fracassando.

Não há caminho de volta

Você está prestes a mudar profundamente a maneira como sua empresa se relaciona com seus clientes. Isso exigirá não apenas serenidade de sua parte, mas também negociações árduas com outras pessoas em sua empresa. Identificamos alguns erros que você pode cometer, e você provavelmente encontrará alguns que nós nem imaginamos. Neste ponto, você pode se perguntar: "Por que eu deveria me preocupar?"

Esse é o motivo.

Você não pode ignorar essa tendência. Não pode ficar de fora. A não ser que planeje se aposentar nos próximos seis meses, é tarde demais para desistir e deixar que outra pessoa cuide da situação. A tendência *groundswell* não pode ser controlada, e seus clientes estão ali. Você pode mover-se um pouco mais lentamente, ou um pouco mais rapidamente, mas *precisa ir em frente*. Não há volta.

Vamos deixar a seguinte mensagem: *não há uma maneira certa de se engajar com o groundswell.*

Apesar de haver várias maneiras erradas de fazer parte do *groundswell* – não escutar, por exemplo, ou tentar enganar pessoas –, há várias estratégias eficazes. Cada empresa deve adaptar as táticas adequadas a seus clientes e sua maneira de fazer negócios, e adaptar-se à medida que as tecnologias mudam. Copiar o que os outros fazem não funciona porque sua empresa, seus clientes e seus objetivos não são os mesmos dos das outras pessoas.

É hora de se engajar com o *groundswell*. Sua empresa só tem a ganhar.

Neste capítulo, apresentamos os elementos básicos que você precisa para elaborar uma estratégia de *groundswell*. Uma vez que tenha escolhido seu objetivo – escutar, falar, energizar, apoiar ou incluir –, temos os estudos de caso e as ferramentas de que você precisa para compreender como o *groundswell* pode ajudá-lo nos próximos cinco capítulos. Vamos começar com a escuta no Capítulo 5.

5. Como escutar o *groundswell*

Lynn Perry tem câncer. Na verdade, ele já teve três tipos de câncer terminal: câncer de próstata, que se espalhou para os ossos, câncer de pulmão e câncer de epiglote. Os tratamentos para sua garganta deixam-no com a voz rouca e profunda, como a de um cantor de música country americana, que combina com ele, pois ele pilota uma motocicleta Harley, toca teclado e é um ex-engenheiro da cidade de Plano, Texas.

Perry (todos o chamam de Perry) tem formação em engenharia, o que o torna um indivíduo altamente analítico, com jeito de homem sábio do interior. Ele não expressa tristeza com a doença – já vive com ela há seis anos e seguirá em frente até que não seja mais possível. Ele tem 66 anos, e revela seu problema àquelas pessoas que ele acha que estão em situação pior que a dele – crianças que conheceu enquanto esperava por tratamento, por exemplo. Embora não gaste muito tempo com "papo emotivo sobre câncer", como ele mesmo afirma, tem bastante a dizer sobre tratamentos contra a doença, e como são realizados. Com a mentalidade analítica que ele traz para o tema, você escuta e se dá conta de que vale a pena ouvir o que ele tem a dizer.

"Há algumas coisas que me fazem questionar o M. D. Anderson", diz Perry. (M. D. Anderson é o principal centro de tratamento de câncer em Houston, aonde ele vai para ser tratado.) "Eles lhe dão um documento pequenininho; eles insistem que o paciente esteja sempre pronto. Eu estou sempre lá na hora marcada. Sento, espero uma hora, uma hora e meia, duas horas. Há algo errado com essa história. Meu tempo é mais precioso que o deles." (Neste ponto, Perry revela que, se os médicos estiverem certos, ele morrerá em menos de seis meses.)[1] "Os pacientes reclamam que, se a espera é longa demais, eles não irão [para este centro de tratamento]. Eu não quero nem saber se eles têm um curandeiro lá, pois um motivo simples como a espera longa fará todos irem embora. 'Eu tive de esperar lá por quatro horas', dizem os pacientes, e não voltam mais. Os melhores hospitais e os melhores rankings [ele faz menção aos rankings publicados no *U.S. News & World Report*] não conseguem convencer esses pacientes."

M. D. Anderson, o centro de tratamento de câncer de Perry, tem orgulho de sua reputação. O *U.S. News & World Report* classifica-o em primeiro lugar no país.[2] O centro acabou de gastar US$125 milhões em um setor de tratamento de câncer com terapia de prótons, a tecnologia de tratamento mais avançada que existe.[3] Se um câncer pode ser tratado, o M. D. Anderson pode tratá-lo.

Mas isso tudo não adianta nada se, como Lynn Perry aponta, os pacientes desistem e vão embora.

Entretanto, como é possível perceber, o M. D. Anderson decidiu que escutar seus pacientes é uma prioridade, e está fazendo grandes esforços para melhorar o agendamento de pacientes. Por quê? Porque ele resolveu priorizar a escuta – e porque descobriu meios de integrar as opiniões como as de Lynn Perry em suas pesquisas, com a mesma atenção que dedica às pesquisas médicas. Isso é ótimo, já que, de acordo com Perry, esses pacientes irritados talvez prefiram ir ao hospital de sua região a irem ao M. D. Anderson – e serão necessários vários pacientes para pagar aquele centro de terapia de prótons.

Sua marca é o que seus consumidores dizem que ela é

Os profissionais de marketing nos dizem que são eles que definem e gerenciam marcas. Alguns gastam milhões, ou centenas de milhões de dólares em publicidade. Eles estendem cuidadosamente as marcas, colocando Scope em um tubo de creme dental para ver o que acontece. Nós compramos essa marca, eles dizem. Nós gastamos dinheiro com ela. Ela é nossa.

Bobagem.

Sua marca é o que seus consumidores dizem que ela é. E no *groundswell*, onde eles se comunicam uns com os outros, eles decidem.

Um dos teóricos de marca mais brilhantes que já conhecemos é Ricardo Guimarães, fundador da Thymus Branding, em São Paulo, Brasil. Após ter comandado uma grande agência de publicidade por vários anos, Ricardo abriu a própria consultoria e começou a disseminar uma nova maneira de pensar. Ele diz que a marca pertence aos consumidores, e não às empresas. Em suas palavras:[4]

> O valor de uma marca pertence ao mercado, e não à empresa. A empresa, nesse sentido, é uma ferramenta que cria valor para a marca... A marca vive fora da empresa, e não na empresa. Quando digo que a gestão não está preparada para lidar com a marca é porque, em sua mentalidade, eles estão gerenciando uma estrutura fechada que é a empresa. A marca é uma estrutura aberta – e eles não sabem gerenciar uma estrutura aberta.

Por exemplo, o M. D. Anderson acha que sua marca é definida por um centro de terapia de prótons novo que custou US$125 milhões. Mas Lynn Perry acredita que parte da marca do M. D. Anderson é fazê-lo esperar. O que seus clientes acham que sua marca é?

Há uma maneira de descobrir. Você precisa descobrir.

Se você estivesse à frente da área de marketing do M. D. Anderson, entraria em contato com Lynn Perry e outros 300 pacientes com câncer, pediria a eles para tomar as decisões sobre seu tratamento e perguntaria a eles o que acham. Se você fosse esperto, escutaria quando eles estivessem falando uns com os outros, e como eles pensam. É nisso que consiste o *escutar o groundswell*, e é exatamente isso que vários centros de tratamento de câncer nos Estados Unidos fizeram (inclusive o M. D. Anderson). Eles contrataram uma empresa chamada Communispace para recrutar e gerenciar uma comunidade particular de pacientes com câncer, e esses pacientes estão agora revelando como pensam, todos os dias. Isso é insight puro e contínuo sob demanda, e o assunto de nosso capítulo.

O que queremos dizer com escutar?

Os cínicos dirão a você que as empresas nunca escutam seus consumidores. Isso não é verdade. Elas não só escutam seus clientes; elas pagam muito dinheiro para fazer isso, com muito cuidado e consideração. Elas só não chamam a isso de escutar. Elas chamam o processo de "pesquisa de mercado". A pesquisa de mercado é excelente para encontrar respostas para as perguntas. Ela não funciona muito bem para gerar insights.

As empresas gastam mais de US$15 bilhões anuais com pesquisa de mercado.[5] Por exemplo, em 2006 os profissionais de marketing pagaram à Nielsen mais de US$3,7 bilhões para ter acesso a informações sobre quais produtos estavam vendendo nas lojas; a quais programas de televisão as pessoas estavam assistindo; e que música, livros e sites as pessoas estavam consumindo. No mesmo ano, as empresas do segmento de saúde pagaram mais de US$2 bilhões ao IMS Health, que informa quais são as doenças que os médicos estão diagnosticando e que medicamentos são prescritos a quem. Pode-se dizer que as queixas de Lynn Perry sobre agendamento não estavam incluídas nos relatórios do IMS Health.

As empresas pagam por pesquisas como as da Nielsen e do IMS Health porque todos querem respostas para perguntas semelhantes (por exemplo, quantas pessoas estão assistindo a "Heroes", ou como estão as vendas do Viagra?). Esse tipo de pesquisa é uma ferramenta valiosa para mapear tendências, mas não pode dizer o que as pessoas estão pensando.

Os profissionais de marketing também pagam quantias respeitáveis pelas próprias pesquisas. Uma pesquisa realizada por correio, telefone ou Internet com mil consumidores dirá a você o que esses consumidores estão pensando sobre as perguntas que você faz a eles. Essas pesquisas geralmente custam pelo menos US$10 mil e, com a análise de um expert, podem custar mais de US$100 mil, principalmente se for difícil encontrar as pessoas que você deseja pesquisar, como pessoas portadoras de câncer. Se forem projetadas de maneira inteligente, essas pesquisas responderão a qualquer pergunta que você possa imaginar. Mas elas não podem dizer a você o que você jamais pensou em perguntar. E o que você jamais pensou em perguntar pode ser a pergunta mais importante para seu negócio.

Por fim, temos os grupos de foco. Por US$7 mil a US$15 mil, você pode ouvir 10 a 15 pessoas por algumas horas, enquanto elas reagem a quaisquer perguntas que lhes faça. Aqui, você pode receber uma reação espontânea, e escutar coisas surpreendentes — isto é, se tiver a sorte e a chance de ter alguém tão ponderado quanto Lynn Perry em seu grupo de foco.

Se você pensar, as pessoas de pensamento mais profundo entre seus consumidores-alvo não querem responder a pesquisas, nem fazer parte de seu grupo de foco. Elas talvez não estejam nesses grupos de pesquisa, e podem não aparecer para participar de seus grupos de foco; e, mesmo que apareçam, esses métodos de pesquisa são projetados para responder a perguntas, não para revelar o que os consumidores pensam.

Escutar o *groundswell* revela insights novos

Se houvesse alguma maneira de ouvir seus consumidores em seu ambiente natural, você talvez pudesse ir além do viés das pesquisas e das limitações dos grupos de foco. De forma ideal, você pode observar centenas e até milhares de pessoas sobre as quais quer saber mais. Você assistiria à interação dessas pessoas com sua empresa, seus concorrentes e com cada um, no curso de seus negócios normais do dia-a-dia. Seria ainda melhor se eles fizessem anotações sobre seu comportamento, para que você tivesse um registro do que estão pensando.

Graças ao *groundswell*, esse tipo de insight existe. Os consumidores no *groundswell* estão deixando pistas sobre suas opiniões, positivas e negativas, a cada hora do dia. Se você tem uma loja de varejo, eles escrevem em um blog sobre a experiência proporcionada por sua loja, sua seleção e seus produtos favoritos. Se você fabrica aparelhos de televisão, calçados ou pneus — qualquer coisa —, eles estão em fóruns de discussão explorando os prós e os contras das características de seu produto, seus preços e seu atendimento ao cliente. Eles avaliam seus produtos e serviços no Yelp e TripAdvisor. E está tudo ali para você escutar.

Analisar essa atividade apresenta alguns problemas. Para começar, você não vai escutar a todos; só vai escutar as pessoas dispostas a falar. Então, escutar o *groundswell* implica um pouco de cautela — você terá acesso a novas opiniões, mas não suponha que as pessoas com as quais terá contato serão representativas.

Mesmo assim, o simples volume de comentários lá fora é uma fonte vasta de informações. E esse é o segundo problema. Volume. Há muita informação fluindo a partir do *groundswell* – é como assistir a mil canais de televisão ao mesmo tempo. Para que isso faça sentido para você, é preciso aplicar alguma tecnologia, reduzindo toda essa profusão de conversas a um fluxo gerenciável de insights.

Como você pode imaginar, várias empresas de tecnologia surgiram para solucionar esses problemas. No restante deste capítulo, mostraremos como usar seus serviços para obter insights do *groundswell* – pensamento *groundswell* aplicado à pesquisa.

Duas estratégias de escuta

Há várias maneiras de escutar o *groundswell*. Faça uma busca no Google com o nome de seu produto, junto com palavras como *horrível* ou *ótimo*, por exemplo. Faça uma busca por blogs no Technorati. Ou veja o que as pessoas que colocaram tags sobre sua empresa ou seus produtos no del.icio.us estão dizendo. Contudo, quando se trabalha com clientes, já vimos que esses métodos caseiros de monitoramento não são escalonáveis. Para obter insight verdadeiro, é melhor trabalhar com quem fornece ferramentas profissionais. Há duas maneiras principais de fazer isso:

1. *Crie a própria comunidade particular.* É por esse motivo que centros para tratamento de câncer como o M. D. Anderson foram capazes de aprender a partir dos insights de Lynn Perry. Uma comunidade particular é como um *focus group* (grupo de discussão) sempre em andamento, enorme e engajado – uma interação natural em um ambiente no qual você pode escutar o que está sendo falado. Um fornecedor de comunidades particulares é o Communispace, embora a categoria esteja crescendo rapidamente com produtos semelhantes dos *vendors* MarketTools e Networked Insights. Descreveremos como as comunidades particulares funcionam no primeiro estudo de caso deste capítulo.
2. *Comece o monitoramento da marca.* Contrate uma empresa para escutar a Internet – blogs, fóruns de discussão, YouTube e todas as outras

ferramentas – por você. Em seguida, faça-a entregar-lhes resumos organizados sobre o que está acontecendo ou encaminhe os resultados aos departamentos, como atendimento ao cliente, que podem solucionar problemas urgentes com os consumidores. Há dezenas de empresas que fazem isso, e citaremos duas que foram adquiridas por algumas das maiores empresas de pesquisa do mundo: BuzzMetrics, da Nielsen, e Cymfony, da TNS. Mostraremos o poder do monitoramento de blogs no segundo estudo de caso deste capítulo, que examina a empresa de automóveis Mini.

Mais uma coisa: apenas escutar não surte efeitos. Aqueles belos relatórios que vêm da Communispace e da BuzzMetrics são um desperdício de dinheiro se ficarem abandonados em uma prateleira. Para lucrar com a escuta, você precisa ter um plano para *colocar em prática* o que aprende. É isso que você verá nestes casos do National Comprehensive Cancer Network e do Mini, e é por isso que suas estratégias de escuta compensaram.

ESTUDO DE CASO

National Comprehensive Cancer Network: a escuta com uma comunidade particular

Ellen Sonet, VP de marketing do Memorial Sloan-Kettering Cancer Center de Nova York, é apaixonada pelos insights de seus consumidores. "Para mim, como pessoa de marketing, é importante compreender como é ser o consumidor de meu produto", ela contou.

Hoje, qualquer um pode dizer isso, mas, com base no que Ellen nos contou sobre seu background, nós acreditamos nela.

No início de sua carreira, quando ela era responsável pelo marketing de produtos farmacêuticos sem prescrição médica, ela ia a farmácias e ficava observando os consumidores. "Por que ele escolheu aquele spray nasal, e não o meu?", ela pensava. Horas e horas desse tipo de observação alimentaram os planos de várias áreas, de publicidade até embalagem.

Nos últimos 10 anos, como principal profissional de marketing do Memorial Sloan-Kettering, ela teve de desenvolver novos métodos. Como você pode imaginar, os profissionais de marketing não representam o poder no mundo hospitalar – os médicos, sim. Os médicos interagem com os pacientes. Os médicos sabem mais. Os médicos estão no comando. O Memorial Sloan-Kettering tem nove mil funcionários. Contando com Ellen, 350 trabalham na área de marketing.

Ellen é uma voluntária que entrega flores aos pacientes, apenas com o objetivo de verificar o que está acontecendo com seus consumidores. Mas há um limite para o que pode ser aprendido com isso, já que ela não pode interagir com os pacientes de maneira significativa. E é por esse motivo que, quando Ellen Sonet conheceu Diane Hessan em um evento de marketing, em 2003, teve certeza de que elas precisavam trabalhar juntas.

Diane Hessan é a CEO da Communispace, um dos *vendors* de mais rápido crescimento no *groundswell*. O Communispace já criou centenas de comunidades particulares para seus clientes, distribuídas em mais de 75 empresas, como produtos para cabelo, cereal para o café-da-manhã, serviços financeiros e consultoria de TI. É relativamente simples descrever os serviços que a Communispace oferece. A empresa recruta de 300 a 500 pessoas no mercado-alvo do cliente – homens jovens para o desodorante Axe, ou pessoas interessadas em perder peso para o medicamento de controle de peso alli, da GlaxoSmithKline. Essas pessoas recrutadas formam uma comunidade que se parece com qualquer outra rede social on-line, com perfis, fóruns de discussão, chat on-line e *upload* de fotografias. Só que essa é uma rede para *pesquisas*. Ninguém pode vê-la, a não ser os participantes, os moderadores da Communispace e o cliente.

Uma comunidade Communispace é uma máquina de escuta que produz insights. É um mini*groundswell* em uma caixa. Os participantes geralmente recebem vales-presente não muito caros da Amazon em agradecimento. Eles se parecem com os participantes do *groundswell* que fazem parte do mundo real, exceto pelo compromisso de passar uma hora por semana no site. A Communispace duplicou as funcionalidades que tornam as outras comunidades tão interativas e, como resultado, os participantes se comportam de maneira bastante natural – que não se parece nem um pouco com as interações que ocorrem em um grupo de foco, por exemplo.

É claro, havia ainda a questão financeira – uma comunidade Communispace custa pelo menos US$180 mil para um período de seis meses de testes, e cerca de US$20 mil por mês após esse período, e o orçamento de Ellen era bastante limitado. Mas o Memorial Sloan-Kettering faz parte do National Comprehensive Cancer Network (NCCN), um grupo de centros dedicados ao tratamento do câncer nos Estados Unidos. Todos os centros NCCN têm uma necessidade semelhante, que é saber mais sobre seus pacientes. Levou dois anos, mas Ellen convenceu vários dos centros de tratamento filiados ao NCCN a criarem uma comunidade Communispace. A Communispace e os centros para tratamento de câncer convidaram os pacientes portadores de câncer a fazerem parte das comunidades, e conseguiu reunir 300 deles. E Ellen passou a escutar.

Informações de pesquisas *versus* insights da comunidade

A pesquisa vai para onde você espera que ela vá. Você descobrirá se as pessoas gastarão US$100 a mais se o aparelho de televisão tiver seis polegadas a mais. Você verá se os hispânicos reagem a seu comercial na televisão.

Ellen Sonet começou com essa mesma abordagem, mas teve uma surpresa logo no início. A primeira pergunta que os membros do NCCN fizeram à comunidade foi a mais importante: como você decidiu onde faria seu tratamento?

A opinião predominante entre os médicos do Memorial Sloan-Kettering era que os pacientes levavam em conta a reputação do centro para escolher onde fariam o tratamento. Já que os pacientes estão atrás das maiores chances de ter um resultado positivo, escolheriam ir para um centro de tratamento de câncer renomado como o Memorial Sloan-Kettering. Portanto, o fator mais importante era garantir que o público reconhecesse o excepcional conhecimento especializado do centro de tratamento.

Falso.

Um paciente portador de câncer não toma decisões como um executivo de negócios que escolhe um fornecedor com quem trabalhar. Coloque-se nessa situação. Você acabou de receber o diagnóstico de que é portador de câncer. É algo chocante e assustador, e você não sabe nada sobre o assunto. Você se reúne pela primeira vez com médicos que não conhece, e tem de tomar uma decisão crucial: onde se tratar.

Quer saber como é isso na própria pele? Veja o comentário de "Tracy D" no fórum da Communispace:⁶

> Como tenho certeza de que vocês já sabem, quando você recebe a notícia de que tem câncer entra em um redemoinho. Você tem de lidar com tantos medos e emoções, mas, ao mesmo tempo, quer saber o máximo possível sobre o assunto. A Web é uma fonte de valor incalculável para isso, mas o que gostei mesmo foi que [meu médico] assumiu o controle da situação e me disse onde ele achava que eu deveria me tratar. Não houve discussão sobre essa decisão. Eu não estava em condições de discutir nada naquela época.

Assim como Tracy, mais da metade dos pacientes cita seu médico como pessoa importante para recomendar onde buscar tratamento. Em geral, o especialista é um profissional de confiança com quem o paciente se consulta há alguns anos. Logo, nos dias difíceis após o diagnóstico de um câncer, vários pacientes recorrem ao que lhes é familiar, independentemente da reputação que um centro para tratamento de câncer possa ter conquistado.

A comunidade já havia provado seu valor. O Memorial Sloan-Kettering se orgulha de sua reputação excepcional entre os pacientes e usa o marketing para manter essa imagem. Mas, agora, Ellen Sonet tem a comprovação de que precisa mudar a maneira como seu centro, com 9 mil funcionários, faz marketing. "Historicamente, não tivemos os melhores relacionamentos com os médicos de uma comunidade, mas, mesmo assim, eles são uma fonte importante de recomendações para nós", ela conta. E ela começou a mudar algumas coisas. "Instituí vários programas para melhorar nosso relacionamento com a comunidade [médicos especialistas], urologistas, ginecologistas e obstetras", disse ela. A mudança havia começado.

As pessoas que respondem a uma pesquisa não se importam muito com o que acontece depois. Mas os pacientes portadores de câncer em uma comunidade em atividade, sim. Sete em cada 10 visitam a comunidade semanalmente. E não são os vales-presente que os levam até lá – dois em cada três membros da comunidade dizem que recebem muitas informações por intermédio da comunidade. Este é um dos comentários mais encontrados lá: "Se aprendi ALGUMA COISA com isso é que, quanto mais contatos você estabelece com as pessoas que têm o mesmo tipo de câncer, melhores são as informações que recebe para lidar com ele." A pesquisa é um caminho de mão única. Uma comunidade, mesmo uma comunidade voltada para pesquisa como essa, oferece benefícios mais duradouros. Das 76 discussões em andamento na comunidade NCCN, apenas 18 foram iniciadas pelos moderadores – as restantes foram iniciadas pelos próprios membros.

Já escrevemos que escutar não adianta muita coisa se você não faz nada com o que escuta. Veja a seguir um exemplo perfeito disso. O NCCN perguntou aos pacientes de câncer: "Onde você busca informações sobre seu diagnóstico e tratamento?" Dos 81 entrevistados, 78 buscavam informações na Internet. Dentre 114 respondentes, 106 disseram que recomendariam a Internet como fonte de informação. Esses resultados estavam claríssimos, mas qualquer pesquisa poderia ter mostrado isso (embora seja um desafio fazer uma pesquisa com pacientes de câncer). Na verdade, já que esses respondentes já faziam parte de uma comunidade na Internet, há algum viés on-line presente aqui.

Mas a comunidade permite que as pessoas conversem e digam *o que* elas procuraram, e *como* elas usaram as informações, do modo que nenhuma pesquisa poderia. Aqui, temos o que Lynn Perry, o engenheiro piloto de Harley que conhecemos no início do capítulo, disse sobre como usa os recursos on-line:

> (2) Que fontes de consulta você usou/usa para obter mais informações sobre opções de tratamento?
>
> Fiquei inúmeras horas na Internet, procurando informações que eu não conhecia na época. Visitei vários sites, como [American Cancer Society], NCCN [National Cancer Institute] e vários outros das principais clínicas dos Estados Unidos. Embora várias informações que eu encontrava em um site aparecessem repetidas em outro, tudo me ajudou. Lembro que o site da American Cancer Society foi o mais útil, pois tinha vários links e também uma ferramenta de diagnóstico. Também fiz o download das orientações para tratamento, elaboradas pelo M. D. Anderson.
>
> (3) Que sites você visitou para saber mais sobre os efeitos de longo prazo de seu tratamento, os efeitos colaterais e outras questões afins?

(a) Apesar de muitas dessas informações terem sido encontradas nos sites que descrevi no item (2), confiei mais nas informações que baixei dos sites dos fabricantes de medicamentos ou de quimioterapias que pesquisei. Também pesquisei informações nos sites sobre oncologia, periódicos sobre oncologia e sites europeus sobre o tema.

(4) Ao longo desse processo, quais fontes foram especialmente úteis? Quais não foram? Quais são elas?

(a)... As que foram bastante úteis foram o site da ACS, do NCCN, NCI, a ferramenta de busca no site do M. D. Anderson e os arquivos em pdf disponíveis para download do M.D. Anderson, com suas orientações.

Nenhuma pesquisa chegaria a essas informações – a lista pessoal de Lynn Perry contendo suas fontes de pesquisa sobre câncer na Internet. O pensamento *groundswell* aplicado à pesquisa gerou um conjunto muito mais detalhado de informações.

Vários médicos odeiam a Internet porque ela permite que os pacientes busquem suas informações, muitas de qualidade duvidosa. (Uma paciente contou que, quando trouxe ao médico informações que havia encontrado on-line, seu médico reagiu dizendo: "Fique longe da Internet!") Contudo, hoje está claro para os médicos dos centros de tratamento de câncer do NCCN que eles devem ter uma estratégia para a Internet, e que a comunidade Communispace está mostrando como fazer isso.

Hoje, Ellen Sonet está ajudando a arrecadar recursos na Web para seu centro para tratamento de câncer. Ela sabe que os pacientes procuram organizações para o tratamento do câncer como a American Cancer Society com mais freqüência, WebMD com menor freqüência e os sites de centros para tratamento de câncer menos freqüentemente. Ela até sabe quais (pois a Communispace perguntou) termos de busca as pessoas usam – você talvez acredite que faça sentido buscar as palavras "câncer de mama" no Google, mas como você poderia imaginar que as pessoas fazem buscas com a palavra "metastático"? A partir dessas descobertas, ela pode rechear o site do Memorial Sloan–Kettering com informações e torná-lo tanto um ponto de partida quanto um destino de buscas para pacientes com câncer. E isso aumentará a afinidade dos pacientes com seu centro de tratamento.

O real poder da escuta

Ellen Sonet partiu de uma posição enfraquecida, uma profissional de marketing em um mundo de médicos. Agora, ela dispõe de informações valiosas. Isso tem um efeito colateral. E se chama respeito.

"O que começou como um projeto de marketing tem uma aura semiclínica", ela nos contou. Ela fez uma apresentação de suas conclusões de pesquisa em um evento voltado para médicos, uma posição que quase sempre era preenchida por médicos e pesquisadores.

Pelo fato de Ellen ter tido acesso à comunidade particular dos pacientes com câncer da Communispace, ela passou a ser consultada sobre mais decisões em sua organização. Ela descreveu como uma enfermeira estava procurando fazer uma pesquisa sobre atendimento a requisitos com a quimioterapia oral: "Ela queria fazer grupos de foco. Até fazer o orçamento, estruturar o projeto e recrutar as pessoas, quase seis meses teriam passado. Ou poderíamos fazer tudo em duas semanas, sem qualquer gasto extra [isto é, nenhum gasto para fazer pesquisa com a comunidade do Communispace]." Seja o dono do recurso que gera os insights e as informações, e você passará a ter influência.

Essa mudança não é incomum; é previsível. Por exemplo, na Unilever, Alison Zelen é a responsável pelas observações sobre consumidores e mercados para o segmento de desodorantes na América do Norte. Ela criou uma comunidade fechada para estudar rapazes jovens, o mercado-alvo para o spray corporal da Axe. Como Ellen Sonet, Alison quer saber tudo sobre seus clientes – saber exatamente o que eles pensam. Ela pediu aos rapazes de sua comunidade que publicassem fotografias de seus quartos, usasse uma linguagem espontânea e falassem sobre seu comportamento em todas as situações, de música a garotas. As garotas, como é de se esperar, são o assunto principal. O resultado da pesquisa de Alison foi que o Axe foi posicionado exatamente para atrair o sexo oposto, aparecendo em anúncios que falavam com esses jovens, em linguagem e ambientes familiares. Alison agiu de acordo com as informações que tinha. Os anúncios eram verdadeiros, pois ela sabe bastante sobre como os rapazes pensam.

O outro efeito, como aconteceu com Ellen Sonet, é que Alison Zelen ficou conhecida. Ela foi citada em várias publicações, como o *Boston Globe* e o *Advertising Age*, que publicou uma entrevista com ela cujo título era "Para a estrela do Axe, ajuda muito pensar como um homem".[7] Vale a pena ter sua própria comunidade à disposição para fornecer informações.

A popularidade das comunidades fechadas aumentou porque elas fornecem não apenas informações úteis, mas informações que geram ações posteriores. A Charles Schwab usou as comunidades fechadas para entender como pensam os investidores da Geração X, e constatou que esses consumidores começam a pensar em investimentos a partir de suas contas-correntes. Então, a empresa lançou uma conta-corrente de alto rendimento e redesenhou seu site. *Retorno do investimento:* ela conquistou 32% mais investidores da Geração X do que no ano anterior.[8] A Network Solutions, que comercializa nomes de domínio e soluções de Web design para pequenos negócios, estabeleceu uma comunidade para donos de pequenos negócios e descobriu que a linguagem em suas páginas de marketing não correspondia à maneira como esses donos de negócio falam. Sua ferramenta de Web design tornou-se muito mais flexível e fácil de usar após a empresa implementar mudanças que foram testadas na comunidade fechada. *Retorno do investimento*: aumento de 10% em alguns dos atributos de satisfação do cliente, uma métrica importante para um serviço que faz cobranças mensais a donos de pequenos negócios que não gostam de gastar.

Como mostramos, ter a própria comunidade traz vantagens significativas – você pode perguntar aos membros o que quiser saber. Todavia, essa é apenas uma das maneiras de ouvir o *groundswell*. Outra maneira é prestar atenção à sua volta e escutar o que as pessoas falam em outros lugares. Isso é o monitoramento da marca, e será o assunto de nosso próximo estudo de caso.

ESTUDO DE CASO

Mini USA: Como escutar através do monitoramento da marca

Trudy Hardy enfrentou um desafio interessante em 2006. Como diretora de marketing do Mini USA, o braço americano da marca Mini Cooper da BMW, ela precisava garantir que seu carro bonitinho continuasse a ser um automóvel relevante. Concorrentes como Volkswagen e Honda estavam lançando novos modelos no segmento de carros compactos. Na indústria automobilística, o negócio gira em torno de modelos novos – eles viram notícia, que gera burburinho, o qual, por sua vez, gera vendas. O Mini tinha os mesmos automóveis do ano anterior. O Mini havia crescido de forma significativa desde que Trudy lançara a marca, há cinco anos, mas continuaria nessa trajetória de crescimento?

Como comandante da marca desde a sua criação, Trudy confiava nos automóveis. Ela sabia que os proprietários de Minis adoravam seus automóveis. Mas o que eles amavam, e como o Mini poderia tirar proveito disso? Para compreender a pergunta e respondê-la, o Mini decidiu monitorar o que as pessoas diziam sobre seus automóveis no mundo on-line – acompanhar o bate-papo normal das pessoas. Essa estratégia tinha dois benefícios. Primeiro, ajudava a revelar como os donos de Minis se sentiam. E, segundo, permitia que o Mini mensurasse os efeitos de seus próprios esforços de marketing, ao monitorar o burburinho antes e depois.

Monitorar gera uma idéia radical – vender para consumidores já existentes

Em primeiro lugar, existem proprietários de Mini em número suficiente interagindo on-line para fazer valer a pena o monitoramento desse burburinho? A Figura 5-1 mostra o Perfil Tecnográfico Social de proprietários de Minis e de duas marcas concorrentes: Honda e Volkswagen. Como você pode observar, essas pessoas se classificam acima no índice de atividades de Criadores e Críticos, e, por esse motivo, vale a pena ouvir o que elas têm a dizer.

A Mini e sua agência – Butler, Shine, Stern & Partners – escolheram a MotiveQuest para monitorar o burburinho on-line sobre a marca. A MotiveQuest é uma de muitas outras empresas, incluindo a BuzzMetrics, da Nielsen, e a Cymfony, da TNS, que oferecem serviços de monitoramento de marca. Todas essas empresas realizam monitoramento automático, não apenas de blogs, mas de toda a comunicação on-line associada a uma marca: grupos de discussão, fóruns, páginas do MySpace, e assim por diante. Alguns projetos são mais caros; outros, menos. A MotiveQuest está entre as mais dispendiosas, e cobra US$70 mil por projeto. Enquanto seus concorrentes também acompanham as emoções positivas e negativas dos comentários on-line e posts de blogs, a MotiveQuest vai além e acompanha respostas por meio da análise de 500 expressões que descrevem emoções

FIGURA 5-1

Perfil Tecnográfico Social de proprietários de automóveis Mini, Honda e Volkswagen
Esses consumidores se classificam na parte superior do índice de atividades de Criadores e Críticos. Agregamos os três grupos, já que não há proprietários de Mini suficientes em nossa amostra para tirarmos conclusões, e porque a Honda e a Volkswagen estão entre os concorrentes auto-identificados do Mini.

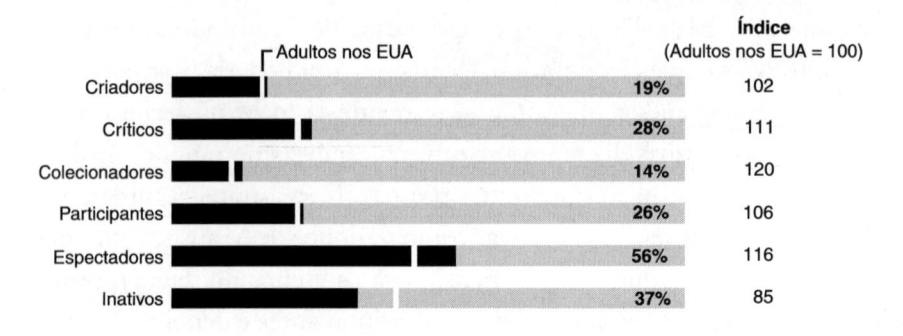

	Adultos nos EUA	Índice (Adultos nos EUA = 100)
Criadores	19%	102
Críticos	28%	111
Colecionadores	14%	120
Participantes	26%	106
Espectadores	56%	116
Inativos	37%	85

Base: Adultos americanos on-line.
Fonte: Forrester's North American Social Technographics On-line Survey, Q2 2007.

com nomes como "inspiração", "raiva", "ódio", "relaxamento" e "empolgação", desenvolvidas em parceria com os experts em marketing da Kellogg School of Management da Northwestern University.

No início da análise da MotiveQuest, em meados de 2006, a marca Mini gerava mais discussão on-line do que qualquer uma das marcas concorrentes monitoradas pela MotiveQuest, com exceção do Volkswagen Jetta.

Além disso, os comentários sobre o Mini tinham quatro vezes mais probabilidade de ser positivos do que negativos. Mesmo assim, a MotiveQuest e a Mini examinaram a situação mais profundamente, para saber o que, de fato, estava acontecendo. Os proprietários de Mini se classificavam acima da média nas atividades da comunidade, como compartilhar fotos e participar de clubes locais. Esse é um dos comentários típicos:[9]

> Nunca me envolvi com a cultura automotiva. Os amigos que estão envolvidos com uma dessas culturas me contam que, quando encontram proprietários de Mini, notam que nossa cultura é muito semelhante em alguns pontos – obsessão total pelos MINIs – e muito diferente em outros – parece transcender o automóvel. Nós conhecemos uns aos outros em um nível muito mais pessoal.

Assim, quando os proprietários de Camaros falam sobre a potência de seu automóvel, e os proprietários de Lexus, sobre o estilo luxuoso de seu carro, os proprietários de Mini preferem ver a si mesmos como membros de um clube exclusivo de pessoas que fazem parte do mesmo grupo. Como os primeiros compradores desse automóvel pequeno e curioso, eles se conectaram uns aos outros. Eles se identificam – e identificam aos outros – como proprietários de Minis.

Aqui temos o segredo para garantir que o Mini não seria outro PT Cruiser, da Chrysler, ou Beetle, da Volkswagen – um automóvel moderno por alguns anos e que depois sai de moda. A Mini USA precisava fortalecer a comunidade, que, por sua vez, sairia pelo mundo convertendo outros para a marca. (Discutiremos essa técnica, que chamamos de energização, com mais profundidade no Capítulo 7.) De acordo com a J. D. Power and Associates, em 2006 a Mini superou todas as outras marcas em termos do percentual de proprietários que se mostraram propensos a recomendar o automóvel a outras pessoas.[10]

Essa idéia levou Trudy e sua agência a uma conclusão radical: era hora de comercializar para os *proprietários* de Mini, e não para os *compradores* potenciais de Mini. Reflita por um instante. Todas as fabricantes de automóveis do mundo gastam seus orçamentos de marketing tentando convencer as pessoas a comprarem um automóvel novo. Uma vez que você adquire o automóvel, você gera custos, e não receita, pois passa a gastar serviços que estão na garantia. E a Mini agora pretendia gastar esse dinheiro com pessoas que já haviam comprado o automóvel? Era preciso ter coragem para fazer isso. Mas comercializar para os proprietários com a intenção de gerar propaganda positiva – isso é o pensamento *groundswell*.

Na Mini, Trudy Hardy disse: "Consegui ter ousadia e tentar coisas novas... Na Jaguar [onde ela havia trabalhando antes], era difícil ousar, e eu não consegui fazer as pessoas tentarem coisas novas, muito menos apoiar uma estratégia ousada." O resultado foi uma campanha radical que encantou o mundo publicitário, ao mesmo tempo em que conquistou os proprietários de Mini. A empresa enviou aos proprietários um pacote decodificador e depois criou anúncios com mensagens codificadas que apenas eles poderiam ler. A empresa criou "O Mini conquista os Estados Unidos", uma série de encontros para os proprietários de Mini em todos os Estados

Unidos. E isso funcionou, pelo menos a partir da perspectiva do burburinho. Em um ano no qual a Mini comercializou 38 mil automóveis, mais de três mil proprietários participaram dos eventos promovidos pela empresa. Mais de 2.100 fotografias foram publicadas no Flickr e oito vídeos foram publicados no YouTube. Veja o que um proprietário comentou sobre o decodificador secreto:

> *lol* [rindo sem parar, em inglês], gostei disso. Não é preciso ser um gênio para saber que a maioria dos proprietários de Minis é inteligente, e isso foi legal. Obrigado por compartilhar.

O monitoramento de burburinho feito pela MotiveQuest revelou que a idéia de escolher os proprietários atuais como alvo estava funcionando – eles estavam falando. Mas isso se traduziria em vendas?

A relação entre burburinho e vendas

Não existem provas – ainda – de que o burburinho on-line leva automaticamente a vendas em todos os segmentos. Mas empresas como a MotiveQuest e os acadêmicos estão encontrando cada vez mais evidências de que, com as métricas corretas, a propaganda positiva on-line é um dos principais indicadores de vendas.

Após ter trabalhado com fabricantes de telefones celulares, o CEO da MotiveQuest, David Rabjohns, já havia constatado que um aumento nos comentários positivos sobre um aparelho de telefone geralmente aparecia um mês ou dois antes de um aumento na participação de mercado daquele aparelho. A MotiveQuest começou a trabalhar com uma equipe da Northwestern University, incluindo a professora de marketing Jacquelyn Thomas, sobre métricas que poderiam dar conta dessa correlação entre vários segmentos.

As analisar os dados sobre vendas mensais do Mini, David enxergou o mesmo padrão. A MotiveQuest e a Northwestern criaram um indicador denominado "índice do promotor on-line" – uma estimativa do burburinho on-line que possivelmente levaria a uma recomendação. Por sete meses, entre fevereiro e agosto de 2006, o padrão estava claro – quando a atividade promotora on-line aumentava, as vendas aumentavam no mês seguinte. Quando a atividade diminuía, as vendas também diminuíam.

Após o mês de agosto, a dinâmica mudou, em parte por causa do aumento da propaganda positiva sobre o Mini, como produto do marketing anterior focado na comunidade dos consumidores. Ao mesmo tempo, houve vazamento da informação de que um novo modelo de Mini estava chegando, o que pode reduzir as vendas do mês, pois as pessoas ficam à espera do novo modelo. Mas as vendas totais do Mini em 2006 caíram apenas 4% desde 2005, uma queda que Trudy atribui a restrições na produção. Em um ano que não trouxe modelos novos, esse é um desempenho excelente. O Mini salvou o ano de 2006, em parte por causa da comercialização feita para os próprios consumidores escutarem enquanto o *groundswell* respondia.

Escutar o *groundswell:* O que isso significa para você?

A escuta talvez seja a habilidade mais essencial e negligenciada nos negócios. Parte do motivo é que isso é difícil. O resultado foi a forma mais estreita de escuta: a pesquisa de mercado. Mas na época do *groundswell*, é fácil escutar. Não escutar, por outro lado, é perigoso.

Não importa se você escolhe estabelecer uma comunidade fechada, contratar uma empresa para monitorar a marca ou utilizar as ferramentas disponíveis para você mesmo fazer a escuta, sua organização também deve mobilizar-se para isso. Apresentamos seis motivos para isso:

1. *Descubra o que sua marca significa.* Você conhece a mensagem que quer comunicar. E como isso é diferente daquilo que as pessoas estão falando? A Mini pensou que sua marca era uma maneira elegante e moderna de transmitir uma experiência que eles chamavam de *motorização*.
   A empresa estava certa, mas precisava fazer um monitoramento da marca para perceber que sua marca também estava relacionada com uma comunidade. Se o especialista brasileiro de marcas Ricardo Guimarães estiver certo, sua marca é aquilo que as pessoas dizem que ela é. É melhor descobrir o que elas estão falando. Isso se aplica não apenas à mídia tradicional, mas também ao modo como você fala com o *groundswell* – um assunto que discutiremos mais detalhadamente no próximo capítulo.

2. *Compreenda como o burburinho muda.* Comece a escutar, e terá uma linha de referência. Continue a escutar, e compreenderá a mudança. Seu concorrente está recebendo toda a atenção? As pessoas estão falando menos sobre seu estilo e mais sobre seus preços altos? As pesquisas podem revelar isso em um grau de baixa resolução. Escutar o *groundswell* dá a você a resposta em alta definição, em uma base semanal ou até diária. E quando mais evidências apontam que o burburinho é o indicador principal para vendas, é melhor prestar atenção. Esse monitoramento também permite que você encontre pessoas com problemas e entre em contato com elas, para resolver seus problemas diretamente. Na verdade, a Dell está usando essa técnica com a Visible Technologies para lidar com questões de suporte ao cliente insatisfeito em blogs e fóruns. Falaremos mais sobre usar o *groundswell* para dar assistência a consumidores no Capítulo 8.
3. *Economize o dinheiro das pesquisas; aumente a taxa de resposta a elas.* Se você faz uma pesquisa de vez em quando, é mais caro escutar. Mas se sua empresa tem um orçamento regular direcionado para pesquisas, uma parte dele deve destinar-se a escutar os consumidores. Uma comunidade fechada como as oferecidas no Communispace, uma vez que esteja estabelecida e funcionando, pode entregar resultados de pesquisa de maneira muito mais rápida do que uma pesquisa encomendada. E permite que você pergunte o "porquê", algo que as pesquisas comuns não fazem tão bem. O monitoramento da marca não substitui a pesquisa tradicional, mas não pode fornecer os detalhes, uma vez que você tenha identificado uma tendência.
4. *Encontre as fontes de influência em seu mercado.* Quem está falando sobre seu produto? Os blogueiros são os mais influentes, ou são os fóruns de discussão? Existem milhares de pessoas assistindo a vídeos sobre ele no YouTube? Alguém já viu sua identidade no MySpace ou criou uma comunidade sobre você no Facebook? Empresas de monitoramento como a BuzzLogic especializam-se em identificar quem tem influência. Uma vez que você encontre os influenciadores, pode cultivá-los. Essa é a técnica de *energizar o groundswell*, e nós a discutiremos com mais profundidade no Capítulo 7.

5. *Gerencie crises de imagem.* Se sua empresa está prestes a sofrer um ataque do *groundswell* – um vídeo com conteúdo negativo no YouTube, um post em um blog que se espalha rapidamente, burburinho negativo em fóruns –, você irá descobrir antes se estiver escutando. O monitoramento da marca pode funcionar como um sistema de alerta que permite à sua organização reagir antes que as coisas saiam do controle. Nessas situações, cada hora é importante.
6. *Gere novas idéias para produtos e marketing.* Seus clientes usam seus produtos e serviços o tempo todo. Eles geram várias idéias inteligentes sobre os produtos e serviços, e oferecerão essas idéias a você – gratuitamente. Existe um Lynn Perry em seu mercado, que descreve como seu serviço pode tornar-se mais eficiente? Há um blogueiro que sugira novas funções ou embalagem para seus produtos? Talvez um grupo de discussão tenha definido como deve ser sua mensagem de marketing, ou em que tipo de nova loja você deve vender seus produtos. Você pode ter acesso a todas essas idéias, mas apenas se estiver pronto para escutar. Para saber mais sobre como os consumidores podem colaborar com seus produtos e marketing, consulte o Capítulo 9.

Seu plano de escuta

Você decidiu começar a escutar. O que deve fazer a seguir? A partir de nossa experiência com empresas, a escuta geralmente começa no departamento de pesquisa ou marketing. Com o passar do tempo, a escuta torna-se uma responsabilidade que se dissemina por toda a organização (mostraremos alguns exemplos disso no Capítulo 10). Aqui estão algumas sugestões práticas que o ajudarão a ter sucesso quando escuta o *groundswell*:

- *Verifique o Perfil Tecnográfico Social de seus consumidores.* A escuta será mais eficaz se seus consumidores estiverem *dentro* do *groundswell*, para começar. Verifique principalmente o número de Criadores e Críticos presentes em sua base de consumidores. Se esses números forem altos – representando pelo menos 15% de seus consumidores –, você pode usar o monitoramento de marca para escutar seu mercado (isso se aplica à maioria das marcas de automóveis, por exemplo). Se os números forem muito elevados – 30% ou mais –, o monitoramento da marca se torna obrigatório (assim como ocorre com a maior parte dos produtos e serviços de tecnologia). Menos de 15% significa que você estará escutando uma parcela menor de seu público, o que ainda pode valer a pena, mas não será nada representativo (isso acontecerá quando seu público envelhece, por exemplo). Nesse caso, talvez você prefira criar uma comunidade fechada.

- *Comece pequeno, pense grande.* Para grandes empresas com várias marcas, iniciar um programa de monitoramento de marca geral pode chegar rapidamente a um gasto de milhões de dólares. Em vez de fazer isso, escolha uma única marca e monitore-a. As comunidades fechadas também funcionam melhor com uma única marca ou segmento de clientes, como fez Alison Zelen para as marcas de desodorante para jovens da Unilever. Mas sempre vemos esses programas se espalharem a partir de sua utilidade para a empresa. Imagine que seu programa de escuta tenha um aumento de 5 a 10 vezes em custo e complexidade dos níveis com os quais você começou. Quem irá gerenciar isso, e como? Seus fornecedores podem crescer com você? É melhor pensar nessas questões antes de começar, para estar preparado.
- *Assegure-se de que seu parceiro de escuta tenha dedicado uma equipe experiente ao seu projeto.* As empresas de monitoramento e de comunidades são jovens o suficiente para que o próprio CEO, diretor de marketing ou de vendas entre em contato com você para fechar um contrato. Eles são inteligentes. Os funcionários deles também são? "Você precisa prestar muita atenção à equipe que receberá, os analistas que seu fornecedor tem", diz o analista Peter Kim, especialista em monitoramento de marca da Forrester.[11] Já que você estará navegando em um novo mundo, quer uma equipe experiente para ajudá-lo a criar e gerenciar a informação que chega, e interpretar os resultados.
- *Escolha um profissional experiente para interpretar as informações e integrá-las a outras fontes.* Pagar centenas de milhares de dólares para uma comunidade ou serviço de monitoramento e não explorar as informações é como comprar um jato particular e esquecer-se do local onde o estacionou. A escuta gera conclusões, mas elas não chegarão até seus ouvidos nem se farão anunciar – você precisa gerenciar esses

recursos. Um profissional precisa ter tempo para ler os relatórios, fazer a interface com os fornecedores e parceiros, e sugerir quais outras informações podem ser coletadas. Esse profissional deve ser capaz de integrar as conclusões da escuta ao *groundswell* com outras pesquisas, estudos e grupos de foco, a fim de criar um quadro completo do mercado. Se esse for seu trabalho, esteja preparado – você estará interagindo com marketing, desenvolvimento de produtos e outras marcas em um curto período, o que deve elevar sua posição, como aconteceu com Ellen Sonnet no Memorial Sloan-Kettering.

Como a escuta mudará sua organização

Mesmo que você fique mais informado ao escutar o *groundswell*, prepare-se para algumas das maneiras que ele mudará sua organização. Uma vez que você comece a escutar e agir a partir das informações que recebe, sua empresa jamais será a mesma.

Primeiro, é possível que a estrutura de poder de sua organização mude. Os departamentos de pesquisa de mercado tendem a ser segregados a um canto, um recurso usado por profissionais de marketing e desenvolvimento. Não importa qual departamento se encarregue de escutar o *groundswell* – de pesquisa ou de marketing –, ele será o mais importante em termos de como as decisões são tomadas. Como aconteceu com Ellen Sonet do Memorial Sloan-Kettering, prepare-se para ver os departamentos de marketing e pesquisa exercerem uma influência mais poderosa sobre o desenvolvimento. E isso naturalmente pode levar a conflitos com grupos fortes de desenvolvimento. Por esse motivo é tão importante comunicar os resultados da escuta de modo que os outros grupos em sua organização possam compreender. Seu trabalho passa a ser comunicar o que você aprendeu – transformar o conhecimento em mudança.

Em segundo lugar, a disponibilidade de informações sobre os consumidores pode tornar-se uma droga na qual as empresas podem se viciar. As organizações que estão acostumadas com feedback em tempo quase real (como os índices de audiência para as emissoras de televisão e dados sobre ponto de venda no varejo) aprenderam a equilibrar o acompanhamento de curto prazo com a estratégia de longo prazo. Contudo, ao contrário do acompanhamento simples, escutar o *groundswell* é mais enriquecedor e se aplica a muitos outros segmentos de mercado. À medida que a escuta se torna mais presente em sua empresa, você deve integrar os resultados na tomada de decisão corporativa. Por exemplo, em um varejista, o executivo responsável por escutar deve participar constantemente das decisões de compra e merchandising; em uma empresa de gestão de marcas, o executivo deve ser presença constante nas reuniões de estratégia de publicidade.

É isso que chamamos "fator não-seja-mais-burro". Cada empresa tem produtos e políticas burras, e peculiaridades organizacionais. Esses elementos corporativos persistem porque um alto executivo gosta deles, ou porque eles foram incorporados aos processos e sistemas corporativos, ou apenas por causa da tradição. Talvez cada transação precise ser revisada por advogados e sofra atraso de um dia, mas não apresentou problemas nos últimos dois anos. Talvez suas promessas de que o técnico aparecerá dentro de um período definido de quatro horas estejam certas apenas 75% das vezes. Escutar o *groundswell* revelará sua ignorância de maneira incansável. Quando os consumidores reclamam, com amargura e em detalhes, como você faz negócios, e você pode mensurar e quantificar suas reclamações, é mais difícil negar os próprios erros. O conjunto de políticas e produtos burros evaporará frente ao feedback visível dos clientes.

Por fim, você pode achar que escutar é a maneira mais simples de se envolver com o *groundswell*, pois é uma atividade de baixo risco – você não precisa entrar na conversa. Contudo, apesar de a escuta fazer parte de uma conversa, cada conversa pressupõe que a outra parte também fale. Escutar o *groundswell* e depois se comunicar através da mídia e da publicidade tradicionais é como responder a uma confidência de um amigo com um megafone. Os ouvintes sentem-se tentados a responder falando dentro do *groundswell*, com a publicação de blogs, contribuição para sites de conteúdo gerado pelo usuário e criação de comunidades. Se você está ouvindo agora, esteja pronto para falar em breve.

A fala – o outro lado da conversa – é o assunto do próximo capítulo. Nele, descrevemos uma variedade de técnicas para entrar no *groundswell* como falante, e não apenas como ouvinte.

6. Como falar com o *groundswell*

Steve Ogborn é um consultor de gestão que tem três filhos adolescentes. Eles moram em um subúrbio em Chicago. Um dia, no verão de 2007, ele estava lendo um de seus blogs favoritos – Engadget, dedicado aos aficionados por tecnologias pessoais – quando se deparou com o inimaginável.

Um maluco havia colocado um iPhone Apple – o produto de tecnologia mais moderno no mercado, recém-lançado – em um liquidificador.[1] O vídeo on-line no Engadget mostrava um rapaz com jeito de geek usando um jaleco de laboratório e óculos de proteção. O iPhone fora reduzido a pó em menos de um minuto (ou "iSmoke", como o rapaz preferiu chamar).

Steve fez duas coisas depois de ver isso.

Primeiro, foi ao site mencionado no vídeo – willitblend.com – e assistiu a vídeos do mesmo liquidificador destruindo discos para hockey, zircônia cúbica e objetos assemelhados raramente vistos em uma cozinha normal.

Segundo, começou a ter uma idéia. Os filhos de Steve Ogborn adoram *smoothies*. "Eles comem o peso deles em frutas", Steve nos contou. Seu liquidificador atual não estava funcionando bem. Ele então começou a pesquisar sobre o liquidificador mostrado nos vídeos, que era descrito em detalhes no willitblend.com.

O liquidificador que reduziu o iPhone a pó custa US$399. "Minha primeira reação foi, 'cara, isso é muito dinheiro por um liquidificador'", conta Steve. Mas suas profundas investigações on-line mostraram que o liquidificador Blendtec de US$399 não era vendido em nenhum outro lugar, nem por aquele preço ou menor. Assim, pensando em seus filhos que adoram frutas, ele fez o pedido do liquidificador mais caro que ele já havia comprado.

Acontece que há muitas pessoas como Steve Ogborn. As vendas do Blendtec aumentaram 20% desde que a série do Blendtec "Será que vai bater?" começou a aparecer em sites como o YouTube. Quem é o gênio por trás deste programa de marketing?

George Wright, diretor de marketing da Blendtec, não era um herói típico do *groundswell*, e não tivera qualquer experiência anterior em marketing de consumo (ou vídeos) antes de trabalhar na Blendtec.

Ele teve a idéia de usar o YouTube um dia após ter notado que havia serragem por todo o chão da sala de testes – seus técnicos haviam moído pedaços de madeira para testar os liquidificadores de alto impacto. Isso é incrível, George pensou. As pessoas precisam ver isso. E, assim, ele teve a idéia de colocar os vídeos de trituração de produtos na Internet. A criação dos cinco primeiros vídeos custou, no total, US$50. Mas com um pequeno empurrão – o expert em Web da Blendtec, Ray Hansen, colocou um link no Digg após ter disponibilizado os vídeos no site da Blendtec –, os vídeos se tornaram um sucesso, contabilizando seis milhões de visitas na primeira semana. (Quando George Wright contou ao CEO, Tom Dickson – o rapaz com cara de geek que aparece nos vídeos –, que ele era um sucesso no YouTube, sua resposta foi "O quê? YouTube?". Tom sabia que os vídeos iriam para o site da Blendtec, mas não tinha a menor idéia de que existia um site para compartilhar vídeos como o YouTube.) Logo vieram aparições no canal VH1 e no programa "The Today Show". Posteriormente, Jay Leno levou Tom Dickson ao "The Tonight Show" (após ter triturado um cabo de enxada, Jay disse: "Se você precisa acrescentar fibras à sua dieta, essa é a maneira perfeita").[2] Em pouco tempo, as pessoas haviam assistido 60 milhões de vezes aos vídeos da Blendtec.

George Wright e a Blendtec haviam criado uma marca de consumo, essencialmente, com uma câmera de vídeo e alguns dólares em produtos (é claro que destruir um iPod deve ter custado algum dinheiro, mas nada comparável ao custo de filmar e veicular um comercial de televisão.) A Blendtec havia explorado o potencial viral do *groundswell* para comunicar suas mensagens. George havia quebrado, à sua maneira, o código para falar com o *groundswell*.

Falar com o *groundswell* é diferente de fazer marketing

As empresas fazem vários esforços para falar com seus consumidores. Essa tarefa compete ao departamento de marketing. Dois dos métodos mais usados – e caros – são publicidade e relações públicas.

No mundo inteiro, os profissionais de marketing gastaram mais de US$400 bilhões com publicidade em 2006, de acordo com um levantamento feito pela PricewaterhouseCoopers.[3] A maior parte desse dinheiro é gasta com comerciais de televisão. Isso não é conversar; isso é *gritar*. A publicidade vive da repetição. As duas principais métricas são alcance (o número bruto de indivíduos com quem se grita) e a freqüência (o número de vezes que cada um escuta os gritos). A publicidade está relacionada com a massa. "Anuncie durante a partida de futebol para atingir mais homens" é o máximo de personalização que se consegue atingir.

A área de relações públicas busca a exposição em mídia gratuita. As empresas de RP (ainda!) enviam comunicados sobre cada negociação e realização de seus clientes – contando que o McDonald's está tentando reduzir as gorduras trans, que as vendas da Toyota aumentaram 3% – para cada jornalista e "influenciador" que tenha alguma possibilidade de escrever sobre essas notícias. Eles esperam que tais informações sejam mencionadas no *Wall Street Journal* ou apareçam na CNN, ou em uma revista do segmento.

Há algo faltando aqui, e você pode ver o que é na Figura 6-1. Este é o funil de marketing, uma metáfora conhecida que descreve como os consumidores seguem pelo caminho a partir da conscientização para compra e lealdade. O grito – publicidade – os guia na saída maior. As atividades no meio tentam levá-lo até a compra e, se você tiver sorte, eles aparecerão na outra ponta como consumidores.

Com tantos produtos tentando atrair a atenção das pessoas, gritar para elas não é tão eficiente quanto costumava ser. E tão logo elas cheguem à metade do funil, gritar não adianta quase nada. Ao analisar essas conclusões em um relatório de 2007, Brian Haven, analista de marketing da

FIGURA 6-1

O funil de marketing
Na teoria tradicional de marketing, os consumidores são levados até a saída maior por meio de atividades de conscientização como a publicidade. Eles passam pelos estágios – incluindo consideração, preferência e ação – para se tornar compradores. Os profissionais de marketing têm pouco controle sobre o que acontece nos estágios intermediários, mas ali se dá a maior influência do groundswell.

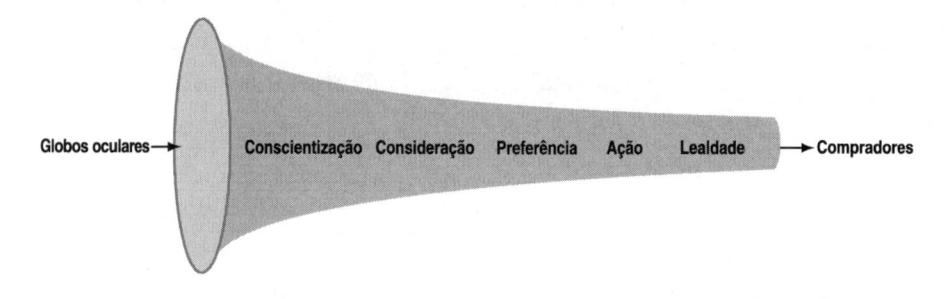

Globos oculares → Conscientização Consideração Preferência Ação Lealdade → Compradores

Forrester, comentou o seguinte: "O funil já viveu o bastante para ser uma metáfora útil. Vamos encarar a situação: os profissionais de marketing não definem mais o caminho que as pessoas percorrem, nem lideram o diálogo."[4] Uma vez que as pessoas saibam que seu produto existe, há uma nova dinâmica em ação: as pessoas aprendem *umas com as outras*. As tecnologias sociais aceleraram a dinâmica da propaganda positiva, aumentando a influência das pessoas comuns, ao mesmo tempo em que diluem o valor do marketing tradicional. Quando pesquisamos os consumidores on-line ao final de 2006, 83% responderam que confiavam nas recomendações de amigos e conhecidos, e mais da metade em comentários que estranhos faziam on-line. Enquanto isso, a confiança em anúncios continuava a cair.[5]

Os consumidores no meio do funil estão envolvidos em conversas em blogs, em fóruns de discussão e em redes sociais. Sua empresa pode participar nesses lugares, mas gritar não surte efeito algum. A conversa, sim. Se sua empresa cria uma presença on-line em uma rede social como o Facebook, as pessoas publicarão comentários e esperam que você os responda. Se você cria um blog, elas farão comentários e esperam que você preste atenção a eles. Essas conversas geram trabalho, mas realmente influenciam as pessoas no meio do funil – e não apenas as que comentam, mas as que lêem os comentários, mesmo que esses leitores jamais façam algum comentário.

A Blendtec compreende isso. Na área do blog "Será que" do willitbend.com, George Wright informa quando e onde você pode assistir a uma demonstração do liquidificador em sua cidade, e ele pede que os visitantes sugiram novas coisas a serem trituradas. (Foi assim que ele recebeu a idéia de moer um iPod.) George Wright não está gritando; ele está falando *com* seus consumidores e ouvindo o que eles têm a dizer.

Técnicas para falar com o *groundswell*

Há várias maneiras de falar com o *groundswell*. Com o objetivo de simplificar, apresentamos aquelas que são mais comuns e eficazes. Aqui estão quatro delas que exploraremos em mais detalhes neste capítulo:

1. *Publique um vídeo viral.* Coloque um vídeo on-line e permita que as pessoas o compartilhem. Foi o que a Blendtec fez com seus vídeos de trituração.
2. *Envolva-se com as redes sociais e os sites de conteúdo gerado por usuários.* Criar uma personalidade em sites de relacionamento social como MySpace é uma das maneiras mais fáceis de estender o alcance de sua marca. Fazer isso tornar-se uma conversa é mais difícil.
3. *Faça parte da blogosfera.* Dê poder a seus executivos ou funcionários para escrever blogs. Junto com essa estratégia, estão a escuta e a resposta a outros blogs na blogosfera – e essa é uma maneira que distingue falar através de blogs de enviar comunicados de imprensa. Neste capítulo, mostraremos como a HP usa os blogs a seu favor.
4. *Crie uma comunidade.* As comunidades são uma forma poderosa de se engajar com seus consumidores e entregar valor a eles. Elas também são eficazes para entregar mensagens de marketing, desde que você as escute, e não apenas grite. Mostraremos isso por meio do exemplo do beingagirl.com [ser uma garota.com] da Procter & Gamble, um site para meninas adolescentes.

Transformar os vídeos virais em conversa

Para George Wright e a Blendtec, "Will it blend/Será que vai bater?" teve início como parte de uma conscientização. Ele foi, essencialmente, um substituto para uma campanha publicitária. Estava voltado para a saída maior do funil.

Solucionar problemas de conscientização com vídeos virais não funciona apenas para bens de consumo – pode funcionar também para cenários business-to-business. Veja o exemplo de "Greg, o Arquiteto", uma série de vídeos da Tibco sobre soluções de arquitetura orientada a serviços (SOA, em inglês)[6] – um serviço que interessa aos profissionais de tecnologia de informação que integram aplicativos. Os vídeos de "Greg, o arquiteto" no YouTube acompanham as aventuras de um jovem e corajoso arquiteto de software (papel desempenhado por um boneco) enquanto tenta entender a estratégia de tecnologia, lidar com o CIO da empresa e com os fornecedores de tecnologia, que abusam de siglas (papéis desempenhados por outros bonecos, inclusive a Barbie, representando o próprio personagem). Trata-se de um material engraçado, mas direcionado a um público bastante restrito – a série já atingiu 60 mil visitas no YouTube, bem menos que o "Será que vai bater?"

Mas como explica o diretor de marketing mundial da Tibco, Dan Ziman, ele não está tentando atingir a todos – sua intenção é iniciar um diálogo com os grandes compradores de TI. Um negócio típico de SOA da Tibco gera mais de US$500 mil e leva seis meses ou mais para ser negociado. Logo, em vez de buscar vendas, como a Blendtec, de George Wright, ele quer fomentar relacionamentos. Desde que "Greg, o arquiteto" começou a ser exibido, as assinaturas da newsletter de SOA, da Tibco, aumentaram quatro vezes, o que promove os relacionamentos de que a empresa precisa. Como Dan enfrentava problema de conscientização e concorrentes financeiramente fortes como a IBM e a Oracle, ele encontrou uma maneira barata de chegar junto a seus consumidores quando os tratou como pessoas – pessoas com necessidades que seus vídeos mostram com empatia, até mesmo com alguma sátira.

Se você seguir essa estratégia, tenha seu objetivo em mente. Vídeos de pessoas como Dan e George despertam a atenção. E o que você fará, uma vez que tenha essa atenção?

A Blendtec mantém no willitblend.com um site que explica melhor como funcionam os liquidificadores, e como é possível encomendar um. Os vídeos da Tibco criam relacionamentos através de sua newsletter. Se seu vídeo no YouTube não estabelece pelo menos o início de um relacionamento, ele é apenas mais uma maneira de gritar.

Para serem mais eficazes, esses vídeos devem permitir que as pessoas interajam. Eles devem levar as pessoas a uma rede social, um blog ou a uma comunidade em que elas possam estabelecer relacionamentos mais profundos umas com as outras, ou com a empresa. São esses os mecanismos que ajudam as pessoas na metade do funil, e falaremos sobre eles no restante deste capítulo.

ESTUDO DE CASO

Ernst & Young: Falar nas redes sociais

As redes sociais são populares. Por exemplo, 25% dos adultos on-line na América do Norte, 21% dos europeus e 35% dos sul-coreanos participam delas. Seus consumidores estão lá. Onde você está?

Veja, por exemplo, o problema da Ernst & Young. Para se manter atualizada com as necessidades de seus clientes, a consultoria mundial precisa contratar 3.500 universitários formados a cada ano. E já que 74% dos universitários são Participantes[7] – membros de redes sociais –, a Ernst & Young (E&Y) encontra-se com eles lá, onde eles vivem. Como Dan Black, diretor de recrutamento de campus para as Américas, nos contou: "O Facebook foi quem se destacou para nós – na época [quando começamos], eles nos disseram que 85% de todos os estudantes universitários têm um perfil."

Em 2007, no dia em que olhamos o site, o grupo de carreiras da E&Y no Facebook tinha 8.469 membros, e 68 haviam se inscrito naquele dia.[8] O que distingue a E&Y das outras é o diálogo que ela cria dentro do site. Dan demonstra que pensa de acordo com o *groundswell* quando percebe que é a comunicação entre os alunos que distingue esse meio dos outros. "Esta geração coloca muita ênfase nas opiniões, conselhos e rumo de seus colegas", ele diz, mostrando o argumento que usou para justificar o projeto Facebook diante dos gestores executivos. Ao mesmo tempo em que ele é extremamente ocupado com todas essas contratações, ainda encontra tempo para responder às perguntas publicadas na "parede" da página da Ernst & Young no Facebook, pois ele sabe que seus alunos-alvo estão lendo os resultados. Este é um diálogo comum:

DJ: Oi, termino meu MBA... no próximo verão, com ênfase em Contabilidade e Finanças pela UMass, em Boston. O que devo fazer para me candidatar a um estágio ou posição inicial em tempo integral?... Obrigado, DJ.

Dan: Por favor, envie uma mensagem pelo Facebook diretamente para Julia DeWolfe. Ela é nossa recrutadora em Boston e poderá ajudá-lo com sua inscrição.

DJ: Obrigado, Dan. Tenho mais uma pergunta. Vocês consideram um candidato somente para o lugar específico no qual ele está concorrendo a uma vaga, ou vocês o consideram para vagas no país inteiro?

Dan: Respondendo à sua pergunta, nós entrevistamos cada candidato uma vez durante o processo. Se você se sair bem, certamente terá a chance de discutir outros lugares. Entretanto, se você não for bem na entrevista, não permitimos que você faça entrevista em outro lugar. Fazemos isso porque nosso modelo de entrevista é construído de tal forma que a primeira entrevista coletará as mesmas informações, independente de quem o esteja entrevistando na E&Y.

Vamos voltar ao modelo do funil. Por meio de anúncios colocados no campus e no Facebook, a Ernst & Young divulga a empresa para seu público-alvo. A página de carreira da E&Y no Facebook também contém informações, vídeos e outros elementos tradicionais de publicidade.

Mas além da conscientização, a E&Y usa o Facebook para levar os alunos mais adiante no processo, em seu próprio ritmo, e responde individualmente às perguntas. A E&Y está falando *com* esses candidatos, e não gritando com eles. Enquanto você pode achar que isso é trabalho demais para um único candidato, lembre-se de que os outros visitantes da página da E&Y podem ver esse diálogo. Qualquer um dos estudantes universitários que agregam a página de carreira da Ernst & Young – "friending", como eles chamam fazer amizade com uma pessoa – pode receber notificações sobre as atualizações. Os estudantes também podem interagir entre si lá. Para uma decisão tão importante quanto o primeiro emprego, esse tipo de conexão é poderoso. E como um funcionário da Ernst & Young pode facilmente gerar milhões de dólares em serviços de auditoria, tributários ou semelhantes durante sua carreira, os esforços no site valem a pena.

Como usar – e mensurar – os resultados da participação em redes sociais

A chave para ser bem-sucedido em redes sociais é ajudar as pessoas a disseminar sua mensagem e mensurar o resultado.

A fim de compreender melhor como esses esforços funcionam, veja o que a Adidas e suas agências, Isobar e Carat, fizeram com as chuteiras. As pessoas que visitam www.myspace.com/adidassoccer são convidadas a escolher entre duas filosofias de futebol e dois tipos de chuteiras; elas escolhem a Predator, se seu estilo é orientado para equipes, ou a F50 Tunit, se elas querem impressionar com seu talento. A Adidas conhece seu público e suas paixões – dentre os mais de 50 mil membros do MySpace que adicionaram a Adidas, houve uma divisão quase proporcional entre os fãs da Predator e da F50 Tunit. O site está cheio de oportunidades para ridicularizar o outro lado, e para mudar o próprio perfil no MySpace com papel de parede e imagens da Adidas – interações que vão além de gritar, e engajam os visitantes.

Esses engajamentos compensam. De acordo com a Market Evolution – uma consultoria que analisou a campanha para o MySpace e Carat, em um relatório de 2007 chamado "Amizades Infinitas"[9] – cada US$100 mil gastos com publicidade levaram 26 mil pessoas a se tornar mais propensas a comprar, a partir de seu contato com a página da Adidas no MySpace. Mas muitas dessas pessoas repassaram a marca a seus amigos, o que resultou em milhares de outras páginas exibindo os gráficos de futebol da Adidas, e outras 18 mil pessoas que estavam mais propensas a comprar seus produtos. Além disso, mais de quatro milhões de pessoas foram expostas à marca nessas páginas dos membros. Esse é o efeito que torna tão poderosa a conversa através de redes sociais. (Falaremos mais sobre o poder de energizar seus consumidores no Capítulo 7.)

Os exemplos vindos da Coréia do Sul são ainda mais irrefutáveis. Lá, a rede social que domina é a Cyworld. A Pizza Hut lançou uma pizza em estilo italiano através de uma campanha publicitária que levava as pessoas até sua "*mini-hompi*" (*mini-homepage*) no Cyworld. Em oito semanas, a campanha gerou cinco milhões de visitas à página, 50 mil amigos, e mais de 50 mil pedidos de pizza feitos através da *mini-hompi*. Outras marcas tiveram sucessos semelhantes: a Motorola conseguiu que 61 mil pessoas colassem imagens do telefone cor-de-rosa Razr nas próprias páginas, e quase

500 mil fizeram o mesmo com o filme sul-coreano "Typhoon", um thriller de ação que se baseia na tensão existente entre as Coréias do Norte e do Sul.

Quando as marcas deveriam usar redes sociais

Esses exemplos são bastante convincentes, mas trabalhar sua marca em redes sociais não é para qualquer um. Essa é apenas uma maneira de se conectar com pessoas que entraram na parte central escura do funil. Você deve usar sites de relacionamento social para falar com seus consumidores em potencial? Este é nosso conselho:

- *Use o Perfil Tecnográfico Social para verificar se seus consumidores estão em redes sociais.* Se metade deles são participantes, há sentido em fazer marketing através de redes sociais. A idade faz toda a diferença aqui. As marcas que atraem os consumidores entre 13 e 23 anos devem engajar-se em redes sociais porque seus consumidores já estão lá, enquanto aquelas com um mercado entre 24 e 35 anos tendem a ser bem-sucedidas com essa estratégia. Enquanto as redes como Facebook se comunicam para envolver outras pessoas, outras marcas podem começar a perseguir essa estratégia também.
- *Vá em frente se as pessoas amam sua marca.* Marcas como Victoria's Secret, Adidas, Jeep, Target e Apple têm seguidores leais que estão dispostos a ser seus amigos. Uma empresa como a Sears, sem fãs ávidos pela marca, precisa pensar e trabalhar um pouco mais – dedicar-se à sua marca de ferramentas Craftsman, por exemplo.
- *Veja o que já existe no mundo.* Inevitavelmente, as marcas populares se espalham através de páginas e redes de amizade muito antes de a empresa se envolver. Por exemplo, o grupo de fãs do Mountain Dew no MySpace, que não é autorizado pela empresa, já conta com quase cinco mil membros. A existência de grupos assim não deveria desestimular as marcas – fazer amigos com eles o ajudará a criar seu próprio grupo. Achamos que, na campanha de Barack Obama, por exemplo, perderam uma boa oportunidade quando insistiram em encerrar o perfil de Barack Obama criado por Joe Anthony no MySpa-

ce,[10] que havia reunido mais de 30 mil amigos, em vez de encontrar uma maneira de trabalhar com ele.
- *Crie uma presença que estimule a interação.* Seus fãs no MySpace ou Facebook querem conectar-se com você. Como você possibilitará que isso ocorra? Como você responderá ao que for publicado? E que elementos interativos – papel de parede, crachá, *widgets* – você fornecerá para que as pessoas possam disseminar sua marca e suas mensagens? As pessoas que visitam sua página já têm algum relacionamento com sua marca – como você irá ajudá-las a ir mais fundo no funil e influenciar outras? Você precisa contar com pessoas responsáveis pela programação da página e para responder aos comentários, como se fossem parte de seu site. A seguir, coloque alguns anúncios direcionados a seu público-alvo, e observe as pessoas espalhando sua mensagem.

Não é tão fácil disseminar algumas mensagens, como aquelas que os profissionais de marketing estão colocando no Facebook e MySpace. Se você está pronto para ter um compromisso de longo de prazo com seus consumidores – e principalmente se sua marca não é tão empolgante quanto um trailer do filme "Typhoon" –, talvez seja a hora de buscar outra maneira de falar com o *groundswell*: blogar.

ESTUDO DE CASO

HP: Falar com os consumidores através de blogs

A HP tem um problema de marketing. Ela vende centenas de produtos diferentes. Dezenas de tipos de impressoras. Câmeras. Televisores de tela plana. Todos os tipos de computador, desde notebooks de baixo custo para consumidores até servidores de grande porte para empresas. Vários tipos de software. E bilhões de dólares em serviços. Todos esses produtos são vendidos para um grupo diversificado de consumidores – as maiores empresas, pequenas empresas e milhões de consumidores em todo o mundo.

Vários dos produtos da HP são complexos, e os compradores precisam de ajuda quando atingem a metade do funil. A publicidade ou comunicados de empresa são inúteis para vender esses tipos de produtos. Os compradores precisam obter os detalhes do produto acompanhados de um rosto humano para ajudá-los ao longo do processo. É por esse motivo que os blogs atendem a uma necessidade da HP.

A HP decidiu não ter apenas um único blog corporativo, como o FastLane da GM, e sim uma variedade deles, feitos por toda a empresa. Quando o número de blogueiros aumentou, a HP precisava canalizar esse entusiasmo, sem permitir que o caos tomasse conta daquele espaço. Essa missão impossível caiu no colo de Alison Watterson, editora do site da HP, cheio de informações e funcionalidades. O resultado foi uma política sucinta e objetiva para blogs e um curso que os candidatos a blogueiros poderiam fazer para se manter dentro de certas normas. A política de blogs da HP inclui normas comuns, mas é melhor que não sejam quebradas, como "Inclua seu nome e cargo [nos blogs e comentários]... e escreva na primeira pessoa", e esta deve ter feito os advogados felizes: "Seu blog deve atender aos requisitos e regulamentações de divulgação de dados financeiros."

É irônico o fato de que agora, que a empresa deu sua bênção, essas regras fizeram os blogs se espalharem. E a HP começou a colher os benefícios.

Os blogs da HP trouxeram retornos

Agora, a HP tem 50 blogs executivos, tratando de assuntos como armazenamento, mobilidade e pequenos negócios. Se você estiver interessado em algum tipo específico de produto, ou na estratégia da HP em um mercado específico, provavelmente existe um blog para você.

Apesar de os blogs gerarem tráfego, a conscientização não é o benefício mais importante. O benefício é que a HP pode agora *responder* a seus consumidores que estão no meio do funil. O diálogo é freqüente e diversificado, com várias atualizações, pois os blogueiros respondem ao que escutam de seus próprios consumidores, ou de comentários publicados no blog. Esses blogs geram um elo de confiança, pois são declarações pessoais dadas pelos executivos. E estimulam o debate entre outros compradores blogueiros, pois a HP é uma participante ativa na blogosfera. O efeito total é influenciar a massa de consumidores da HP que lêem blogs. Muitos deles estão no grupo de Espectadores mostrados na Figura 6-2.

FIGURA 6-2Z

Perfil Tecnográfico Social dos proprietários de computadores HP

Os proprietários de HP se comparam quase perfeitamente com a população on-line nos Estados Unidos

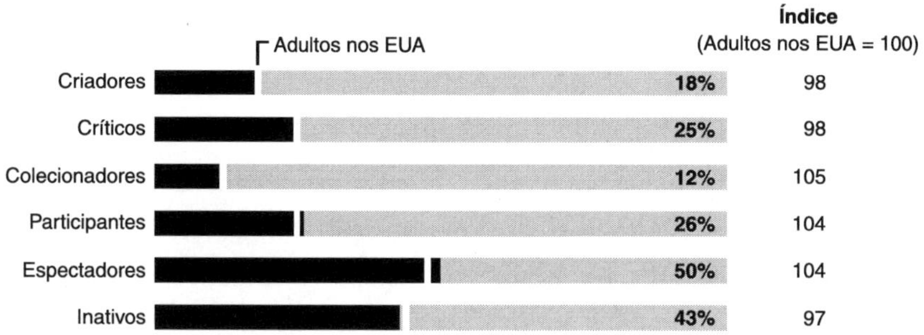

	Adultos nos EUA	Índice (Adultos nos EUA = 100)
Criadores	18%	98
Críticos	25%	98
Colecionadores	12%	105
Participantes	26%	104
Espectadores	50%	104
Inativos	43%	97

Base: Adultos americanos on-line.
Fonte: Forrester's North American Social Technographics On-line Survey, Q2 2007.

Um exemplo típico é o que aconteceu quando a Microsoft lançou o Windows Vista. Muitos consumidores começaram a ter problemas com suas impressoras – começaram a circular rumores na Web de que os *drivers* do Vista para impressora não funcionavam. Então, Vince Ferraro, vice-presidente da HP que dirige a área internacional de marketing de impressoras LaserJet da HP, explicou como solucionar os problemas do Vista em seu blog." Isso realmente abriu os canais de comunicação. Vinte e seis leitores de blog publicaram comentários e perguntas (exemplo: "Isso também funciona para impressoras jato de tinta?"). Ferraro respondeu a esses comentários com comentários de seu post original e com um segundo post mais detalhado. À medida que os outros blogueiros faziam um link para o post das LaserJet no Vista, ele passou a ser o principal resultado no Google para uma busca por "problemas com impressoras HP no Vista". Imagine as centenas de telefonemas ao suporte técnico e reclamações de colegas insatisfeitos que foram cortadas pela raiz quando os usuários leram o post no blog. Imagine também a quantidade de tinta e de toner da HP que foi vendida quando as impressoras começaram a funcionar no novo sistema operacional. Quando Vince Ferraro falou com alguns consumidores, ele respondeu a milhares de outros com problemas semelhantes.

Eric Kintz – um VP de marketing de 38 anos e blogueiro na HP, que foi apontado como um dos 10 principais profissionais de marketing da próxima geração pela *Brandweek* – explica o valor da seguinte forma: "Vários de nossos consumidores observam o quanto entendemos sobre esse novo espaço. As empresas da *Fortune 500* precisam adaptar-se a este mundo, e eles procuram parceiros de tecnologia para ajudá-los a levar essa transformação adiante. Se a HP impressiona apenas um tomador de decisão em uma empresa desse porte, o resultado poderia trazer dezenas de milhões de dólares em receitas de serviços de consultoria e TI.

Os blogs também permitem que as empresas como a HP reajam adequadamente à própria blogosfera. Por exemplo, em agosto de 2006, o CEO da Sun Microsystems, Jonathan Schwartz, escreveu em seu blog após ter comprado modelos de papelão dos fundadores da HP:[12]

> Quando tiveram a oportunidade de comparar a semelhança física de Bill Hewlett e de Dave Packard, e terem transportado o modelo da seção de tintas para impressoras de uma loja da Office Depot de San Jose, nossos amigos da HP preferiram não prestar homenagem aos fundadores da empresa. Assim, em respeito ao legado da HP, os caras legais da equipe de marketing da Sun decidiram adquirir a obra de arte. Bill e Dave são lendas absolutas, muito respeitadas por todos nós da Sun. Ficamos honrados com a oportunidade...
>
> Com quase 25% dos downloads de Solaris solicitados aos servidores da HP, sabemos que seus clientes desejam essa parceria, e estamos felizes em atendê-los.

Solaris é o sistema operacional da Sun. O post foi publicado com uma fotografia dos fundadores da HP usando uma camiseta com uma estampa que dizia "Sun Solaris". Esse tipo de conversa jogada fora é bobo, sem dúvida, mas cria um problema. O CEO da HP não pode responder sem parecer mesquinho. Um comunicado à imprensa pareceria totalmente defensivo. Mas, no mundo malicioso das fofocas no Vale do Silício, era necessário dar uma resposta. E Eric Kintz respondeu com este post:[13]

> Nós valorizamos nosso início humilde e a visão inovadora de nossos fundadores. Você pode ver retratos de Bill e Dave em nosso lobby; nós mantivemos seus escritórios do jeito que eles os deixaram quando saíram

da empresa, e eles estão abertos para quem quiser visitá-los aqui na HP (no meio dos laboratórios). Nos últimos anos, também iniciamos um esforço para preservar a garagem na Addison Avenue, onde tudo começou para nós e para o Vale do Silício. Não conheci Bill nem Dave, mas nenhum deles teria aprovado a decisão de pagar milhares de dólares por uma representação gráfica deles.

Quanto aos comentários sobre o HP-UX, achei que seria bom contar a história verdadeira [as duas últimas palavras são links com informações sobre o sucesso do HP-UX, o sistema da HP que concorre com o Solaris, da Sun].

Resultado: as notícias que se seguiram faziam menção a essa resposta e foram equilibradas. O pequeno deboche de RP da Sun não ganhou proporções fora de controle. Os tomadores de decisão – compradores que tomam decisões sobre o Solaris *versus* o HP-UX – teriam tido apenas os comentários do CEO da Sun sobre como a HP perdera a liderança. Agora, Eric Kintz havia apresentado o outro lado do diálogo, ao falar *com* seus consumidores.

Em geral, as empresas nos perguntam sobre o ROI gerado pelos blogs. Após estudar os blogs por anos, chegamos ao modelo na Tabela 6-1,[14] baseado em um blog de primeira linha como o FastLane da GM (descrito ao final do Capítulo 1). A tecnologia *não* é a principal fonte de custos; a educação e o tempo dos executivos, sim. E o retorno vem com o tempo, após o blog ter conquistado seguidores. Mas pelo fato de os blogs gerarem alta visibilidade, responder às perguntas dos consumidores, evitar problemas com relações públicas e, com o tempo, levar a descobertas através do feedback dado pelos consumidores, eles realmente geram um ROI significativo.

Você deveria blogar?

Recebemos mais perguntas sobre blogs do que qualquer outra tecnologia do *groundswell*. E não é só nos Estados Unidos – em uma viagem recente ao Brasil, quase todos os CEOs com quem conversamos perguntou sobre os blogs. Não importa o que sua empresa faz, para quem ela vende, em que partes do mundo você tem negócios, as pessoas estão blogando sobre seu produto. Como a HP constatou, os concorrentes provavelmente estão blogando ou pensando na criação de um blog. E, como mostramos no Capítulo 1, o que começa nos blogs pode rapidamente alastrar-se para a grande mídia.

TABELA 6-1

O ROI de um blog de executivo

Para fins desta análise, imaginamos um único blog de altos executivos de uma grande empresa, como o FastLane da GM. Os custos incluem tecnologia, treinamento e conteúdo. Os custos com conteúdo e treinamento estão relacionados com o tempo dos executivos. Os custos são estimativas típicas para uma grande empresa; muitos dos custos seriam menores para empresas de menor porte. Todos os números foram arredondados para o milhar seguinte.

Custos de implementação	Custos
Planejamento e desenvolvimento	US$25K
Treinamento para o executivo blogar	US$10K
Custos correntes (anuais)	
Plataforma do blog	US$25K
Serviço de monitoramento de marca	US$50K
Suporte de TI	US$3K
Produção de conteúdo, incluindo tempo do executivo	US$150K
Revisão e redirecionamento	US$20K
Custos Totais, ano um	*US$283K*

Novamente, para os benefícios, imaginamos um blog de uma grande empresa. As estimativas foram coletadas no blog do FastLane. Os benefícios não estão diretamente relacionados com as decisões de compra orientadas pela leitura do blog.

Análise dos benefícios (anual)	Valor do benefício
Valor da publicidade: visibilidade/ tráfego (estimativa de 7.500 page views diários a um custo de US$2,50 por mil)	US$7K
Valor de RP, notícias na imprensa sobre/geradas a partir do conteúdo do blog (estimativa de 24 notícias a um valor de US$10K cada)	240K
Valor da propaganda positiva: fazer referência a posts em outros blogs de grande e média repercussão (estimativa de 370 posts a um valor de US$100 cada)	37K
Valor do suporte técnico: chamadas ao suporte que foram evitadas em razão das informações no blog (estimativa de 50 chamadas diárias ao suporte evitadas, a um custo de US$5,50 por chamada)	69K
Valor de pesquisa: Comentários dos consumidores (estimativa de comentários/feedback equivalentes a cinco grupos de foco a um custo de US$8K cada)	40K
Benefícios totais, ano um	*US$393K*

Mas antes de mergulhar na blogosfera, faça a seguinte pergunta: Quero mesmo fazer isso?

Por exemplo, recentemente, conversamos com Carol Meyers, a CMO (Chief Marketing Officer) da Unica, empresa que fornece software e serviços para a automação de processos de marketing. A Unica reuniu muitos esforços por trás de um blog que Carol lançou, com grande expectativa, em agosto de 2006. Em uma tentativa de se comunicar o mais intensamente possível com seus clientes de marketing, a Unica escalou vários escritores e moderadores convidados de dentro e de fora da empresa. "Nós dávamos ênfase a um assunto de marketing a cada mês, e tínhamos um calendário editorial", ela explica. "Mas chegou a um ponto em que, a cada mês, tínhamos de explicar o sistema a um colaborador novo. O blog não tinha uma voz única, o que acreditamos que tornou mais difícil reunir um público, e também criava dificuldades de gestão para Carol. Assim, a empresa fechou o blog após pouco mais de um ano no ar, com um último post muito honesto, em que Carol explicava que o investimento necessário para manter o blog não estava tendo retorno.[15]

Compare esse relato com outro blog voltado para o business-to-business, de uma empresa chamada Emerson Process Management, que fabrica sistemas de automação para manufaturas. Jim Cahill, do grupo de comunicações e marketing da Emerson, é o principal blogueiro no www.emersonprocessxperts.com. A não ser que você seja um gerente de fábrica e comprador de sistemas de automação, temos certeza de que achará que os posts de Jim são muito chatos. Mas para os compradores de automação de processo, esses relatos de linha de frente sobre automação de processos são histórias de guerra – eles podem identificar-se com eles, e as histórias provam que a Emerson sabe o que está fazendo. E enquanto Jim freqüentemente traz experts da Emerson como blogueiros convidados, o blog representa uma boa parcela de seu trabalho; e publicar posts duas a três vezes por semana consome cerca de 30% de seu tempo. E isso surte resultado: Jim recebe de três a cinco contatos por semana por meio do blog. Esses contatos representam clientes em potencial que podem valer milhões de dólares para seu pessoal de vendas, já que eles vendem sistemas para a automação de processos de grande porte.

O que há de diferente nessas duas histórias? Algumas coisas. Em primeiro lugar, Jim estava animado por blogar e gostava da atenção que recebia, enquanto Carol estava coordenando outras pessoas para contribuir; seus autores convidados não eram os donos do blog. A falta de um dono fica clara – lembre-se de que seus leitores são *pessoas*, mesmo em um cenário de business-to-business, e eles desejam conectar-se com outra pessoa.

Também é importante notar que Jim conhecia seu público, que eram pessoas que compram e usam sistemas de automação de processos. O público de Carol – profissionais de marketing – provavelmente era amplo demais. Um produto importante da Unica está em *marketing analytics* – se a empresa criar um novo blog com esse enfoque pode ter sucesso no futuro.

Dicas para um blog de sucesso

O pré-requisito para começar um blog é envolver-se em um diálogo com seus consumidores. Algumas empresas têm um CEO ou executivo sênior que está louco para dizer o que lhe vem à mente – estes são bons candidatos a blogueiros. Como Rick Clancy, o VP executivo de comunicações da Sony que você conheceu na Introdução, eles talvez sejam ansiosos, mas têm determinação. Ninguém deve ser forçado a fazer isso. Blogar é muito pessoal, e é uma atividade que exige muito esforço. Não pode ser imposta a ninguém. O resultado é que tudo parecerá falso, e isso é pior do que não ter blog algum.

Caso você ou sua empresa estejam seriamente pensando em entrar na blogosfera, lembre-se de começar pelas pessoas e pelos objetivos – o "P" e o "O" no método POST, explicado no Capítulo 4. Se você souber com quem deseja se comunicar e exatamente o que deseja alcançar, estará mais perto do sucesso. O restante do processo consiste em implementar a estratégia e a tecnologia de maneira adequada para atingir seus objetivos. Aqui estão 10 sugestões para dar início ao diálogo, com base em nossa experiência:

1. *Comece por escutar.* Um pequeno grupo de pessoas está conversando em uma festa. Você se aproximaria delas e começaria a falar imediatamente? Ou você escutaria primeiro, e encontraria uma maneira de se juntar à conversa? O mesmo acontece na blogosfera. Escute o que está sendo dito antes de mergulhar. Monitore os blogs em seu segmento, os dos concorrentes, especialistas e outros influenciadores. Para ter uma visão mais abrangente, contrate um serviço de monitoramento de marcas, como o BuzzMetrics, da Nielsen, ou o Cymfonny, da TNS (veja mais detalhes no Capítulo 5).
2. *Defina um objetivo para o blog.* Seu foco estará em anunciar novos produtos? Dar suporte aos consumidores já existentes? Comentar as notícias? Fazer seus executivos parecerem mais humanos? Escolha seus objetivos para saber para onde você está indo.
3. *Faça uma estimativa do ROI.* Usando uma planilha como a da Tabela 6-1, determine como você acha que o blog trará retorno, e quanto ele irá custar. Isso o ajudará principalmente a obter a adesão de outras áreas da empresa, e a disciplinar seu pensamento.

4. *Desenvolva um plano.* Alguns blogs – como o de Jonathan Schwartz, da Sun – têm um autor. Outros, como o FastLane, da GM, têm vários. (Essa é uma boa idéia se uma pessoa não tem tempo ou conteúdo suficiente para publicar posts todas as semanas.) Você também precisa determinar se terá um único blog para a empresa, como fez George Wright na Blendtec, ou uma política que possibilite que vários funcionários possam blogar, e que criem vários blogs, como fez a HP.
5. *Treine.* Escreva 5 ou 10 posts *antes* de publicá-los on-line. Isso faz parte de seu treinamento – quando sentir como é quando todas as câmeras se voltam para você. Essa prática permite a você explorar o tipo de assunto sobre o qual escreverá. Se você não conseguir escrever cinco posts de treino, não está pronto para fazer parte dos grandes blogs.
6. *Estabeleça um processo editorial.* Quem precisa revisar os posts, se isso for necessário? (O advogado da empresa? O CMO? O editor?) Se essas pessoas não estiverem disponíveis, quem as substitui? Esse processo tem de se mostrar descomplicado para ser ágil, pois talvez você precise escrever um post rapidamente, para reagir a eventos e notícias.
7. *Faça um projeto do blog e sua conexão com seu site.* Você precisa decidir como – e até mesmo se – irá incluir um link para o blog na *home page*, dependendo de qual será a importância do blog para a imagem da empresa. Seu projeto e a maneira como faz o link do blog para seu site comunicam o quão oficiais são os pontos de vista expressos.
8. *Desenvolva um plano de marketing para que as pessoas possam encontrar o blog.* Comece pelos métodos tradicionais – um comunicado à imprensa para chamar a atenção das revistas do segmento em sua área, por exemplo, e e-mails a seus consumidores apresentando o blog. Talvez seja uma boa idéia comprar palavras nos mecanismos de busca. Lembre-se, contudo, de que a blogosfera é uma conversa – você está conversando com as pessoas, e não gritando com elas. Você pode alavancar o tráfego dos blogs populares que identificou no Passo 1: inclua links para esses blogs em seus posts, e publique comentários neles que tragam as pessoas até você. O texto de seus

posts também pode ajudar – mencione o nome de sua empresa e de seus produtos nos títulos e no texto dos posts, e isso tornará mais fácil para as pessoas encontrarem seu blog nos mecanismos de busca.

9. *Lembre-se de que blogar é mais do que escrever.* Para ser um blogueiro de sucesso, você deve começar monitorando a blogosfera e respondendo a tudo o que está lá fora, e não se comportando como se estivesse em um vácuo. Lembre-se de que seu blog terá comentários – se não tiver, não há diálogo, e você não está mais falando com as pessoas enquanto elas tomam decisões sobre seus produtos – e esse é o objetivo. Por fim, vários blogs corporativos costumam moderar os comentários, garantindo que os comentários ofensivos e fora do tema não sejam publicados. Isso leva tempo, mas é necessário ser feito. Você pode delegar as tarefas de monitorar os outros blogs e responder aos comentários e moderá-los, mas alguém precisa fazer isso, ou seu blog não fará parte do diálogo.

10. *Conselho final: seja honesto.* As pessoas esperam que o blog seja uma afirmação genuína da opinião de uma pessoa. Isso não significa que você não possa mostrar-se positivo sobre sua empresa, mas precisa responder como uma pessoa real. Às vezes, coisas ruins acontecem a pessoas e empresas boas – como as baterias da Dell que pegaram fogo. O primeiro post da Dell sobre o assunto trazia o link de um notebook em chamas e continha esta declaração honesta: "Nós... ainda estamos investigando a causa."[16] Esse post foi seguido por outros que explicavam como trocar as baterias defeituosas, assim que a empresa decidiu oferecer as substituições. Uma empresa que responde com honestidade, mesmo quando as coisas dão errado, aumenta sua credibilidade.

Mesmo com todo o enfoque em blogs, é um erro supor que esse seja o único caminho, ou a melhor maneira, de falar com o *groundswell*. George Wright, da Blendtec, encontrou outra maneira. E a Procter & Gamble, o próximo caso a ser apresentado, encontrou uma maneira única de usar as comunidades para falar com um grupo de consumidores bastante exigente.

ESTUDO DE CASO

O site beinggirl.com da Procter & Gamble: Como falar com uma comunidade

Vamos falar sobre absorventes internos.

O que você disse? Você não quer falar sobre absorventes internos? Bom, agora você entendeu o desafio enfrentado por Bob Arnold na Procter & Gamble (P&G).

Bob faz parte da equipe responsável pelo marketing de produtos de cuidados com a higiene feminina para jovens. Ele tem 30 anos, e só trabalhou para uma empresa, a P&G, e havia trabalhado anteriormente nos sites de Internet para os produtos de limpeza destinados a mulheres. Mas os produtos para higiene feminina representam outro nível de dificuldade.

As consumidoras desses produtos são altamente resistentes a mensagens relacionadas a essa categoria de produtos. (Se você não quer falar sobre absorventes internos, uma garota de 11 anos não quer mesmo falar sobre isso – ou assistir a um comercial quando seu irmão estiver no mesmo ambiente.) As consumidoras estão cercadas de pais que são contra as mensagens de marketing direcionadas às suas crianças. Na verdade, essas consumidoras e seus pais estão constantemente tomando decisões baseadas em discussões às quais a P&G não tem acesso. E, nesse mercado, uma vez que a consumidora faça sua escolha, ela provavelmente se mantém fiel por muito tempo.

Bob Arnold e sua equipe de cuidados femininos da Procter & Gamble precisavam encontrar uma maneira de falar com suas consumidoras. A publicidade tradicional apresentava problemas – não adianta gritar quando as pessoas têm vergonha de escutar. Por isso, Bob e sua equipe desenvolveram uma nova estratégia – resolver os problemas das meninas, em vez de vender para elas. Esse foi o início do beinggirl.com. [No Brasil, o site pode ser acessado em www.soentreamigas.com.br].

O que é o beinggirl.com?

O beinggirl.com não é uma comunidade sobre absorventes internos. (Quem visitaria um site assim?) É um site que trata de tudo que as meninas vivenciam. Quase metade da meninas entre 12 e 15 anos são participantes que adoram comunidades, como você pode ver na Figura 6-3, e três em cada 10 são Críticas que respondem ao conteúdo dos fóruns de discussão, por exemplo. Bob, então, resolveu criar um site que tinha categorias pelas quais as garotas se sentiriam interessadas, ao contrário dos sites que procuram vender o produto. "Nós lidamos com essa parte do crescimento que as pessoas têm medo de mexer", ele contou. "Tentamos criar uma comunidade a esse respeito."

O que isso significa? Significa que as meninas podem compartilhar suas experiências mais constrangedoras, como esta:[17]

"Você já fez?"

Eu estava dando uma volta com um garoto que eu estava paquerando e estávamos falando sobre várias coisas. Ele começou a falar sobre esportes, mas eu não estava ouvindo, porque estava olhando ele de cima a baixo. E daí ele perguntou: "Você já fez?" Eu disse: "Não, ainda não, porque quero encontrar um garoto legal e me apaixonar por ele primeiro." Ele olhou na minha cara e disse: "Eu estava falando sobre *snowboarding*, lembra?!" Eu achei que ele havia perguntado se eu já tinha transado!

FIGURA 6-3

Perfil Tecnográfico Social de adolescentes entre 12 a 18 anos

Entre as adolescentes, há várias Criadoras, Críticas, Participantes e Espectadoras, apesar de haver menos delas proporcionalmente a jovens americanos, entre 12 e 18 anos.

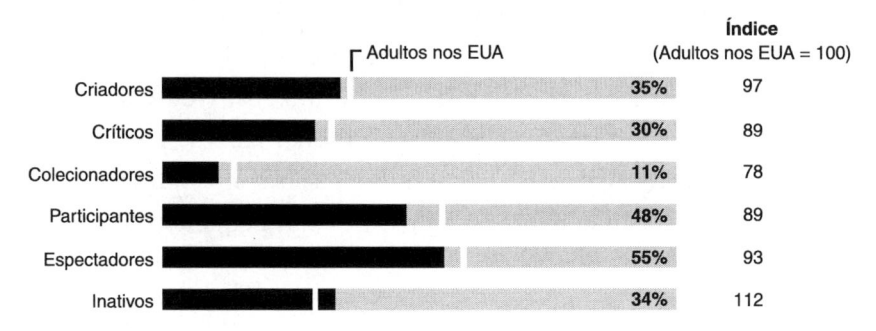

	Adultos nos EUA	Índice (Adultos nos EUA = 100)
Criadores	35%	97
Críticos	30%	89
Colecionadores	11%	78
Participantes	48%	89
Espectadores	55%	93
Inativos	34%	112

Base: Jovens americanos on-line.

Fonte: Forrester's North American Social Technographics On-line Survey, 04/2007.

E o que isso tem a ver com absorventes internos? Nada. E o que isso tem a ver com o que uma jovem adolescente vivencia? Tudo! Esse comentário, a propósito, recebeu 19.331 votos das outras adolescentes no site, e acabou sendo o comentário campeão na seção "Dê risada".

Outra seção popular do site traz uma psicóloga, Dra. Iris Prager, que responde a perguntas, não importa o quão constrangedoras elas sejam.

Veja um exemplo da seção "Pergunte à Iris".[18]

Como você deve reagir quando fica menstruada pela primeira vez?
Oi Iris,
Quando você fica menstruada pela primeira vez, o que deve fazer?
Jody

Querida Jody,
Acho que você deve comemorar... Este é um "rito de passagem" importante em sua vida. Conte primeiro para sua mãe, e veja como ela reage. É um evento muito importante em sua vida, e você sempre se lembrará de como aconteceu. Você também pode clicar aqui para ler mais informações sobre o que esperar quando fica menstruada.
Boa sorte, Iris, do beinggirl.com, apresentado por absorventes e protetores Always e absorventes internos Tampax.

Veja como a marca é divulgada sutilmente. O que temos aqui é uma boa dose de sensibilidade, algumas informações e uma pequena mensagem da marca. Isso é falar *com* seus consumidores.

Iris também responde a algumas das perguntas favoritas, como "Um tubarão vai me atacar se eu nadar no oceano quando estiver menstruada?" (Resposta: é melhor ter cuidado e usar um absorvente interno) e "Como posso me relacionar melhor com minha mãe?" (Procure não dar a última palavra.) Algumas das perguntas são sobre puberdade e saúde, enquanto outras não. Mas cada post traz um pequeno tag com a marca ao final.

Bob Arnold e sua equipe conhecem seu mercado. O beinggirl.com traz músicas através de uma parceria com o site Sony BMG (não houve nenhuma transação financeira – a Sony gosta do público, e a P&G gosta de ter o conteúdo). Ele apresenta compartilhamento e jogos, o tipo de coisa que faz as garotas estabelecerem conexões. O site é monitorado com cuidado, para evitar que as pessoas publiquem números de telefone, nomes verdadeiros ou endereços de e-mail, e assim manter as adolescentes seguras. E, é claro, também traz informações sobre menstruação e produtos de higiene feminina – em um ambiente no qual as adolescentes se sentem a vontade para visitar, sem irem a um "site de absorventes".

E isso está trazendo resultados? Bob afirma que o beinggirl.com atrai mais de dois milhões de visitantes por mês em todo o mundo. Em 2007, o tráfego aumentou 150% em relação ao ano anterior. Esse é o tipo de recorde que qualquer site de mídia invejaria, e é um site criado por uma empresa de bens de consumo!

Como o beinggirl.com conseguiu fazer isso? A Procter & Gamble dá ao site um impulso sutil. Primeiro, o site aparece nos kits que a empresa distribui para as aulas de saúde no país. É assim que as adolescentes conhecem o site. Segundo, uma vez por semana, a P&G envia e-mails às adolescentes que se inscrevem, mandando um lembrete sobre o site e convidando-as para uma visita. E, por fim, a empresa tem uma área de brindes – responda a algumas perguntas e a P&G analisará o que você precisa, e mandará alguns exemplares.

Veja o que a P&G fez aqui. Já que as jovens adolescentes resistem a mensagens sobre os produtos da empresa, seus profissionais de marketing estavam trancados fora do funil. Para fazer parte do diálogo com as jovens, a Procter & Gamble criou uma rede social. E por resolver os problemas dos consumidores, em vez de seus problemas, as consumidoras estavam dispostas a colaborar. Acrescente as mensagens sutis da marca, os brindes gratuitos, e a P&G tornou-se parte do diálogo do qual ela havia sido anteriormente excluída.

Como mensurar o retorno do beinggirl.com

Existe alguma empresa que compreenda melhor o valor da mídia do que a P&G? Essa é a empresa que praticamente inventou a novela e gasta US$7,9 bilhões anuais para anunciar seus produtos em todo o mundo.[19] Mas mídia é uma coisa. Comunidade é outra. Comunidade é melhor.

De acordo com os cálculos internos da P&G, beinggirl.com é quatro vezes mais eficaz do que a publicidade para alcançar seus consumidores-alvo. É por esse motivo que a P&G estendeu o beinggirl.com a 29 países na Europa, Ásia e América do Sul. "O mundo está ficando menor", Bob Arnold explica. "Há mais semelhanças entre garotas do que diferenças. As coisas que empolgam uma garota nos Estados Unidos são semelhantes às que empolgam uma garota na China ou no Japão."

Vamos fazer algumas contas para calcular o valor do beinggirl.com.

Um dos propósitos do beinggirl.com é apresentar as garotas aos produtos da P&G. As meninas tendem a se manter fiéis à mesma marca ao longo de sua vida, e cada uma dessas meninas pode tornar-se uma mulher que gasta US$5 por mês em produtos de higiene feminina por cerca de 40 anos. Isso representa US$2.400 por garota. Considere uma margem de lucros de 20%, e cada garota que escolhe Tampax e Always vale US$480 para a empresa.

Estimamos que um site assim, agora presente em todo o mundo, custe cerca de US$3 milhões anuais. Isso significa que o site precisa convencer apenas 6.250 meninas a usar seus produtos para atingir o ponto de equilíbrio. Até mesmo uma taxa de conversão de 1% do tráfego do beinggirl.com é três vezes mais alto do que o ponto de equilíbrio.

Hoje, o beinggirl.com incorpora mensagens sutis sobre o xampu Herbal Essence e lâminas Venus – já que as meninas estão visitando o site, elas podem ter informações sobre outros produtos de higiene pessoal. Com essa abordagem sutil, duvidamos que o tráfego sofra.

O sucesso de Bob Arnold teve outro efeito colateral. A P&G instituiu um programa de "mentoring reverso". Agora, especialistas em internet como ele ensinam os executivos seniores sobre como o *groundswell* afetará suas marcas. É um bom lugar para um homem de 30 anos em uma empresa grande e tradicional.

Quando as comunidades fazem sentido

A Procter & Gamble assumiu um grande risco com o beinggirl.com, e colheu grandes recompensas. Sua empresa deveria fazer o mesmo? Antes de decidir, você precisa fazer alguns cálculos sobre risco-recompensa.

Primeiro, avalie se seu mercado é realmente uma comunidade – ou poderia ser uma. Use o Perfil Tecnográfico Social para avaliar a prontidão da comunidade do grupo-alvo – números mais altos de participantes indicam maior probabilidade de uma comunidade bem-sucedida. Em seguida, dê o próximo passo – pergunte a si mesmo se *seus* consumidores realmente são uma comunidade.

Os proprietários de Minis (ver o Capítulo 5) ficaram felizes em fazer parte de uma comunidade formada a partir de sua afinidade com um automóvel. Outros grupos que talvez procurem uma comunidade para participar são os grupos nos quais as pessoas naturalmente apóiam umas às outras, como portadores de uma doença (veja os exemplos da comunidade de pacientes com câncer no Capítulo 5) e os fãs adultos do Lego (ver o Capítulo 7). Os fãs de equipes esportivas também formam comunidades. Mas certamente não existe uma comunidade de fãs do cereal Grape-Nuts e nenhuma comunidade de assinantes de TV a cabo – esses grupos têm poucas coisas que os unem. Algumas empresas precisam pensar mais longe – como fez a P&G, criando uma comunidade de jovens adolescentes, em vez de um site de produtos para cuidados com higiene feminina. Mas a não ser que consiga definir o que seria uma comunidade digna de crédito em torno das paixões ou dificuldades de seus consumidores, você não vai chegar a lugar algum.

Segundo, mesmo que seus clientes sejam Participantes naturais, eles provavelmente já formaram suas comunidades. O beinggirl.com da P&G está concorrendo com outros sites de relacionamento social direcionado a garotas, como o piczo.com e o flip.com. Sai mais barato patrocinar um site como este do que tentar construir seu próprio site. A desvantagem é que você perde o controle. A receita é que a P&G definiu uma comunidade em torno de um assunto que atrai a atenção das garotas – os problemas que o crescimento traz. Outra comunidade genérica de garotas acabaria concorrendo com – e perdendo espaço para – o Piczo, Barbie Girls, ou outro site popular entre as garotas.

Terceiro, uma vez que você tenha decidido se pode formar uma comunidade e qual será a principal atração, pergunte-se o seguinte: O que vamos obter com isso? Como o contato com essa comunidade irá nos beneficiar? Com o valor de tempo de vida potencial de cada garota para a P&G

equivalente a US$2.400 em produtos, a comunidade faz sentido. A não ser que consiga fazer os cálculos e gerar um resultado igualmente positivo ao anunciar para sua comunidade, você terá muito trabalho para obter um resultado duvidoso.

Por fim, não vá em frente, a não ser que consiga manter a comunidade no longo prazo. É barato criar uma comunidade – você pode criar uma gratuitamente no ning.com, por exemplo –, mas para criar uma comunidade eficaz você deve apoiá-la e mantê-la constantemente. As comunidades precisam de cuidado e nutrição – conteúdo, novas características e redesenhos – para continuar relevantes e ter sucesso. Se você encerra a comunidade, gerará um impacto negativo sobre seus consumidores. Por isso, é melhor não seguir em frente até que tenha certeza de que obterá os benefícios que procura.

Como falar com o *groundswell:* O que isso significa para você

Já discutimos quatro maneiras de falar com o *groundswell* – vídeos virais, redes sociais, blogs e comunidades. Qual deles funcionará melhor para você?

Tudo vai depender de qual é seu problema de comunicação. E isso, por sua vez, depende do que seus consumidores estão fazendo na metade do funil.

Você tem um problema de *conscientização* (as pessoas não sabem que você existe)? Talvez você tenha um problema com a propaganda positiva (você precisa que as pessoas se comuniquem entre si). Ou talvez tenha um problema de *complexidade* (você precisa comunicar mensagens complexas). Por fim, se seus clientes estão localizados no fundo do funil, onde você não pode alcançá-los, existe um problema de *acessibilidade*.

Cada uma das técnicas que descrevemos neste capítulo soluciona um desses problemas.

Os vídeos virais ajudam a se destacar na multidão – o problema de conscientização. Esta é uma ótima técnica para desconhecidos como a Blendtec. Há apenas um problema: você só precisa de uma idéia genial. Lembre-se de que as pessoas não escolhem assistir a comerciais – mas elas escolhem assistir a (e recomendar) vídeos como "Será que vai bater?" e "Greg, o Arquiteto". Lembre-se de que (se você for bem-sucedido) está prestes a entrar em uma conversa com centenas de milhares de pessoas que lêem o endereço Web ao término de seu vídeo (você se lembrou do endereço Web, não lembrou?) Você precisa estar pronto, como a Blendtec estava, para converter todo esse interesse em ação e consideração, enquanto traz essas pessoas para dentro do funil.

As redes sociais são a melhor solução para os problemas de propaganda positiva. A propaganda positiva é de importância crítica para roupas, filmes, programas de televisão – esses são produtos de moda. Ela também é crítica para os automóveis. Se quer ser moderno, e quer que as pessoas comentem como você é moderno, sites como o MySpace e Facebook são os lugares certos – só não se esqueça de criar os elementos virais que possam ser compartilhados por seus fãs. Esses espaços também são ótimos para qualquer coisa relacionada à juventude e à universidade, como a Ernst & Young e a Adidas comprovaram. A receita é estar lá – responder ao que seus clientes estão dizendo – e acompanhá-los ao longo do funil.

Empresas grandes, empresas de tecnologia e várias outras empresas têm um problema de complexidade – elas têm vários grupos de consumidores, ou possuem produtos ou serviços complexos e de alto valor. Os blogs ajudam a solucionar esse problema. A complexidade é uma questão importante no meio do funil, pois é ali que as decisões são tomadas, e a complexidade interfere nas decisões. Serviços financeiros, tecnologia, automóveis, melhorias do lar e moda são categorias que envolvem a contemplação de opções complexas. Os blogs não apenas podem ajudar nessa análise, como também reconfortar as pessoas antes, durante e depois da venda. E como bônus adicional, os posts de blog geralmente acabam sendo exibidos na grande mídia e em buscas na Web, o que aumenta a conscientização sobre os produtos mais complexos.

Por fim, alguns consumidores insistem em depender uns dos outros, e não em escutar você. Para você, eles representam um problema de acessibilidade. Se insistirem em depender de cada um, o melhor a fazer é criar um ambiente no qual eles possam fazer isso. Isso é uma comunidade, e você deve criar uma para eles, ou participar de uma que eles tenham criado para si. Lembre-se de que manter uma comunidade é um comprometimento de longo prazo.

Como começar uma conversa mudará a maneira como você pensa o marketing

A transição do grito para a conversa desafiará seu departamento de marketing. Trata-se de uma mudança fundamental de comportamento.

Os profissionais de marketing estão acostumados a gritar e esperar pelo eco. Essa é uma tática de conscientização, e funciona para a saída maior do funil. A conscientização continua sendo importantíssima, e não espere que o *groundswell* mude essa parte de seu marketing.

É para o que vem a seguir – a conversa – que os profissionais de marketing devem estar preparados.

Você está prestes a se envolver com o processo de consideração. Esse processo é confuso. Ele inclui pessoas, comentários e feedback. Não é uma coisa que se resolve com um grito.

Os departamentos de marketing precisam desenvolver novas habilidades de escuta e, depois, responder ao feedback do *groundswell*. Essas são as habilidades que as empresas têm, mas que geralmente são parte da venda por consulta ou suporte ao cliente. Então, prepare-se para organizar as pessoas do marketing de sua organização para saber como tratar os consumidores como indivíduos. Essas pessoas responderão aos posts em redes sociais, comentários em blog, atividades em comunidades e sites com vídeos ou conteúdo gerado pelos usuários. Pense nelas como moderadores da conversa.

É claro que essas pessoas custam dinheiro. Mas lembre-se de que cada resposta está visível na Web. Sua resposta a cada indivíduo fica visível para muitos. Como as respostas de Dan Black, da Ernst &Young, às perguntas sobre recrutamento, os posts de Eric Kintz, sobre o software para servidores da HP, e os conselhos da Dra. Iris para as adolescentes, suas respostas serão lidas por vários consumidores em potencial. Esse é o valor gerado quando se fala com o *groundswell*.

Além disso, lembre-se de que as conversas exigem que você escute, e também responda. Isso não tem a ver com o grande impacto; tem a ver com a resposta constante, seja em um blog, uma comunidade ou uma rede social. Vince Ferraro, da HP, sabia que precisava de um segundo post para solucionar os problemas de seus consumidores com a LaserJet. Você deve adotar o mesmo tipo de pensamento. As campanhas começam e terminam, mas uma conversa continua para sempre.

Os profissionais de marketing também devem estar preparados para as mudanças que ocorrerão em seus relacionamentos com as agências.

Gritar funciona bem com as agências de publicidade tradicionais. Uma parte da agência cria o grito. Outra coloca o grito na mídia. Então, se sua agência é boa, você mensura os resultados e verifica se causou algum impacto.

As agências não estão acostumadas a conversar, mas algumas estão aprendendo a fazer isso. A divisão Isobar, da Carat, já provou que pode gerenciar – e mensurar – as campanhas nas redes sociais. O Me2Revolution, da Edelman, dedica-se a tecnologias sociais. Apesar de seus tropeços iniciais, esperamos que as agências aperfeiçoem suas habilidades para ajudar os clientes com essas atividades. Solicite uma prova de que a agência gerenciou – e mensurou – uma campanha direcionada à parte escura do meio do funil.

A prova vem com as métricas. Mas os profissionais de marketing e suas agências devem mensurar os resultados que vão além do alcance e freqüência até o engajamento – até que parte do funil seu consumidor potencial chegou. Apesar de ser difícil mensurar o engajamento, ele inclui caminhos de monitoramento de navegação em seu próprio site e comentários em seus blogs. Ele também inclui métricas de burburinho e sentimentos sobre os produtos, as métricas que explicamos em nossa descrição sobre escuta no Capítulo 5.

Se pudermos dar a você um conselho sobre como falar com o *groundswell*, é este: a conversa evoluirá continuamente. Mesmo que as tecnologias mudem, a natureza básica da conversa dessas tecnologias continuará a ser a parte central. Se você aprender a falar, escutar e responder, compreenderá a parte do meio do funil.

Todas as técnicas de marketing que descrevemos neste capítulo estão relacionadas com a propaganda positiva: Falar com o *groundswell* significa estimular a conversa. A propaganda positiva é uma força poderosa no *groundswell*. Você pode usá-la até para gerar vendas. Este é o assunto tratado no Capítulo 7. Descreveremos como usar o *groundswell* para energizar o potencial de vendas de seus melhores consumidores.

7. Como energizar o *groundswell*

Jim Noble é um pragmático engenheiro de segurança de informática da Geórgia. Ele viaja bastante, é um homem que realiza muitas coisas e por isso é surpreendente ouvi-lo falar com tanto entusiasmo sobre sua bagagem.

Sente-se ao lado dele em um avião e, tão logo ele consiga acomodar seu 1,90m e 140kg no assento, começará a falar sobre sua maleta de notebook. Ele a chama de "demonstração de vendas improvisada". Primeiro, ele falará sobre como o interior "cor de vômito alaranjado" (em suas palavras) facilita que ele enxergue se esqueceu algum daqueles pequenos acessórios de computador dentro da pasta. "Eu não desperdiço um único centímetro dentro desta pasta", ele conta. E fala continuamente até que você peça para ele calar.

Como Jim se tornou um evangelizador de malas? A razão é que a loja on-line que lhe vendeu aquela maleta de laptop, a eBags, descobriu uma maneira de energizar seus consumidores.

Esta é a história dele: após um mês inteiro viajando e a caminho de uma conferência sobre segurança em Nova York, um dos principais zíperes de sua pasta quebrou. Os funcionários da eBags a substituíram no dia seguinte. Mas não foi isso que transformou Jim de um homem irritado com sua mala quebrada em um fã da eBags. O que energizou Jim é que as pessoas na eBags escutaram a crítica que ele publicou no site da empresa, entraram em contato com ele e depois aperfeiçoaram o produto, fizeram a fábrica em Hong Kong mudar o design para que o zíper não quebrasse mais, mesmo para viajantes constantes como Jim.

Por ser engenheiro, Jim quer que as coisas sejam construídas corretamente. Assim, uma empresa que escuta e conserta as coisas, como a eBags, conquista sua atenção, sua lealdade e sua propaganda positiva.

Mas a eBag não está apenas escutando, e não está só falando; está energizando – encontrando consumidores entusiasmados e transformando-os em máquinas de propaganda positiva. E como muitas pessoas, ao contrário de Jim, não falam tanto sobre malas, a eBags dá um empurrãozinho, estimulando-as a escrever críticas no site da empresa. Isso é energizar, o terceiro nível do pensamento *groundswell*.

O que é energizar?

No final da década de 1970, nos Estados Unidos, o xampu Faberge Organics veiculou um comercial que ficou na cabeça de todos que têm certa idade. Heather Locklear (sim, ela mesma) falava, de forma entusiasmada, sobre como o xampu era tão sensacional que "você vai contar para duas amigas, e elas vão contar para outras duas amigas, e assim por diante".

Esse é o sonho do profissional de marketing.

Quando os candidatos políticos mobilizam seus eleitores e eles fazem propaganda positiva, chamamos isso de "energizar a base". O mesmo acontece com as empresas e seus consumidores. Energizar a base é uma maneira poderosa de usar o *groundswell* para impulsionar seu negócio.

Um consumidor energizado como Jim Noble é um profissional do marketing viral, espalhando os benefícios da marca para seus contatos sem gerar custo algum para a empresa. De maneira individual, nenhum consumidor pode ter o alcance da mídia de massa. Mas a propaganda positiva é um amplificador poderoso para promover sua marca, atingindo resultados que nenhuma campanha de mídia pode alcançar. A propaganda positiva gera sucesso, pois:

- *Ela é crível.* Os testemunhos de consumidores são muito mais críveis do que qualquer outra fonte de mídia.

- *Ela reforça a si mesma.* É intrigante ouvir o comentário de uma pessoa. Escute um comentário de 5 ou 10 pessoas, mesmo que você não as conheça, e ele acabará sendo verdade.
- *Ela se espalha sozinha.* Como disse a própria Heather Locklear, se vale a pena usar um produto, sua propaganda positiva gera mais propaganda positiva, em um movimento literalmente exponencial

De acordo com a Word of Mouth Marketing Association (WOMMA), a propaganda positiva "é a forma mais honesta de marketing, expandindo a partir do desejo natural de compartilhar suas experiências com a família, amigos e colegas".[1] Não pode ser fingido, mas pode ser estimulado, e esse é o motivo pelo qual mais de 500 profissionais de marketing participam da conferência da WOMMA a cada ano.

Como discutimos nos Capítulos 5 e 6, escutar o *groundswell* gera percepções, e falar com o *groundswell* é eficaz, mas os profissionais de marketing não precisam parar por aí. *Energizar* o *groundswell* significa aproveitar o poder da propaganda positiva ao se conectar com, e estimular, seus consumidores mais comprometidos, como Jim Noble e sua nova pasta de laptop.

Como energizar a base e os dados tecnográficos sociais

No Capítulo 3, apresentamos a escada dos dados tecnográficos sociais. Lembre-se de que 18% dos consumidores on-line nos Estados Unidos estão no grupo dos Criadores. Isso quer dizer que, em média, mais de um em cada seis de seus consumidores estão blogando, publicando vídeos e cuidando de seus sites. Essas pessoas estão falando sobre seu produto? Se elas amam seu produto, elas *talvez* estejam. Eles estão falando sobre alguma coisa.

Mas os Criadores são uma parte da história. Um em cada quatro são Críticos, fazendo comentários em blogs ou publicando ratings e análises. Quase 50% são Espectadores, que lêem blogs e assistem a vídeos criados pelos consumidores no alto da escada.

Agora, imagine que você pode estimular os Criadores a escrever sobre seu produto ou a publicar um vídeo sobre ele. Repentinamente, as pessoas na parte de baixo da escada começam a ouvir a respeito dele. Um pouco de esforço pode resultar em um grande impacto. E o impacto será ainda mais poderoso, pois, como você pode ver na Figura 7-1, as pessoas acreditam mais nas outras do que na mídia.

O valor de um consumidor energizado

Bem, e qual é o valor de um consumidor energizado?

A resposta definitiva a esta pergunta vem do livro de Fred Reichheld, *A Pergunta Definitiva: Você nos recomendaria a um amigo?*,[2] um dos livros de negócios mais influentes dos últimos anos. A pergunta definitiva que o livro apresenta é a seguinte: "Qual a probabilidade de você recomendar a [empresa ou produto x] a um amigo ou colega?" Os consumidores respondem em uma escala que vai de 0 a 10. Subtraia os detratores (os que atribuíram notas de 0 a 6) dos promotores (aqueles que atribuíram notas 9 ou 10), e você chega ao Índice Net Promoter. As pesquisas extensas de Fred Reichheld provam que o Índice Net Promoter se correlaciona com o crescimento sustentável em vários segmentos.

Jim Noble, o consumidor da eBags que conhecemos anteriormente, é um ótimo exemplo de um promotor. Quanto vale um promotor como Jim? Bom, isso depende da parcela de seus negócios que vem da propaganda negativa. Por exemplo, na Dell, 25% dos novos consumidores afirmaram ter escolhido a Dell a partir do comentário de outro consumidor. Dado o valor dos consumidores da Dell (US$210 cada), Fred Reichheld estima que o valor de cada comentário positivo de um promotor seja US$42.[3] Faça esse consumidor gerar o dobro de contatos positivos, e você dobrará esse retorno. Esse é o valor de energizar.

Há uma advertência. Como Fred nos disse: "O valor varia conforme o tipo de consumidor que vem até você por causa de sua reputação e de recomendações... e de quantos vêm por conta da publicidade." Mas Fred é bastante claro quanto ao melhor indicador de um negócio saudável e com potencial de crescimento, que é a capacidade de gerar consumidores energizados. Supondo que você tenha consumidores energizados, aumentar a propaganda positiva é um bom negócio, com um valor que aumenta para aqueles com mais negócios gerados a partir de recomendações e uma compra média maior para os consumidores que receberam a recomendação.

FIGURA 7-1

Quanto os consumidores americanos on-line confiam nas fontes de informação sobre produtos ou serviços

Veja que as opiniões dos amigos têm mais peso que as críticas em um jornal, revista ou televisão. Observe também que 60% confiam nas críticas no site de um fabricante – críticas de pessoas que eles não conhecem.

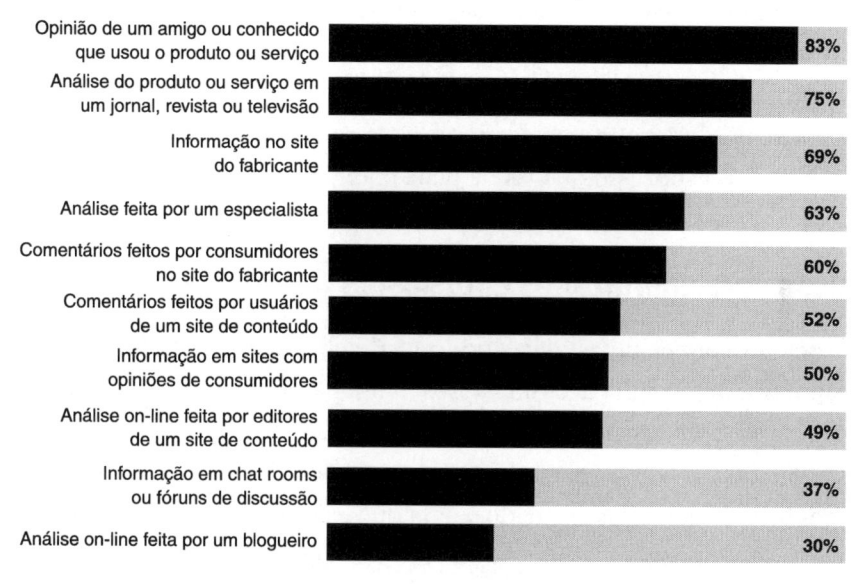

Fonte	%
Opinião de um amigo ou conhecido que usou o produto ou serviço	83%
Análise do produto ou serviço em um jornal, revista ou televisão	75%
Informação no site do fabricante	69%
Análise feita por um especialista	63%
Comentários feitos por consumidores no site do fabricante	60%
Comentários feitos por usuários de um site de conteúdo	52%
Informação em sites com opiniões de consumidores	50%
Análise on-line feita por editores de um site de conteúdo	49%
Informação em chat rooms ou fóruns de discussão	37%
Análise on-line feita por um blogueiro	30%

Os números incluem respondentes que assinalaram 4 ou 5 em uma escala que vai de 1 (não confia) a 5 (confia completamente)
Base: Consumidores americanos on-line.
Fonte: Forrester's NACTAS Q3 2006 Media & Marketing On-line Survey.

Há outra métrica para o valor da propaganda positiva, que é a seguinte: Você pode comprá-la.

Empresa sediada em Massachussetts, a BzzAgent ficará feliz em vender um programa para promover propaganda positiva.[4] Você se inscreve e ela envia a cerca de 300 mil "evangelizadores voluntários de marca" seus produtos ou cupons. Se seu produto não for bom, os BzzAgentes não falarão nada a respeito dele. Mas se gostarem, falarão.

Em termos da Escada Tecnográfica Social, a BzzAgent recrutou mais de 250 mil Críticos e assinou um contrato de serviço com eles, pago com vales-cafezinho e com a emoção de experimentar coisas novas. Esses Críticos falam com uma média de 60 outras pessoas em cada campanha.

Quanto custa tudo isso? Para uma campanha com 10 mil agentes, o custo é de US$280 mil. Enquanto algumas pessoas acham as táticas da BzzAgent controversas, elas dão resultado. (A BzzAgent realizou mais de 300 campanhas entre 2005 e 2007.) De acordo com os números da BzzAgent, um consumidor energizado custará US$28.

Isso é ótimo. Mas energizar os próprios consumidores pode funcionar ainda melhor do que trabalhar com os BzzAgentes. Os BzzAgentes só analisam o que recebem para analisar. Seus clientes, por outro lado, selecionam seus produtos porque gostam deles, e continuam a falar sobre eles por vários anos. É por isso que vale a pena energizá-los.

Técnicas para energizar os entusiastas

Após você ter conhecido as idéias de Fred Reichheld e da BzzAgent, vamos supor que você tenha decidido aproveitar a paixão de seus consumidores mais entusiasmados – os Jim Nobles de sua base de consumidores. Você desejará facilitar as coisas para eles, para que falem bem de seu produto. Você gostaria de deixá-los animados, para que eles possam falar com todas as pessoas que conhecem. Então, o que deve fazer?

A partir de nossas entrevistas com empresas que se saíram bem nessa empreitada, apresentamos aqui três técnicas básicas para se conectar com os entusiastas de sua marca:

1. *Aproveite o entusiasmo dos consumidores por análises e ratings.* Isso funciona melhor com as varejistas e empresas que têm contato direto com o consumidor. Nosso primeiro estudo de caso, a eBags, mostra detalhadamente como isso ocorre.
2. *Crie uma comunidade para energizar seus consumidores.* Isso funciona melhor se seus consumidores forem apaixonados por seu produto e tiverem afinidade entre si, principalmente nos cenários business-to-business. Nosso segundo estudo de caso mostra como isso funcionou para a empresa de e-mail marketing Constant Contact.
3. *Participe de outras comunidades on-line de seus fãs e energize-as.* Nosso terceiro estudo de caso mostra como isso funcionou para a Lego, quando ela energizou seus consumidores adultos mais entusiasmados.

ESTUDO DE CASO

eBags: Como energizar com ratings e análises

O VP de marketing sênior da eBags, Peter Cobb, parece ter um entusiasmo inabalável. Há alguns anos, ele superou um câncer e, hoje, se dedica a vender malas. Sua empresa é uma história genuína de sucesso, registrando taxas de crescimento anual de 30% após oito anos vendendo malas, mochilas e bolsas na Internet. No entanto, o que mais chama a atenção na eBags, e o que Peter gosta de contar, é como a empresa transforma seus clientes em um ativo incrivelmente poderoso. "Ficamos impressionados com o nível de detalhe que as pessoas fornecem", diz Peter, e é por esse motivo que seus ratings e análises aparecem na parte central do site.

Por exemplo, imagine que você queira comprar uma mala de mão que também sirva como mochila, para usar naquela viagem pela Europa. Essa compra pode sair por US$50, US$100 ou US$200, mas há algo muito mais importante do que isso. Se a mala não der conta do recado, você ficará irritado em um país estrangeiro, o que deve ser parecido com a visão do inferno de Dante. É melhor você ter certeza de sua escolha.

Com três ou quatro cliques no site da eBags, você fica sabendo que a eBags Weekender Convertible, que custa US$59,99, foi um sucesso de vendas, e que "1.151 dentre 1.185 clientes comprariam o produto novamente".[5] Uau! Em primeiro lugar, mais de mil clientes gastaram seu tempo para dizer se estavam ou não satisfeitos. E, em segundo, 97% deles estavam satisfeitos. Isso é tranqüilizador, em especial porque esses compradores atribuíram à mala no mínimo nota 9 em uma escala que vai até 10, em itens como aparência, durabilidade e preço/valor.

E quem escreve essas análises? Veja uma delas, de uma mulher em Portland, Oregon, que não viaja muito, mas que usou a mala durante as férias:

> Meu marido comprou essa mala primeiro. Era uma mala muito legal, e então eu comprei a minha. Como alguém disse, é a mala perfeita para andar nas cidades européias com paralelepípedos, já que as malas de rodinhas são um desastre nesses lugares. Em minha última viagem, despachei uma mala normal com rodinhas e levei esta mala como bagagem de mão. Ela

cabe direitinho no compartimento de bagagem, e é flexível sem as rodinhas. Já que as companhias aéreas estão restringindo o tipo de bagagem de mão, parece-me melhor levar dois volumes de mão. (Malas maiores podem exceder o limite quando estão cheias.) Recomendo essa mala principalmente se você está pensando em comprar uma segunda mala de mão.

Obrigada, seja você quem for. O trecho sobre os paralelepípedos é um ótimo lembrete – eu não teria me lembrado. É uma boa idéia levar dois volumes de mão. E você comprou a mala depois que seu marido comprou a dele; isso é tranqüilizador. Mas e as pessoas que não gostaram da mala? Leva apenas um segundo para classificar os comentários do pior para o melhor. Você fica sabendo então o que David, de Jamaica Plain, Massachusetts, disse:

> É uma mala excelente, mas muito pequena para o que eu precisava, e por isso a devolvi. Eu sou grande, e preciso de espaço para minhas roupas. A qualidade do material é excelente, os zíperes são duráveis e o sistema de fechamento das alças e da barrigueira é perfeito para despacho da bagagem. Ela tem qualidade superior à de outras mochilas similares. Eu não gostei de alguns dos aspectos da mochila: 1) Ela não é expansível, e não dá para usá-la como um volume para ser despachado; 2) O bolso da frente tem bolsinhos com zíper e porta-canetas, o que torna o armazenamento menos fexível; 3) Ela se parece com uma mochila mesmo quando as alças estão guardadas dentro. 4) As faixas de compressão não circundam toda a mala. Acabei comprando uma bolsa Rick Steves, que custou mais caro, é feita de material inferior, mas acomoda mais coisas (e pode ser despachada). A Weekender Convertible é uma mala excelente se você viaja apenas com itens de primeira necessidade.

Bom, David não gostou da mala. Mas talvez ele não saiba colocar as coisas direito nela; além disso, as roupas dele são grandes. Se isso é o pior que as pessoas têm a dizer, ponto para nós.

Um clique e estamos felizes. E Peter Cobb, da eBags, que certamente é um ótimo vendedor, não precisou nos vender nada. Seus consumidores venderam para nós.

Como a eBags energizou seus consumidores

Comprar malas é delicado. Não é como comprar livros na Amazon.com; você não precisa ver a cara de um livro para comprá-lo. Temos uma relação íntima com nossa mala. Nossas coisas vão nela. Você não confia suas coisas a qualquer mala. Poderíamos concluir que um vendedor on-line de malas estaria em desvantagem em relação a uma loja que venda malas, pois lá você pode ver a mala e falar com um vendedor. As pessoas por trás da eBags sabiam disso e implementaram os ratings e as análises em seu site para amenizar a insegurança que surge quando não é possível tocar a mala antes de comprá-la.

Ao contrário de alguns dos exemplos neste livro, não há uma comunidade dedicada a malas. As pessoas não se encontram para tomar um café e falar sobre suas malas. Não há fãs de malas. (E, mesmo que houvesse, duvido que você quisesse conhecê-los.) Mesmo assim, as pessoas se importam com suas malas, pois elas acomodam suas coisas. Assim, 21 dias após uma mala ser enviada a seu comprador, a eBags lhe envia um e-mail sugerindo que o novo proprietário analise o produto: 22% dos compradores respondem. Na Escada Tecnográfica Social, a eBags está falando com os Críticos, o que é muito mais fácil do que tentar fazer os compradores de malas serem Criadores, falando sobre suas experiências com as malas, ou enviando vídeos de suas malas ao YouTube.

Observe o Perfil Tecnográfico Social dos viajantes a negócios, mostrado na Figura 7-2. Esse é o segmento de mais prestígio, que se destaca em todos os grupos da Escada Tecnográfica Social. Qual é a estratégia *groundswell* adequada a esse público? Energize suas atividades de Críticos, e use isso para influenciar os Espectadores. Em outras palavras, os ratings e as análises são a estratégia perfeita para uma empresa voltada para homens de negócios em viagem.

O que você vê no eBags é o *groundswell* em funcionamento. As pessoas querem confiar nas outras. Peter Cobb sabia disso. Tudo que ele precisava fazer era facilitar a comunicação entre eles, e foi o que ele fez. E como acontece com vários fenômenos do *groundswell*, o site da eBags baseia-se em si mesmo. Você lê as análises, compra o produto, usa-o e depois pensa: "Por que não escrevo alguma coisa para ajudar o próximo comprador?"

FIGURA 7-2

Perfil Tecnográfico Social de viajantes a negócio

Os viajantes a negócio são mais propensos do que os consumidores típicos a serem Críticos e também se destacam entre os Espectadores. (Esta pesquisa define um viajante a negócios como alguém que viajou mais de 80km a negócios nos últimos 12 meses.)

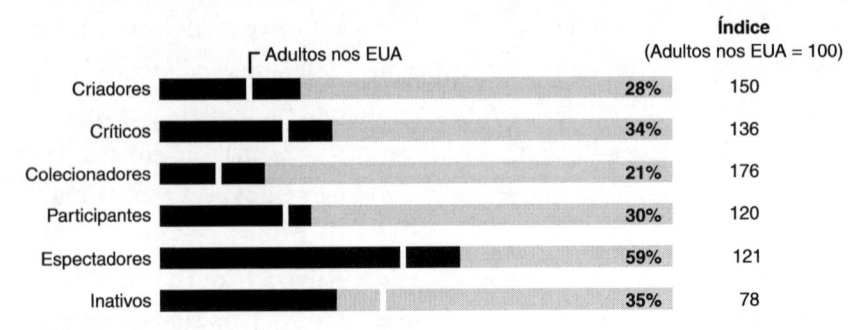

	Adultos nos EUA	Índice (Adultos nos EUA = 100)
Criadores	28%	150
Críticos	34%	136
Colecionadores	21%	176
Participantes	30%	120
Espectadores	59%	121
Inativos	35%	78

Base: Adultos americanos on-line.
Fonte: Forrester's North American Social Technographics On-line Survey, Q2 2007.

Essa é a maneira mais fácil de energizar o *groundswell*. Não é necessário abrir uma conta, manter uma página com um perfil ou monitorar criminosos on-line. E isso traz resultados.

Benefícios dos ratings e análises

As análises aumentam a taxa de compra. É difícil saber até que ponto os ratings aumentam a taxa de compra, pois não há um controle, e não existe um ebags.com sem análises. Contudo, nossas pesquisas mostram que 76% dos consumidores usam as análises on-line para ajudá-los a fazer suas compras.[6] Na verdade, embora apenas 25% dos sites de e-commerce tenham ratings e análises, 96% dos sites que apresentam essa funcionalidade classificam-na como uma tática eficaz de merchandising.[7] Sucharita Mulpuru, um analista da Forrester dedicado a varejo on-line, recomenda incluir as análises, sem sombra de dúvida: "Qualquer site que promova a compra de produtos comoditizados deve coletar e expor as análises."

A Bazaarvoice, uma empresa que oferece sistemas de ratings e análises para os sites, realizou estudos de caso com os controles. Os visitantes do site Petco, de itens para animais de estimação, que procuraram pelos produtos mais bem avaliados, mostraram-se 49% mais propensos a comprar.[8] Embora seja difícil fazer comparações diretas (provavelmente quem lê as análises está mais interessado, o que aumenta sua disposição para comprar), é claro que os ratings e as análises geram mais compras.

Com base nisso, podemos calcular o ROI dos ratings e análises em um site como eBags (ver a Tabela 7-1). Aplicando estimativas bastante conservadoras de aumento de negócios, estimamos que um investimento de US$200 mil em ratings gerará lucros de US$400 mil no primeiro ano, e mais nos anos subseqüentes. Isso é o dobro de seu investimento de volta no ano 1. Nada mal.

Às vezes, os executivos da Web enxergam o potencial, mas se preocupam com as análises negativas. Entretanto, nossa pesquisa mostra que 80% das análises tendem a ser positivas.[9] E, na verdade, as análises negativas são essenciais para manter a credibilidade do site – sem elas, as análises positivas não seriam críveis.

TABELA 7-1

ROI de ratings e análises

O Bazaarvoice cobra cerca de $25K anuais por seu sistema, com custos iniciais de desenvolvimento estimados em cerca de $50K. Os ratings são mais eficazes quando há um funcionário na empresa analisando o que os consumidores estão escrevendo.

Análise de custos (ano 1)	Custos
Custos iniciais de desenvolvimento pagos ao fornecedor de tecnologia	$50K
Custos correntes anuais pagos ao fornecedor de tecnologia	25K
Outros custos correntes anuais	125K
Custos totais, ano 1	$200K

Suponha um varejista on-line que venda $25m por ano, com 10m de visitantes ao site, e 250K de consumidores por ano (a uma taxa de conversão de 2,5%), e transação média de US$100. Estimamos que os ratings aumentem a taxa de conversão em 20% e o volume da transação para esses consumidores, 10% em média (muitas empresas superam esses números). Imagine também que as análises aumentem as vendas apenas para 20% dos itens mais vendidos, já que são eles que recebem a maioria das análises no ano 1.

Análise dos lucros	**Após ratings e análises**
Visitantes ao site	10m
Visitantes vendo análises (20% ano 1)	2m
Vendas a conversão típica de 2,5% US$100 por transação	US$5m
Vendas com ratings/análises: 3% Conversão, US$110 por transação	US$6,6m
Vendas adicionais geradas por ratings/análises	US$1,6m
Lucro líquido adicional a uma margem de 25%	US$400K

Outra razão que explica como os ratings e as análises, sejam elas positivas ou negativas, ajudam é a alavancagem com os fornecedores. A eBags sabe mais sobre os produtos que vende do que o próprio fabricante. Ela prepara um relatório de cada uma de suas 370 marcas todas as segundas-feiras, que mostra não apenas o que está sendo vendido, mas também o que as pessoas acham desses produtos. Que varejista off-line faria isso?

Ao reforçar esse último ponto, Peter Cobb contou uma história interessante. Seu site vendia uma bolsa com lados rígidos, chamada "The International Traveler". Ela era uma mala popular, pois tinha uma aparência elegante. Só que, após alguns comentários excelentes por algum tempo, algo mudou. "Comecei a ver polegares para baixo", Peter nos contou. No início, era um por semana, depois três por semana, chegando a seis por semana. As pessoas escreviam: "Eu uso esta mala, e gosto da aparência dela. Mas, na segunda vez que a usei, o exterior rachou." Ou "Eu a joguei dentro do táxi e ela rachou." Peter imagina que a empresa deve ter feito alguma alteração no processo químico usado para confeccionar a parte externa mais rígida, e a nova parte externa não estava resistindo a todos os impactos que a mala costumava receber.

O fabricante negou ter feito qualquer mudança. Peter insistiu. "Não, não mudamos nada", o fabricante repetia.

À medida que os comentários negativos aumentavam, o fabricante se retratou. Eles entraram em contato e confirmaram: "Vocês estavam certos. Houve um problema na manufatura. Precisamos consertar isso", conta Peter. E o reparo solucionou o problema da parte externa que rachava.

No varejo tradicional, o fabricante está completamente isolado do comprador final. Os itens devolvidos voltam para o início da cadeia de suprimentos. A Macy's não tem como monitorar problemas como este, e mesmo que tivesse levaria meses até entender o que estaria acontecendo. Mas a eBags tem uma forte conexão com seus consumidores e descobriu, em poucas semanas, que algo estava errado. Ao se aninhar com o *groundswell*, a eBags ganhou poder perante os fornecedores, e também tornou-se uma heroína para seus próprios consumidores quando consertou o problema.

ESTUDO DE CASO

Constant Contact: Energizar ao criar uma comunidade

Qual é a diferença entre um spam e um e-mail legítimo?

Simples. Spam é o e-mail que você não quer receber.

Só que essa pergunta traz a receita de sucesso de uma empresa chamada Constant Contact. A Constant Contact é uma empresa de e-mail marketing. O enfoque da Constant Contact é ajudar pequenos negócios a se manterem em contato com seus próprios consumidores. Se esses consumidores forneceram seu endereço de e-mail, o dono da pequena empresa pode agitar os negócios se enviar *newletters* por e-mail, comunicando sobre as ofertas do mês, e lembretes para as pessoas fazerem uma limpeza nos dentes ou nas chaminés de suas residências. Todavia, nos Estados Unidos, de acordo com a lei (a lei CAN-SPAM), se uma pessoa se irritar, ela pode sair da lista de e-mails. Os profissionais de marketing que enviam e-mails legítimos cumprem essa regra. Os *spammers*, não.

Como explica Gail Goodman, o CEO da Constant Contact, a maior parte do crescimento da Constant Contact vem da propaganda positiva. A empresa estimula isso por meio de um programa de recomendações – faça um amigo se inscrever, você recebe um crédito de US$30 e ele, outro crédito de US$30. A satisfação é de enorme importância, pois os consumidores podem interromper os pagamentos mensais e sair.

Quando a diretora de experiência do consumidor de Gail, Maureen Royal, propôs a criação de um fórum na comunidade em que os consumidores poderiam encorajar uns aos outros, Gail ficou intrigada. Maureen já havia provado que os consumidores da Constant Contact gostavam de se encontrar em pequenos grupos para jantar, em várias cidades. Por que não possibilitar que eles se conectassem on-line? Como você pode avaliar na Figura 7-3, os proprietários de pequenos negócios são participantes ativos do *groundswell*.

A comunidade "Connect Up" da Constant Contact foi lançada em 2005, e deu certo. Agora, a ConnectUp! tem a participação de 13 mil pessoas, 10% de seus consumidores. É bastante ativa, com mais de seis mil posts em 39 fóruns.[10] O fórum da Constant Contact é, em suma, uma casa para consumidores energizados.

Trinta por cento dos membros da comunidade fazem recomendações. A Constant Contact estima que cada recomendação que se transforma em um cliente gera uma receita vitalícia de quase US$1.500 (o custo é o crédito de US$60). A receita da Constant Contact cresceu 88% entre 2005 e 2006, ultrapassando o crescimento de 82% gerado no ano anterior."[11] Essa empresa está em ótima fase, e energizar seus consumidores em uma comunidade está impulsionando esse crescimento.

Para compreender por que uma comunidade ajuda a gerar receitas para a Constant Contact, analise primeiro sua base de clientes – as pessoas no início do processo POST. É claro, estão todos on-line. Os pequenos empresários são um alvo perfeito para a comunidade. Eles enfrentam os mesmos problemas – é difícil gerenciar uma empresa, não importa se você

FIGURA 7-3

Perfil Tecnográfico Social dos proprietários de pequenos negócios

Os consumidores da Constant Contact, por fazerem negócios on-line através de e-mail, teriam uma afinidade ainda maior com as atividades do groundswell. *(Nesse contexto, os proprietários de pequenos negócios são pessoas que afirmam que elas ou seu cônjuge têm um negócio com menos de 50 funcionários.)*

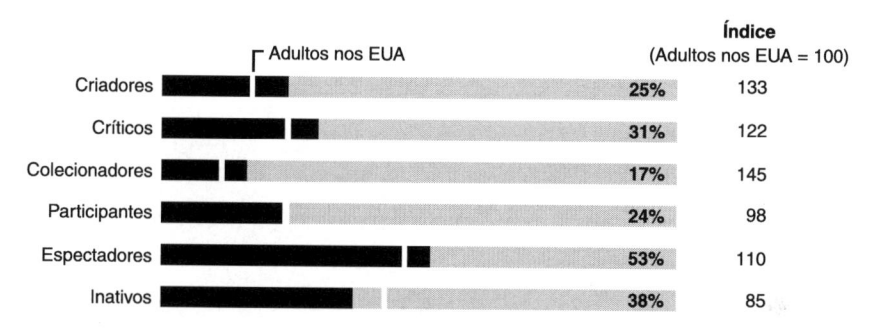

	Adultos nos EUA	Índice (Adultos nos EUA = 100)
Criadores	25%	133
Críticos	31%	122
Colecionadores	17%	145
Participantes	24%	98
Espectadores	53%	110
Inativos	38%	85

Base: Adultos americanos on-line.
Fonte: Forrester's North American Social Technographics On-line Survey, Q2 2007.

é dono de restaurante ou fornecedor de materiais hidráulicos. Eles não são especialistas técnicos ou gênios de marketing, e podem receber conselhos daqueles que descobriram maneiras de usar o e-mail. E eles gostam de se gabar de seus sucessos. Quando a Constant Contact os encorajou a participar da comunidade quando se conectaram com suas ferramentas de e-mail marketing, vários resolveram participar.

Os consumidores da Constant Contact também compartilharam outro interesse crítico: *eles não gostariam de ser vistos como spammers.*

A primeira discussão acalorada no fórum da Constant Contact foi sobre spam. E ela quase saiu do controle. Alguns participantes reclamaram que a empresa havia suspendido suas contas porque havia recebido muitas reclamações sobre spam. Outros defenderam a Constant Contact, apontando que sua reputação como empresa legítima de e-mail marketing – e não uma promotora de spams – dependia dessa atividade. No fim, Gail promoveu um seminário on-line explicando a política da empresa, e isso resolveu a questão. A Constant Contact levantou uma questão, a empresa respondeu e seus membros continuaram a enviar e-mails e a indicar novos consumidores.

Ainda hoje, a comunidade tem um sentimento de apoio mútuo. As motivações altruístas e de "fazer um favor a outra pessoa" foram descritas no Capítulo 3 como forças poderosas aqui. Kelly Rusk (conhecida na comunidade Constant Contact como "cardcommunications"), uma canadense de 23 anos que é especialista em e-marketing, sente-se satisfeita quando responde a posts como este:[12]

BadAndy 80

Recebi seis relatórios de spam em 2.000 e-mails, o que está acima do índice de 1/1.000 que eles consideram normal.

Esperei na linha por 20 minutos até que desbloqueassem minha conta, e um cara me tratou mal por eu ter seis avisos. Ele estava furioso comigo, eu não acreditei quando ele me tratou como se fosse "minha última chance" antes que eu fosse expulso do sistema da Constant Contact.

cardcommunications

Não há desculpa alguma para você ser tratado mal ao telefone.

ENTRETANTO, a Constant Contact está apenas protegendo a integridade da empresa – pois cada reclamação de spam para cada conta é uma chance potencial de entrarmos na lista negra do provedor de Internet.

Eu sugeriria que você ajustasse seu lembrete de permissão e escrevesse de maneira bem clara (um exemplo, "Você está recebendo este e-mail porque preencheu uma solicitação em nosso site para receber e-mails de nossa empresa").

Se você obtete permissão de maneira escusa (ou seja, sem ter pedido permissão), sugiro que repense sua estratégia de e-mail marketing!

Olhe o que Kelly está fazendo pela Constant Contact. Se Bad Andy 80 obtete sua lista de e-mails sem a permissão dos usuários, ele vai desistir da Constant Contact, e levar sua reputação ruim consigo. Se ele apenas cometeu um erro, ela ajudou a orientá-lo, e ele pode mudar a maneira como faz negócios. E para todos que leram esta mensagem, ela também os educou. Ela ajudou a Constant Contact a melhorar o comportamento e a integridade de sua base de clientes, um ativo que evita que seus clientes sejam vistos como spammers. E promover a educação da comunidade sai muito mais barato do que expulsar as pessoas.

Como diz Maureen: "Tem a ver com fazê-los se sentir como participantes diretos. Se eles realmente se sentem assim, são parte de seu sucesso. Quem deixaria a Constant Contact sentindo-se assim?"

Lições aprendidas com a energização de uma comunidade

Primeiro, as empresas business-to-business têm vantagem quando criam comunidades.

Os empresários formam comunidades a partir de seus papéis – como profissionais de e-mail marketing em pequenos negócios. Na verdade, todos os clientes corporativos de uma empresa estão muito mais propensos a achar que têm coisas em comum do que os consumidores de uma empresa que vende produtos – já que todos estão ali para obter a mesma coisa. Os consumidores de uma empresa que vende produtos podem sentir essa afinidade (como os proprietários de Minis no Capítulo 5) ou não (como os consumidores de malas da eBags.)

Segundo, as comunidades podem sair do controle. Gail e Maureen assistiram, alarmadas, às primeiras discussões sobre spam. Elas agiram rapidamente e conseguiram mudar a reação da comunidade a seu favor. Não crie uma comunidade até que você tenha previsto o que fazer se surgirem conflitos desse tipo. (E não vale excluir os membros da comunidade que dizem coisas negativas – eles podem muito bem criar a comunidade deles onde você não pode exercer influência alguma.)

Por fim, certifique-se logo de quais são seus objetivos. Desde o início, a comunidade da Constant Contact foi desenhada para energizar os consumidores. Toda a atividade na comunidade (como a seção "Mostre sua melhor campanha", que acabou de começar) tem a ver com o reforço de comportamentos positivos, estímulo a novos consumidores e geração de recomendações. Isso significa que Gail e Maureen podem mensurar seu sucesso – um elemento crítico do verdadeiro pensamento *groundswell*.

ESTUDO DE CASO

Lego: Energizar uma comunidade já existente

Pergunte a Tormod Askildsen. Ele foi apresentado a você no Capítulo 3. Ele é o diretor sênior de desenvolvimento de negócios do grupo Lego, o sexto maior fabricante de brinquedos do mundo. Seu trabalho é ajudar a vender os conjuntos Lego para pessoas que, de forma alguma, vêem o Lego como um brinquedo.

Tormod dedica-se aos compradores que consideram o Lego um material criativo de construção, e não apenas um brinquedo. Estes são os fãs adultos do Lego, ou FALs, que representam de 5% a 10% do negócio de bilhões de dólares da Lego.

Por exemplo, em 2005 a Lego criou um produto que parecia uma loucura. O kit Imperial Star Destroyer custa US$299 e inclui 3.104 peças. Logo que foi lançado, acabou nas prateleiras e se tornou um dos kits mais populares da empresa. Quem estava comprando esses conjuntos? A maioria eram adultos.

Tormod Askildsen conhecia a animada comunidade de FALs chamada LUGNET (International Lego Users Group Network – Rede Internacional de Usuários de Lego) [www.lugnet.com], que não é da Lego, nem é mantida pela empresa. A LUGNET é uma comunidade global de milhares de entusiastas do Lego. Para a Lego, reproduzir a LUGNET em seu próprio site teria sido uma receita para o desastre. Lembre-se de que uma comunidade tem a ver com as necessidades que as pessoas têm de se conectar, e não com sua necessidade de controlar. Portanto, se elas já estão lá, respeite isso.

Em vez disso, a Lego criou um programa chamado Embaixadores Lego, que atinge dois objetivos: estabelece relações com os FALs mais entusiasmados do Lego e ajuda a Lego a saber o que está acontecendo no mundo altamente conectado dos FALs. Os Embaixadores Lego recebem informações da empresa sobre os produtos a serem lançados, e espalham a notícia a seus contatos, tanto pessoalmente quanto on-line. Os Embaixadores Lego também estão incumbidos de ouvir os outros FALs, chegar a um consenso e comunicar seus desejos à empresa.

Os construtores mais ativos de Lego competem para se tornar um dos cerca de 25 embaixadores escolhidos pela Lego. Ao limitar o número de indicados, a Lego cria uma concorrência, e energiza seus fãs para que se tornem porta-vozes da mensagem da empresa. Além disso, os Embaixadores Lego não são remunerados com dinheiro; eles recebem peças Lego! Esse tipo de remuneração sai barato para a empresa e é altamente valorizado pelos embaixadores.

No Capítulo 3, apresentamos você a três FALs em degraus diferentes da Escada Tecnográfica Social: O Criador Eric Kingsley, o Crítico Joe Comeau e a Espectadora Linda Nee. Agora, você pode perceber como todos são importantes para a Lego. É fácil animar Criadores como Eric Kingsley, e com tantos Críticos e Espectadores escutando, é valioso. Por isso a Lego indicou Eric Kingsley como Embaixador Lego.

O ROI de energizar uma comunidade

Os Embaixadores Lego precisam de coordenação através da Internet, tempo dos funcionários e pagamento em peças Lego. Estimamos que um programa assim custe cerca de US$200 mil.

Os 25 Embaixadores Lego de Tormod estão em contato com cerca de 100 pessoas cada um, e ainda mais pessoas, se contarmos suas interações on-line. Isso representa cerca de 2.500 FALs, cada um comprando cerca de US$1 mil por ano em produtos Lego. Se esse número aumentar para US$1.200, de acordo com os esforços dos embaixadores, a empresa terá feito um investimento de US$200 mil para aumentar as vendas em US$500 mil.

Como acontece com a eBags, há outro retorno mais sutil. Os embaixadores apresentam seu feedback sobre os produtos para a Lego. Eles representam a comunidade para a empresa. Já que a comunidade de FAL é tão coesa e interdependente, o programa de Embaixadores Lego significa que Tormod e os designers de produto da Lego têm uma conexão imediata de via dupla com os membros mais influentes dessa comunidade. E como você deve ter lido na Wired, a Lego incluiu esses consumidores ativos em suas discussões sobre projeto de produto[13] – um elemento da estratégia de inclusão que descrevemos no Capítulo 9. Isso tem valor incalculável para ajudar a assegurar que os produtos desenhados para os compradores de Lego terão sucesso. Nesse caso, energizar a base também tem um forte componente de escuta.

Como energizar depende de como você quer transformar um relacionamento

Neste capítulo, há três bons exemplos para você energizar seus consumidores – com ratings e análises, comunidades e programas de embaixadores. Mas há várias outras possibilidades, dependendo de como é sua base de clientes – e como você deseja transformar esse relacionamento com eles.

Por exemplo, Fiskars, uma empresa que faz tesouras e suprimentos para *scrapbooking*, trabalhou em parceria com uma consultoria chamada Brains On Fire para criar um programa de embaixadores como o da Lego. O programa previa uma comunidade como a da Constant Contact no endereço www.fiskateers.com. Após intensa busca, a Fiskars selecionou quatro embaixadores, que já se tornaram ícones na comunidade de *scrapbooking*. A Fiskars remunera seus embaixadores, mas eles entregam um valor ainda maior por estimularem as mulheres a se dedicar ao *scrapbooking*.

A Carnival Cruise Lines desenvolveu um programa que ajuda as pessoas a planejar cruzeiros com seus amigos. Assim que você se inscreve no www.carnivalconnections.com, pode usar as ferramentas do site para se conectar com amigos, convidá-los a viajar e coordenar as atividades. Dada a natureza esporádica da base de clientes da Carnival, essa estratégia de energização baseada em eventos faz sentido.

Essas empresas foram inteligentes – elas avaliaram primeiro as inclinações de sua base de clientes e, em seguida, desenharam estratégias e escolheram tecnologias que combinavam com os relacionamentos que elas já tinham e forneceram maneiras para seus consumidores expandirem esses relacionamentos. Faça isso com destreza, e você também pode conseguir que seus clientes vendam uns para os outros.

Conselhos para os energizadores

Energizar é uma técnica mais poderosa e também mais arriscada do que as técnicas discutidas nos capítulos anteriores, sobre escutar e falar. O motivo? Agora você vai lidar *com pessoas* que falarão sobre sua marca. Por mais que as empresas afirmem que estão em contato com as necessidades de seus consumidores, o fato de lidar com consumidores reais gera desafios para os quais elas geralmente não estão prontas.

Se você quer energizar seus consumidores, deve estar preparado para uma nova maneira de pensar. Veja aqui cinco passos para aplicar técnicas para energizar sua própria organização.

1. Analise se você quer energizar o *groundswell*

Energizar funciona bem com empresas que contam com consumidores que são – ou poderiam se tornar – entusiasmados pela empresa e por seus produtos. Não é para todos.

Algumas empresas fornecem commodities como papel para copiadoras ou chips de memória para seus consumidores, produtos que estão disponíveis em vários fornecedores e não têm uma marca forte, nem conexão emocional. Tudo bem se este for seu negócio, mas não suponha que seus consumidores vão querer falar sobre seus produtos. Outras empresas são bem-sucedidas, embora tenham um número significativo de consumidores insatisfeitos. Se esse for seu caso, energizar seus consumidores só tornará as coisas piores. Caso você esteja em alguma dessas situações, recomendamos escutar o *groundswell* (ver o Capítulo 5) e aprender mais sobre as atitudes de seus consumidores.

Mesmo para as empresas que contam com consumidores entusiasmados, é um desafio energizar o *groundswell*. A boa notícia é que você irá se conectar, diretamente, com o que as pessoas estão pensando. Essa é a má notícia também. Imagine Jim Noble e sua maleta de laptop, ou Eric Kingsley e seus trenzinhos Lego. Você quer mesmo ouvir o que eles têm a dizer? Você quer que seus outros consumidores ouçam o que eles têm a dizer? A não ser que você e toda a sua equipe de gestão possam responder a essa pergunta com um sim em uníssono, talvez você não esteja preparado para energizar o *groundswell*.

2. Verifique o perfil social de seus consumidores

Você precisa fazer pesquisas para determinar o quão ativamente e em que números seus consumidores estão participando do *groundswell*. Se você está vendendo PDAs ou luvas de beisebol – qualquer coisa que seja moderna e com apelo tecnológico –, seus consumidores já estão presentes no *groundswell*, e você pode esperar que eles se envolvam com várias comunidades e ambientes sociais. Se você está vendendo colchões ou administração de bens, mantenha suas expectativas de acordo com o público – não adianta criar uma comunidade se seus melhores clientes não têm o perfil adequado e não participarão dela.

3. Pergunte "Qual é o problema do meu cliente?"

Lembre-se: a não ser em casos raros como o da Lego, as comunidades não se formam em torno de produtos. Caso você não acredite muito nisso, lembre-se da comunidade beinggirl.com da Procter & Gamble, apresentada no Capítulo 6. A comunidade foi criada em torno dos problemas que as meninas tinham, e não em torno de produtos de higiene feminina. Nem mesmo os consumidores de Lego estão falando sobre os tijolinhos; eles estão falando sobre como *construir* com os Legos, o que não é a mesma coisa. Quando der o próximo passo, a eBags talvez constate que os problemas de seus clientes estão relacionados com viagens em geral, e não apenas com malas.

4. Escolha uma estratégia que atenda ao Perfil Tecnográfico Social e aos problemas de seus consumidores

Para os varejistas e outros vendedores diretos, os ratings e as análises fazem sentido e têm retorno comprovado. Se há muitos Críticos entre seus consumidores, este é um ótimo lugar para começar.

Para outras empresas, as comunidades fazem sentido. Mas verifique primeiro. Se seus consumidores já criaram comunidades, como os da Lego, é melhor participar delas, em vez de construir a sua própria.

Mas esteja preparado. Apesar de haver ferramentas gratuitas para comunidade disponíveis em empresas como ning.com e KickApps, se você quer criar uma comunidade que seja bem-sucedida, deve considerar os custos com design, moderação, e marketing, que podem facilmente chegar a centenas de milhares de dólares.

5. Não comece a não ser que você queira investir no longo prazo

Uma comunidade é como um casamento; precisa de ajustes constantes para crescer e se tornar mais gratificante. E se você não quer investir no longo prazo, lembre-se de como terminam alguns casamentos que não tiveram aquele esforço de longo prazo.

Lembre-se dos ratings da eBags. Se a empresa os interrompesse, ou deixasse de apoiá-los, o site ficaria desinteressante e atrairia menos atenção, e os consumidores energizados sofreriam uma forte reação contrária vinda dos outros. Você não quer antagonizar uma pessoa como Jim Noble. Ele vai começar a contar às pessoas como as malas da eBags *eram* antes que a empresa parasse de escutá-lo. Se a Lego parasse de se conectar com seus FALs, o entusiasmo deles esvairia, e a comunidade encolheria.

Como a energização transforma uma empresa

Ao energizar o *groundswell*, você perceberá que nem todos os seus consumidores são iguais.

Neste capítulo, falamos sobre energizar a base. Na base, estão seus consumidores mais entusiasmados. Assim como é a base que apóia um político, ela espera ter algo de volta. Ela espera que você a escute.

Se você estiver indicando embaixadores da marca como a Lego, convidando consumidores a participar de uma comunidade como a Constant Contact ou dando poder a pessoas para fazer análises como as da eBags, desencadeará algumas vozes poderosas.

A Lego reconhece que seu programa de embaixador da marca tem duas vias – ele depende dos embaixadores da marca para ter idéias sobre produtos futuros e de maneiras de conduzir o negócio. Da mesma forma, a eBags colocou Jim Noble em seu conselho consultivo, e discute com ele novas idéias para seus produtos. A eBags também convida seus melhores analistas para testarem as malas. Ela envia malas para que eles façam sua análise e, assim, tem uma prévia de como o grande público irá reagir, gostando das malas ou as rejeitando.

O que acontece se os membros da comunidade se voltam contra você? Se o principal comentarista da LUGNET começa a ofender os gestores da Lego, ou um grupo da comunidade da Constant Contact insiste em promover uma mudança na política da empresa, essas empresas precisam escutar. Uma comunidade energizada espera uma resposta, e consumidores energizados exercem poder dentro de uma comunidade de consumidores. O recado para qualquer empresa é escutar e, sempre que possível, dar aos clientes o que eles mais desejam.

O que eles desejam são informações sobre os produtos atuais e futuros da empresa. Eles também querem ter comprovações que fazem a diferença. Uma empresa que começa energizando o *groundswell* acaba com vários parceiros de P&D não-remunerados. Está tudo certo, desde que você esteja disposto a se engajar com seus fãs. Mas eles serão seus para sempre – você não pode demiti-los se eles não se comportarem de acordo com suas expectativas.

É por esse motivo que as empresas que começam energizando seus consumidores mais entusiasmados acabam *adotando*-os – isto é, transformando esses consumidores em uma parte integral dos produtos e processos da empresa. A energização leva à adoção. Se você vai energizar seus consumidores, sugerimos que consulte o Capítulo 9, para ver o que pode acontecer. É estimulante incluir os consumidores no processo de desenvolvimento do produto como extensão de seus negócios, mas reiteramos que o *groundswell* o conduz a um lugar no qual você está cada vez menos no controle de seu próprio negócio e marca.

Muitas das comunidades que descrevemos neste capítulo têm o potencial de ir além de energizar os consumidores. Em uma comunidade madura, as pessoas solucionam mutuamente seus problemas. Isso não só revigora a comunidade, como também reduz os custos com suporte. Este é o *groundswell* se apoiando – o assunto do Capítulo 8.

8. Como ajudar o *groundswell* a se apoiar

TJ e Michelle Howley eram um casal de jovens de 29 anos, grávidos pela primeira vez – de gêmeos – quando Michelle foi parar no hospital. Eles vão continuar contando a história daqui em diante (você vai ler um post on-line):[1]

[1º post] 4 de setembro de 2006, 07:20 PM EDT

Na quarta, dia 30, a bolsa de Michelle se rompeu. Imediatamente, fomos ao Portsmouth Hospital, onde eles deram medicamentos para segurar as contrações de Michelle. Após ser transportada de ambulância para o Mass General de Boston, soubemos das notícias ruins, que não eram surpresa.

Ela estava com apenas 22 semanas e 3 dias. Os bebês têm probabilidade de sobrevivência a partir de 24 semanas. Fomos aconselhados a induzir o parto, a fim de evitar qualquer risco com a espera.

Decidimos esperar e ver como as coisas correriam, se vivêssemos um dia de cada vez. Já estamos há cinco dias e meio sem trabalho de parto. Não há sinal algum de infecção e estamos rezando para chegar a pelo menos 24 semanas, para que a equipe médica possa intervir se Michelle entrar em trabalho de parto.

Esse tipo de decisão não deveria recair sobre ninguém. Veja os fatos a seguir:

Estamos esperando dois meninos. Um deles está indo muito bem! Sua bolsa está cheia e fechada, e ele está crescendo e se movimentando como um ginasta.

O outro tem cerca de 1cm de fluido, está encolhido e provavelmente terá seqüelas por causa da falta de fluido e de espaço na bolsa.

Se chegarmos a 24 semanas sem trabalho de parto, as chances de sobrevivência vão de zero a 50%. Cada semana que avançamos, aumenta um pouco o percentual. Também fomos informados de que bebês tão prematuros têm dificuldades no desenvolvimento e problemas neurológicos.

Isso resume tudo o que nos disseram. O diagnóstico oficial é PPPROM (ruptura prematura das membranas precoce antes de 23 semanas).

Muitas pessoas perguntaram se podem fazer alguma coisa. Nosso único pedido é que vocês continuem rezando por nós. Estamos nisso até o fim. Vamos atualizar a página sempre que possível, dando as notícias. A essa altura, nenhuma notícia é uma boa notícia! :)

Agradecemos a todos vocês pela força.

TJ & Michelle

Se você ou alguém de quem gosta já esteve em um hospital, sabe como TJ e Michelle se sentiram. Eles estavam em meio a um turbilhão emocional. Eles tinham de falar com médicos e enfermeiras, e tomar decisões difíceis, que nunca haviam tomado antes. Esse é o lado médico da situação.

Cada hospitalização traz um problema paralelo. Os pacientes têm famílias e amigos. As famílias e os amigos se preocupam – eles querem saber o que está acontecendo. E mesmo que os pacientes queiram contar para suas famílias e seus amigos sobre a situação, essa comunicação pode ser difícil.

"Eu odiava os telefonemas", contou Michelle. "Eu estava no hospital, contando sempre a mesma história." TJ, seu marido, também estava sobrecarregado. Ele mantinha os parentes informados, trabalhava em uma empresa de hipotecas, ficava com sua esposa no hospital, que ficava a uma hora de sua casa, e tomava as decisões médicas importantes. Era muito para uma única pessoa.

Por sorte, Georgia Peirce havia instalado um sistema para ajudar.

Georgia, diretora de comunicações para cuidados com o paciente no Massachusetts General Hospital (MGH), sabia que centenas de pacientes como os Howley têm dificuldades para se comunicar com suas famílias e seus amigos. Quando a VP sênior de cuidados com o paciente e enfermeira-chefe do MGH pediu que ela desse uma olhada nas CarePages – um sistema on-line que permite a comunicação dos pacientes com seus entes queridos –, ela adorou o conceito e sugeriu que a MGH o adotasse.

As CarePages são um sistema especializado de blogs criado exclusivamente para os pacientes. Os pacientes recebem uma ferramenta simples. Eles se conectam e publicam atualizações.

Ao contrário da maioria dos blogs, essas atualizações têm um público interessadíssimo: amigos e família. O sistema CarePages enviava automaticamente e-mails em nome dos Howley para a família e pessoas queridas, sugerindo que eles visitassem a página para ver as últimas notícias. Sempre que os Howley publicavam uma atualização em suas CarePages, essas pessoas eram notificadas. As CarePages também tinham uma área na qual os amigos e a família podiam escrever suas mensagens, o que faz toda a diferença para os pacientes. A página dos gêmeos Howley tinha 121 dessas mensagens de apoio, incluindo não apenas os votos de esperança e orações, mas também uma série de poemas originais de uma amiga chamada Liana.

"Não teríamos sobrevivido a esta situação sem a CarePage", contou Michelle. Ela, às vezes, não conseguia dormir e aproveitava para visitar sua CarePage e ver quem havia passado por ali (as CarePages registram as visitas mesmo de quem não escreve comentários). "Eu chorava quando lia; as mensagens me ajudavam a seguir em frente", ela disse. "Elas renovavam meu espírito." A mãe de Michelle aprendeu a usar a Internet para poder visitar a página duas vezes por dia. TJ deu acesso a seus colegas de trabalho e descobriu que havia uma grande torcida pelo sucesso dos gêmeos no escritório.

Para o Massachusetts General Hospital, as CarePages permitem que os pacientes se concentrem mais nas decisões médicas e em melhorar – e transforma o amor da família e dos amigos em um sistema de apoio que é uma carga menos pesada para os pacientes. Em um estudo com pacientes de câncer feito pela Kaiser Family Foundation e Harvard School of Public Health,[2] mais de um em cada quatro pacientes disse que seu médico não presta atenção a fatores externos ao cuidado médico direto, inclusive à rede de apoio do paciente para lidar com o câncer. Por mais que desejássemos que os médicos dessem mais atenção a estas questões de apoio, eles hoje estão sobrecarregados demais lidando com os aspectos médicos de um caso.

A história dos Howley tem um final feliz, em parte por causa do apoio recebido nas CarePages. Já que não é possível ler a CarePage deles – o acesso se dá mediante convite –, vamos mostrar algumas das mensagens aqui:

[4º post] 10 de setembro de 2006, 08:16 AM EDT

Chegamos ao último dia da semana 24!!! Agora, cada dia que agüentarmos dá um pouco mais de esperança para a saúde e a sobrevivência dos bebês.

Os batimentos do coração estão perfeitos. Posso senti-los se mexendo todos os dias.

Estamos procurando nos manter positivos e todas essas mensagens maravilhosas que vocês escrevem nos ajudam a seguir em frente. Vocês não têm idéia da diferença que cada um faz. Muito obrigada!

[18º post, acompanhado de uma foto] 24 de outubro de 2006, 02:31 PM EDT

Olá, pessoal! ... Tivemos uma noite maluca ontem!

Comecei a ter contrações ao meio-dia e minha temperatura disparou. Quatro horas depois de eu ter dito que estava tendo as contrações, os dois meninos haviam nascido!!! :) Os dois vieram chorando!

Matthew Domenic (Doc) nasceu com 1.600g... Mark Joseph (MJ) nasceu com 1.400g... Os dois estão na Unidade de Tratamento Intensivo Neonatal e monitorados constantemente. Eu fui vê-los e, hoje à noite, vão tirar meu soro e outros fios, e vamos para lá segurar o Mark (pois ele não está ligado a tantos fios).

Muito obrigada por tudo! Vocês nos ajudaram a chegar até aqui...

[23º post] 1º de novembro de 2006, 12:29AM EST

Entramos na montanha-russa... e estamos nos agarrando à vida!

Hoje foi um dia de obstáculos.

Mark teve de ser colocado de volta no respirador, pois estava tendo sinais de infecção e ataques de apnéia... Ele está tomando antibióticos muito fortes... Ver seu bebê tão indefeso tão bem e, depois, vê-lo ligado novamente a tubos e fios é muito desagradável... é uma dor insuportável.

Matthew estava indo bem hoje. Eles vão tirá-lo bem devagar do respirador, para ele não sentir tanta diferença.

[42º post] 8 de dezembro de 2006, 10:00 PM EST

Mark está em casa! Nós o trouxemos hoje! Queríamos ter colocado algumas fotos para vocês, mas as coisas estão um pouco caóticas com a mudança e o bebê. Ele não cheira muito bem... e usa mais roupas do que um modelo de passarela... mas é lindo e estamos ultrafelizes por ele estar em casa!

[75º post] 7 de junho de 2007, 09:07 PM EDT

OS DOIS ESTÃO EM CASA!!!

Os meninos já estão aqui há alguns dias. Temos tido uns dias movimentados e se você pudesse ver a energia que o Mark tem... fico imaginando como vai ser quando eles começarem a andar!

O *groundswell* certamente é um sistema de apoio fantástico. Ele permite que as pessoas se conectem umas às outras, e é o que elas farão, tornando a vida mais fácil para si mesmas e para você. Este é o *groundswell* se apoiando, e o assunto deste capítulo.

Apoio tradicional *versus* apoio do *groundswell*

Prestar suporte aos clientes é uma grande responsabilidade.

Uma vez que você tenha adquirido um bem de consumo, a empresa não quer mais saber de você. Se você telefona, é porque há algo errado. Um telefonema normal para o *call center* de uma empresa custa de US$6 a US$7, quando você inclui todos os custos, de acordo com Elizabeth Herrell, especialista da Forrester para *contact centers*. As chamadas ao suporte técnico custam quase o dobro disso: de US$10 a US$20.

Some esses custos. As empresas que prestam suporte telefônico gastam bilhões de dólares para manter esses *call centers*.

A tentativa de reduzir esses custos com suporte levou a duas das principais tendências nas empresas americanas nos últimos 10 anos.

Primeiro, no início da década de 1990, as empresas reconheceram que poderiam direcionar as pessoas para consultar seus sites. O resultado foi a revolução do auto-atendimento, no qual as empresas colocaram imensas quantidades de informações sobre o produto e para a solução de problemas na Internet, e estimularam os consumidores a usá-las. Esse era um ponto positivo – as pessoas poderiam consultar as informações de acordo com seu horário. Além disso, era uma estratégia econômica – como explica o expert em Web Design da Forrester, Harley Manning: "Você pode substituir dólares por centavos." Se sua pergunta fosse "Qual é o horário dos vôos para Seattle hoje à noite?", funcionava bem. Mas as perguntas mais complexas acabavam gerando um telefonema.

A segunda tendência foi a terceirização – transferir as chamadas ao suporte para outros países. Se um engenheiro que falasse inglês na Índia ou nas Filipinas pudesse responder às perguntas tão bem quanto um americano ou britânico, por que não encaminhar as chamadas para lá? Quando em que este livro estava sendo escrito, a remuneração dos funcionários de *call center* em outros países é 40% menor do que a dos mesmos funcionários nos Estados Unidos – e a maior parte dos custos dessas chamadas são custos com funcionários. Analisando essas economias de custo, verificamos que 3,4 milhões de empregos americanos e 1,2 milhão de empregos europeus provavelmente terão sido terceirizados em 2015, e a maioria deles está nos *call centers*.[3]

Mas essas chamadas ajudam mesmo as pessoas?

Você não odeia ligar para um número de suporte e ficar navegando por todas aquelas opções do sistema? O problema não é se a pessoa do outro lado da linha está na Índia ou na Irlanda; o problema é se ela pode ajudar realmente. E, quanto ao auto-atendimento na Web, todos nós tentamos isso, mas o resultado pode ser 8 ou 80.

Mesmo que as empresas usassem essas estratégias para economizar dinheiro, as pessoas frustradas com as longas esperas, qualidade imprevisível e toda a burocracia associada ao suporte a seus produtos desenvolveriam uma nova fonte de informação – umas ajudando as outras. As pessoas têm uma probabilidade muito maior de confiar umas nas outras do que em uma empresa, como descrevemos no Capítulo 7. E, surpreendentemente, as pessoas estão dispostas a gastar bastante tempo ajudando umas às outras, se você sair da frente.

Foi o que o Massachusetts General Hospital descobriu com as CarePages – que as pessoas ficavam felizes por ajudar umas às outras, on-line, se tivessem a oportunidade. É claro que você espera que as pessoas ajudem seus amigos e outras pessoas queridas, como a família Howley fez. Mas o que é mais surpreendente é isto: as pessoas estão dispostas a ajudar pessoas desconhecidas.

Neste capítulo, mostraremos a você três aplicativos que demonstram esse impulso: fóruns de suporte com a Dell, wikis com a BearingPoint, e perguntas e respostas com o Yahoo! e Naver.

ESTUDO DE CASO

Dell: Responda às perguntas pelos fóruns de suporte

Jeff Stenski trabalha para uma empresa de distribuição de energia como engenheiro de design. Esse é o seu emprego diurno.

Ele tem outro emprego, mas não é pago por ele. Ele publica respostas no fórum de suporte da comunidade da Dell. Neste fórum de suporte, Jeff é chamado de "Predador". Sua especialidade são drives óticos, os drives que tocam CDs e DVDs.

Se você tem uma pergunta sobre drives óticos, encontrará uma resposta do Predador. Veja aqui um exemplo. Imagine que você é Alex, da cidade de Nova York, e quando tenta instalar um drive de CD no seu novo computador Dell Dimension, recebe um misterioso "Erro 39". Você pode publicar a seguinte pergunta no fórum da comunidade da Dell (www.dell-community.com).[4]

> **AlexNYC: Philips DVD + RW DVD 8701 e HL-DT-ST DVD ROM drives estão mostrando um código de Erro 39 em meu Dimension 4700.**
>
> Tentei desabilitar e reiniciar, não consigo achar nenhuma atualização de driver, não consigo deletar os dados do sistema quando reinstalo o hardware do sistema. Alguém pode ajudar?
>
> Muito obrigado!

Vários outros membros da comunidade fazem perguntas e escrevem respostas até que o Predador chega, algumas horas após a pergunta original ter sido feita:

Predador: RE: Philips DVD + RW DVD 8701 e HL-DT-ST DVD ROM drives estão mostrando um código de Erro 39 em meu Dimension 4700.

Alex, dê uma olhada no artigo da Dell sobre este mesmo assunto, clique no link CD/RW no meu post, e vá até a Seção 12, artigo 10.

Você também precisa estar logado com direitos de Admin.

Boa sorte!

Deus, dê-me a senilidade de esquecer as pessoas de quem eu nunca gostei, a sorte de encontrar aquelas de quem eu gosto e a visão para distingui-las.

AlexNYC: Re: Philips DVD + RW DVD 8701 e HL-DT-ST DVD ROM drives estão mostrando um código de Erro 39 em meu Dimension 4700.

Oi, Jeff, Muito obrigado, funcionou!!!

Você é muito bacana, e eu adorei a oração da serenidade!!!

Vamos analisar o que aconteceu aqui. Alex fez uma pergunta obscura, mas que era de extrema importância para ele. Jeff/ Predador solucionou o problema rapidamente. Alex ficou contente. A Dell economizou pelo menos US$10 em uma chamada de suporte.

Mas espere um momento, ainda não terminamos. Todas essas informações estão on-line e podem ser encontradas. Se você fizer uma busca por "Erro 39" no fórum de suporte da Dell, esta resposta aparece logo no início dos resultados. Aparentemente, várias pessoas fizeram isso, pois a resposta foi vista 630 vezes. Vamos fazer uma suposição conservadora, e imaginar que, dentre estas 630 pessoas que fizeram a busca, 100 delas encontraram a resposta à sua pergunta neste post (e não tiveram de ligar para a Dell). Isso significa que Jeff economizou pelo menos US$1 mil para a Dell, apenas com este post.

E, como podemos perceber, Jeff gasta muito de seu tempo neste fórum. *Muito* tempo. Desde 1999, ele já esteve conectado neste fórum por mais de 473 mil minutos, o equivalente a 123 dias de trabalho por ano.[5] (Ele nos contou que deixa o fórum da Dell aberto em seu computador enquanto está trabalhando em outros projetos.) Ele já leu quase 250 mil mensagens de outras pessoas, e já publicou mais de 20 mil posts. Estes posts foram visualizados mais de 2 milhões de vezes por outros usuários. Vamos supor que uma entre cada 20 dessas pessoas que lêem os posts de Jeff tivesse sua pergunta respondida e não tivesse telefonado para a Dell. Jeff, sozinho, teria gerado uma economia de mais de US$1 milhão para a Dell.

Por que Jeff é tão dedicado? "Gosto de ajudar as pessoas", ele nos explicou. "É isso que me conquistou: quando você ajuda as pessoas e elas dizem 'obrigado'."

Obrigado a você, Jeff Stenski, por ter economizado US$1 milhão à Dell.

Surpreendentemente, vemos este impulso no *groundswell*. Caterina Fake, co-fundadora do site de compartilhamento de fotos Flickr, chamou esse fnômeno de "cultura da generosidade".[6] Nós o chamamos de busca pela renda psíquica.[7] Como descrevemos no Capítulo 3, as recompensas psíquicas vêm de várias formas, incluindo bons sentimentos vindos do altruísmo, validação e de pertencimento a uma comunidade. Pessoas como Jeff participam por causa da gratidão. Outras querem reconhecimento. Outras acham que responder às perguntas lhes dá poder de influência. A receita psíquica é gratuita – paga em amor, não em dinheiro.

A busca pela receita psíquica não valeria muito a pena se estivesse limitada a Jeff Stenski. Mas, na verdade, há milhares de consumidores nos fóruns da comunidade da Dell, ajudando uns aos outros e economizando dinheiro para a Dell. Eles estão felizes, pois recebem respostas sem ter de ficar esperando ao telefone. A Dell está contente – muitos de seus consumidores adoram os fóruns, e ligam menos para o suporte. O desejo pela renda psíquica é disseminado – há Jeff Stenskis em todos os lugares do *groundswell* ajudando os outros.

Um elemento central do pensamento *groundswell* é compreender como explorar o desejo pela renda psíquica. No restante do capítulo, mostraremos como pessoas como Jeff Stenski podem ajudá-lo.

O fator econômico dos fóruns de comunidade

Sean McDonald, diretor da equipe de comunidade on-line da Dell, conta aqui alguns segredos sobre como funciona a comunidade da Dell. De acordo com Sean, cerca de sete mil dos consumidores da Dell se conectam toda semana, gerando mil novos posts. "É o poder de milhares", ele diz.

Essas pessoas não estão visitando o site para se divertir – estão visitando em busca de respostas. Dos quatro milhões de posts no fórum, pouco menos de um milhão podem ser caracterizados como respostas (os outros são perguntas e comentários). Mas estas respostas atendem os usuários. Quando a Dell faz uma pesquisa com os usuários que deixam o site, entre 20% e 50% assinalam que receberam uma resposta à sua pergunta (lembre-se, esta pesquisa não contabiliza as pessoas que fazem uma pergunta e recebem uma resposta quando voltam posteriormente ao site). Já que esses visitantes resolveram os próprios problemas, há uma chance menor de que eles venham a ligar para o suporte da Dell.

É difícil negar os benefícios econômicos dos fóruns de suporte (veja a Tabela 8-1). Como resultado, esta forma de aplicativo *groundswell* tornou-se bastante presente, em especial com as empresas de tecnologia.

Novos aplicativos de suporte, novos benefícios

Os fóruns funcionam. Aplicativos vão do iRobot, que usa os fóruns para ajudar os proprietários de seus aspiradores robotizados a solucionar os problemas uns dos outros, ao Fair Isaac, no qual as pessoas ajudam umas as outras a entender sua avaliação de crédito. *Qualquer* empresa cujo produto gera muitas perguntas deve levar os fóruns em consideração.

E isso não significa apenas economia de dinheiro, como nos contou Tarik Mahmoud, que gerencia os fóruns de suporte para a Linksys. A Linksys fabrica roteadores para redes domésticas – uma linha de produtos que costuma gerar várias perguntas técnicas, e este é o motivo pelo qual a empresa criou um fórum de suporte que se parece muito com o da Dell. Só que este fórum de suporte acabou economizando mais do que dinheiro.

No Natal de 2006, dezenas de milhares de pessoas encontraram roteadores da Linksys debaixo de suas árvores de Natal. Milhares delas ligaram para a Linksys. Isso normalmente não teria causado um problema.

TABELA 8-1

ROI de um fórum de suporte de uma comunidade

Esta análise examina um fórum de suporte de comunidade de uma empresa que comercializa um produto tecnologicamente sofisticado (por exemplo, um equipamento ou software). Estamos supondo uma empresa com 5m de consumidores. Os custos incluem tecnologia e moderação. Todos os números foram arredondados para o milhar seguinte.

Custos de implementação	Custos
Planejamento e desenvolvimento	US$25K
Custos correntes (anuais)	
Plataforma de software do fórum (por exemplo, Lithium)	$60K
Moderação e gestão (cinco funcionários em tempo integral)	$500K
Publicidade para gerar tráfego (10 mil cliques/mês a US$1 por clique)	US$120K
Custos totais, ano 1	*US$705K*

Os benefícios incluídos aqui apenas evitaram custos com suporte.

Análise dos benefícios (anual)	Valor do benefício
Consumidores que participaram de fórum de suporte anualmente (suponha 1% de todos os consumidores)	50K
Consumidores adicionais visualizando conteúdo, sem contribuírem para o fórum (imagine 5% de todos os consumidores)	250K
Chamadas totais ao suporte que estes consumidores teriam feito (estimativa de uma chamada média por consumidor)	300K
Chamadas ao suporte evitadas por causa do fórum (suponha que 33% encontrem respostas no fórum)	100K
Economias de custo das chamadas evitadas (suponha US$10 por chamada – menor estimativa possível)	*US$1M*

Mas um terremoto havia atingido a Ásia na noite anterior, interrompendo as linhas telefônicas que conectam 80% dos representantes de suporte da Linksys em países como as Filipinas a usuários na América do Norte.

A Linksys contornou um problema sério naquele dia. Seu sistema de espera automaticamente lembrou as pessoas para consultar o fórum de suporte. No dia de Natal, as inscrições, buscas e posts no site dispararam. As pessoas obtiveram as respostas que precisavam. E, surpreendentemente, as reclamações não dispararam.

Para a Linksys, o *groundswell* salvou o Natal.

Você pode olhar para esses exemplos e pensar: "Claro que isso funciona para esse pessoal *geek* que precisa da ajuda da Linksys e da Dell." Mas os fóruns estão ajudando as empresas de mídia também – veja o que eles fizeram pela CBS.

Fóruns para dar apoio à paixão

Algumas pessoas não querem obter suporte para fazer seus equipamentos funcionarem. Em vez disso, elas querem suporte – solidariedade – de outras pessoas que compartilham de sua paixão. Foi o que aconteceu na CBS.

Quando os fóruns se encontram com a mídia, você entra no mundo fascinante dos fãs. Henry Jenkins, o fantástico professor de estudos de mídia do MIT e observador atento deste fenômeno, escreveu um livro dedicado a isso: *Cultura da Convergência*. Ele usa o termo *cultura participatória* para descrever o novo mundo da mídia no qual os consumidores fazem mais do que consumir – eles criam também. De acordo com Henry Jenkins:[8] "Cada vez mais, a Web tornou-se um lugar para a participação do consumidor que inclui várias maneiras não-autorizadas e imprevistas de se relacionar com o conteúdo de mídia... . A Web mandou a camada escondida de atividade cultural para a dianteira, forçando as empresas de mídia a enfrentar as conseqüências para seus interesses comerciais."

Em geral, as empresas de mídia fogem do *groundswell*, ameaçando processar quem usar material protegido por direitos autorais (e o livro de Jenkins traz vários exemplos disso). Mas isso não é tudo. Por que não deixar seus fãs falarem sobre você e desenvolverem paixão por seus programas?

Um ótimo exemplo é o que aconteceu com "Jericho", uma série de televisão misteriosa e apocalíptica no estilo de "Lost", lançada pela CBS em 2006. Ao explorar sua base de fãs, a CBS e os produtores de "Jericho" criaram um fórum de fãs e um wiki no cbs.com. Milhares de fãs publicaram milhares de comentários, especulando sobre quem jogou as bombas que causaram o apocalipse e o que motivava os vários personagens do show. O fórum de discussão energizou os fãs, o que a Lego fez com seus fãs no Capítulo 7. Mas os produtores foram além de criar um fórum de discussão – eles também respondiam às perguntas dos fãs semanalmente, o que aumentava o interesse pelo programa.

Em maio de 2007, a CBS anunciou que o programa seria cancelado. Mas ela não contava com a força poderosa que havia criado ao permitir que seu público se apoiasse mutuamente. As emissoras de televisão enxergam o público como um dado demográfico, e devem ser cruéis com os programas que não dão audiência. Mas os telespectadores – principalmente os que participam de fóruns – se vêem como pessoas unidas por uma causa. Neste caso, a causa era a decepção com o término do programa. O apoio tomou a forma de uma ação poderosa, coletiva e impossível de ser ignorada – o *groundswell* em seu sentido clássico. Os fãs se uniram para enviar o equivalente a US$50 mil em amendoins – 20 toneladas – aos produtores do programa.[9] (E por que amendoim? Um dos personagens do programa usava a frase "Nuts!" [amendoim], para protestar contra o lado absurdo da vida, e era o sentimento que os fãs do programa cancelado tinham.)

E isto funcionou. Veja o que a CBS publicou no fórum de fãs tão logo as toneladas de amendoim começaram a chegar:[10]

> 6 de junho de 2007
> **Aos fãs do Jericho:**
> Uau!
> Nas últimas semanas, vocês nos mostraram uma paixão impressionante e sem precedentes para apoiar uma série de televisão do horário nobre. Vocês chamaram nossa atenção: seus e-mails e vozes coletivas foram ouvidos.
> Por isso, a CBS encomendou sete episódios de "Jericho" para o meio da temporada no ano que vem. Quando algo faz sucesso, há uma chance

de se ter mais dele. Para termos mais "Jericho", precisamos ter mais espectadores.

Há uma comunidade leal e apaixonada por este programa... Mas essa comunidade precisa crescer... Contamos com vocês para promover o programa, para convocar mais telespectadores com a mesma energia, intensidade e volume, como vocês nos mostraram nas últimas semanas.

Em nome de toda a CBS, obrigado por terem expressado seu apoio pelo "Jericho" de maneira tão extraordinária. Seu protesto foi criativo, contido, com consideração e respeitoso. Vocês fizeram a diferença.

Atenciosamente, Nina Tassler

Presidente, CBS Entertainment

P.S.: Podem suspender o envio dos amendoins.

Veja o que a aconteceu aqui. Ao permitir que seus fãs apoiassem uns aos outros – e por terem participado –, os produtores salvaram o programa. Mas por terem estabelecido um diálogo de apoio com esses telespectadores entusiasmados, eles podiam pedir algo em troca. Eles pediram aos fãs para chamarem mais telespectadores, e transformar o apoio em energização.

ESTUDO DE CASO

Bearingpoint: Como usar um wiki para tranqüilizar seus clientes

É possível fazer mais do que fechar seus consumidores em uma comunidade? Você pode fazê-los construir algo juntos?

Veja o exemplo da Wikipedia. Milhares de pessoas criam milhões de verbetes. A busca por renda psíquica, multiplicada entre todos esses colaboradores, construiu uma grande instituição na Internet. E, apesar de a exatidão certamente não ser 100%, as chances de encontrar ali o que você procura são grandes.

Qualquer um que já visitou a Wikipedia já se perguntou: "Eu poderia usar uma tecnologia como os wikis para meus próprios consumidores?" A resposta é sim – se você conseguir encontrar um assunto que os envolva.

Veja o caso do MIKE2.0. MIKE significa Method for an Integrated Knowledge Environment (Método para um Ambiente Integrado de Conhecimento). Seus inventores deram a seguinte definição:

"Uma metodologia de código aberto para gestão de informações corporativas que fornece um modelo de organização para o desenvolvimento de informações."[11]

Ainda confuso?

Se você fosse um CIO, esse pode ser o componente central de uma de suas iniciativas mais importantes – unificar todos os seus sistemas de informação para entregar um relato confiável do desempenho de seu negócio. Sejamos justos – vá um pouco mais fundo, e você achará isso extremamente complexo.

A BearingPoint é uma grande consultoria que fatura milhões vendendo soluções de gestão de informação e implementado as complexas tecnologias por trás delas. Ela concorre naturalmente com outras grandes integradoras, como a Accenture, IBM e HP. Robert Hillard, líder global de soluções de gestão de informação da BearingPoint, precisava apresentar sua solução para a questão de gestão de informações e provar que ela era melhor que a das outras empresas.

A BearingPoint, criadora do MIKE 2.0, tinha muita propriedade intelectual – métodos, filosofias, princípios, definições – que se aplicava ao problema. Mas estava tudo fragmentado. "As pessoas estavam compartilhando informações em *white papers* e comunicações personalizadas com os clientes", explica Robert. "Boa parte de nossa propriedade intelectual estava sendo distribuída de maneira descuidada. Havia muito mais valor, só que estava escondido, informações citadas em PowerPoints, mas os clientes não sabiam dizer o que era aquilo." O problema de Robert era o seguinte: como ele poderia desembaraçar tudo isso, de modo que os clientes e *prospects* pudessem não só consultar o material, mas também acrescentar sua colaboração?

Este foi o início do wiki MIKE 2.0.

O wiki do MIKE 2.0 se parece muito com a Wikipedia. (Se você é um CIO no mercado de soluções de gestão de informações, dê uma olhada – o site é www.openmethodology.org.) O site funciona como a Wikipedia – foi desenvolvido com o mesmo software. E está repleto de informações que fazem a BearingPoint se destacar. Você pode ir se aprofundando, e observar como a empresa soluciona os problemas de negócios.

O wiki começou como um repositório interno de informações. Usar wikis é a maneira comum que as empresas têm de usar o poder colaborativo de seus funcionários, como descreveremos no Capítulo 11. Mas, desde maio de 2007, o wiki está aberta a todos – clientes da BearingPoint, fornecedores de tecnologia, até mesmo os concorrentes e seus clientes.

Isso parece não fazer sentido. Por que uma consultoria disponibilizaria sua propriedade intelectual em um lugar no qual todos pudessem acessá-la – e até mesmo alterá-la? Para um problema compartilhado complexo como a gestão de informações, essa estratégia faz bastante sentido.

Para começar, todos têm acesso às mesmas informações. A empresa coloca todas as informações onde os compradores possam vê-las, o que dá a eles muito mais confiança para firmar um compromisso de milhões de dólares com a BearingPoint. "Como ocorre com várias iniciativas de código aberto, se você puder criar um cenário de testes antes da compra, o mercado cresce", diz Robert.

Todavia, a finalidade dos wikis é a colaboração, não apenas a publicação. Ao abrir o wiki a observadores externos, a BearingPoint se coloca no centro de uma coleção crescente de nova propriedade intelectual. Os observadores externos contribuem para o wiki em áreas que a BearingPoint não cobre. "Não são áreas nas quais teríamos investido", diz Robert, "mas acrescenta valor a nossos clientes".

O resultado é o seguinte: ao se abrir para a colaboração com seus próprios clientes, a BearingPoint possibilitou que eles percebam que estão solucionando problemas em conjunto. Os clientes sentem que recebem apoio, como os consumidores da Dell e os pacientes do Massachusetts General Hospital. O suporte deixa as pessoas à vontade. E as pessoas precisam estar à vontade para gastar dinheiro.

Os projetos de gestão de informação da BearingPoint aumentaram significativamente, e Robert Hillard diz que a disponibilidade do wiki é o principal motivo. Até agora, 200 ou 300 pessoas se inscreveram no wiki, a maioria externos à BearingPoint. A inscrição permite que elas acrescentem conteúdo. Mas para muitos outros, o wiki funciona mais como consulta e referência, atividades de Espectador que não precisam de inscrição. O site já registrou mais de um milhão de hits.

Os visitantes vêm em busca de informação. Alguns se tornam clientes em potencial dos serviços da BearingPoint. A BearingPoint ganha dinheiro com esses clientes em potencial, que têm maior probabilidade de se converter em clientes do que aqueles que a empresa conquista em outro lugar. Ela ganha dinheiro por aparentar ser maior do que é, com as contribuições dos outros. E ao colocar trechos do wiki nesses projetos de gestão de informação, a BearingPoint está vendendo o conteúdo do wiki junto com o projeto.

Como você pode imaginar, a BearingPoint monitora o wiki de perto e não permite que as pessoas façam mudanças arbitrariamente (ao contrário do que acontece na Wikipedia). Isso usa o tempo dos gestores. Mas a empresa já havia desenvolvido economias por centralizar suas informações internamente. Robert chama esse esforço extra de "gota no oceano". E certamente é, comparado com os benefícios que a empresa obtém por fazer seus consumidores se sentirem apoiados.

Um wiki é a coisa certa para você?

Os wikis são excelentes. Se você acha que tem consumidores que estão prontos para compartilhar informações, definitivamente deve criar uma. Se ela for em frente, os consumidores gostarão da idéia, e isso os manterá ocupados e os tornará uma autoridade reconhecida. Mas tenha em mente que os riscos são grandes.

Os wikis não são fáceis de gerenciar. Elas certamente são mais difíceis do que os fóruns de suporte.

Aqui estão os ingredientes para um wiki corporativo externo bem-sucedido.

Primeiro, como sempre, você precisará de pessoas – nesse caso, pessoas com interesses em comum para contribuir. A BearingPoint tinha seus clientes e fornecedores. A Intuit, que criou um wiki muito bem-sucedido no taxalmanac.com (é o vigésimo wiki em tráfego nos Estados Unidos),[12] começou com um grupo de contadores. E a eBay, que criou um wiki sobre como comprar e vender produtos no ebaywiki.com, possui exércitos de veteranos no eBay que contribuem para o wiki.

Todos esses grupos estão cheios de especialistas colaborando com informações. Você precisa de um grupo desses especialistas se quiser que seu wiki tenha alguma chance de sucesso. Na verdade, antes de começar você deve se conectar com esses participantes ativos em sua base de clientes e convidá-los a ajudar na criação.

O segundo ingrediente importante é conteúdo. É preciso ter muito mais conteúdo para lançar um wiki do que um fórum de discussão. A BearingPoint tem muito material para dar esse passo. A Intuit tinha todos os códigos de impostos dos Estados Unidos, que é a parte central do taxalmanac.com. E a eBay tem suas regras para comprar e vender. O wiki certamente crescerá e se desenvolverá a partir desse ponto de partida, mas precisa de uma semente para começar.

Os ingredientes finais são paciência e políticas. Como todas as atividades do *groundswell*, você precisa avaliar a situação. Que regras você criará para garantir a integridade da informação? (A BearingPoint financia um grupo editorial que avalia as mudanças e que não são compatíveis com os objetivos da comunidade MIKE 2.0.; a Intuit, naturalmente, não permitirá que você mude seu código de impostos.)

Essas regras devem ser definidas desde o início, e devem mostrar equilíbrio. Com regras muito lenientes, você sofrerá ataques de vandalismo – como aconteceu com a podtech.net e um blogueiro chamado Robert Scoble, quando criaram um wiki sobre conteúdos fornecidos por Scoble, mas tiveram de fechá-lo, por causa de comentários desenfreados contra Scoble.[13] Se as regras forem muito rígidas, as pessoas se sentirão intimidadas a contribuir.

Para acertar a mão, você precisa pensar no wiki não como seu wiki, mas como nosso wiki – seu e de seus consumidores. Isso permitirá que você explore os impulsos criativos, altruístas e de validação – a busca pela renda psíquica – que tornou a Wikipedia a coleção de conteúdos vibrantes e úteis que é hoje. Pensar em seu wiki como algo para o bem de seus consumidores ajudará você a compreender como definir sua política de uso.

Lucro com as respostas

Quando falamos sobre o *groundswell* se apoiando mutuamente, talvez o paradigma mais simples de todos sejam as perguntas e respostas. Por que não permitir que algumas pessoas publiquem perguntas e que outras respondam a essas perguntas? E por que restringir essas perguntas e respostas a apenas um produto? O que aconteceria se qualquer pessoa pudesse fazer uma pergunta sobre qualquer assunto e qualquer pessoa pudesse respondê-la?

Duas empresas se empenharam em saber o que aconteceria – Naver e Yahoo!. Agora, as duas estão tendo lucros significativos por ajudarem o *groundswell* a responder às próprias perguntas.

Naver, o maior mecanismo de buscas da Coréia do Sul, surgiu a partir de um ponto fraco internacional na Internet – há pouquíssimo conteúdo disponível em coreano. Por isso, os coreanos que faziam busca na Web não encontrariam o que estavam procurando.

Naver, uma divisão da empresa coreana de games NHN, procurou descobrir se a boa vontade das pessoas poderia resolver o problema. A Naver criou um sistema de perguntas e respostas – qualquer um pode fazer perguntas, e qualquer um pode responder.

Resultado: todos os dias os coreanos publicam 44 mil perguntas à Naver – e recebem 110 mil novas respostas.[14] Este é o grande negócio: 77% das buscas coreanas passam pela Naver, e ela gerou metade dos lucros da NHN em 2006. Um artigo no *The New York Times* citou um dos colaboradores, Mr. Cho, que explica por que é tão prestativo: "Eu me sinto bem quando pessoas que não me conhecem me agradecem. Ninguém me paga para isso. Mas ajudar outras pessoas na Internet é viciante." Aparentemente, a renda psíquica se aplica tanto na Coréia quanto nos Estados Unidos.

Nos Estados Unidos e no mundo inteiro, a mesma história de sucesso acontece com o Yahoo! Answers. Em julho de 2007, havia 350 milhões de respostas no serviço nos países em que ele é oferecido.[15] O que gera toda essa atividade? Enquanto a generosidade pura e simples é parte da explicação, o Yahoo! também usa um sistema de pontos, que não custa nada ao Yahoo!, mas permite que os participantes possam ser distinguidos. Um dos principais respondentes de perguntas no Yahoo! Answers é o introvertido "Judas Rabbi", que já respondeu a mais de 100 mil perguntas em pouco mais de um ano. Quando conseguimos entrar em contato com ele e perguntamos o que o motiva (da única forma possível, fazendo uma pergunta no Yahoo! Answers), a única coisa que ele respondeu foi: "Estou tentando responder ao máximo possível de perguntas."[16] Mas outros colaboradores do Yahoo! Answers falaram sobre ele – ele é uma lenda na comunidade do Yahoo! Answers. Chegar ao topo, permanecer no topo e tornar-se conhecido para o maior número possível de participantes está gerando renda psíquica para Judas Rabbi, seja ele quem for.

As perguntas e respostas funcionam para empresas que vendem produtos, e não apenas portais? Sam Decker acha que sim. Sam é o CMO (Chief Marketing Officer) da Bazaarvoice, uma empresa que oferece sistemas de ratings e análises, como foi descrito no capítulo anterior. Agora, a Bazaarvoice está acrescentando perguntas e respostas para as páginas de produtos nos sites de e-commerce. "Fóruns são ótimos para prestar suporte por causa das discussões encadeadas", Sam explica. Mas em um ambiente comercial, em contraste a um ambiente tradicional de suporte, você precisa obter suas respostas rapidamente, e não vasculhar fóruns. Por esse motivo, a Bazaarvoice coloca as perguntas e respostas em cada página de produtos de sites como shoes.com. "A grande diferença é que você nunca deixa a página do produto", diz Sam. Você recebe uma resposta no momento em que precisa, quando está comprando um produto.

Não está claro ainda se um suporte desse tipo pode ajudar a vender, e não só fazer os consumidores felizes. De acordo com nossa experiência, isso faz sentido. É por esse motivo que a renda psíquica é onipresente – as pessoas no *groundswell* querem ajudar umas às outras. E se você puder explorar esse desejo, pode transformá-lo em uma força poderosa, não apenas pela satisfação, mas para gerar novos negócios também.

Como ajudar o *groundswell* a se apoiar: O que isso significa para uma empresa

Você deve entrar na busca pela renda psíquica?

Como sempre, a resposta depende de seus objetivos. É ótimo economizar dinheiro, mas se seu sonho é trazer todos os seus consumidores para a Internet e demitir seus atendentes de suporte, pense de novo. Se for bem gerenciado, isso ajudará seus clientes a se apoiarem mutuamente e os deixará felizes, economizará dinheiro e gerará idéias. Mas também exige muito esforço e mudará sua empresa. Antes de começar, você deve examinar três coisas: que problema você solucionará, como participará e se você deve criar uma comunidade de suporte ou participar de uma já existente.

Qual é o problema que sua atividade de suporte está tentando resolver?

Imagine que você se dispõe a criar um fórum de suporte, um wiki ou outra forma de suporte à comunidade. *Por que* as pessoas participariam dela? Pense a partir da perspectiva de seus consumidores. Se seu produto é uma parte significativa dos negócios delas (como o TurboTax para os contadores), ou se ele gera entusiasmo (como o TiVo), ou se você tem *tantos* consumidores que até mesmo um pequeno percentual de fãs representa dezenas de milhares (como a Dell ou eBay), você pode formar uma comunidade ou wiki em torno de seu produto. Mas para a maior parte dos produtos você precisa pensar grande e refletir sobre todo o problema do cliente. A Intuit criou um wiki com informações sobre impostos, não um wiki TurboTax, porque Scott Wilder, que gerencia as comunidades on-line da empresa, percebeu que seus consumidores queriam aconselhamento sobre impostos, e não apenas conselhos sobre software. Qual é o maior problemas de seus consumidores?

A renda psíquica é muito mais poderosa quando você trata dos problemas sobre os quais as pessoas gostam de falar mais. Se você vende guitarras, talvez você se saia melhor com um fórum de suporte sobre os desafios de ser um músico bem-sucedido, e não sobre alavancas e pedais.

O suporte do *groundswell* pede a sua participação

As comunidades de apoio precisam de atividade – poucas pessoas visitam um fórum que não está movido por atividades. Já vimos inúmeros exemplos de pessoas que criaram comunidades, fóruns ou wikis, e depois assistem ao seu fim, quando as atividades diminuem. Veja o exemplo da comunidade de controle de peso Special K, do Yahoo!, que saiu de 2.001 mensagens em janeiro de 2007 para apenas 185 em agosto do mesmo ano.[17] Para cada comunidade que decola, deve haver dezenas de outras que morrem.

A atividade cria conteúdo, que gera tráfego e links, que aumenta a classificação junto aos mecanismos de busca, os quais, por sua vez, geram mais tráfego, e assim por diante. Para começar, você deve fazer seu dever de casa. Comece analisando se seu fórum tem alguma chance de ter sucesso em termos de volume. Este é o cálculo: 28% de todos os consumidores on-line participam de fóruns, e dois terços dessas pessoas afirmam contribuir para os fóruns. Seus consumidores serão diferentes, é claro – você precisa fazer essa pesquisa para determinar se seus consumidores são mais ou menos inclinados a participar de fóruns. Mas, mesmo que 40% de seus consumidores participem de fóruns on-line, eles não necessariamente participarão dos *seus*.

Mesmo a Intuit, a campeã aqui, tem apenas 5% de seus consumidores de QuickBooks em seu fórum. As empresas devem prever que entre 1% e 5% de seus consumidores participarão de um fórum de suporte (dependendo do Perfil Tecnográfico Social dos consumidores e o quão comprometidos eles são com os produtos da empresa), e que leva pelo menos um ano para chegar a esse nível de participação. E lembre-se de que mais visitantes irão assistir do que fornecer respostas – nem todos estão em busca de validação psíquica. São necessários milhares de participantes para movimentar o fórum – sua base de clientes pode gerar esse volume?

Durante o primeiro ano, a comunidade de suporte necessita de sua atenção, e de funcionários e recursos dedicados a ela. Primeiro, é necessário levar as pessoas até o fórum com mensagens em seu site, suas embalagens e seu atendimento telefônico. Contudo, o mais importante é que você precisa participar – assim como os produtores do programa "Jericho". No início, seus próprios funcionários irão fornecer algumas das respostas, monitorar as atividades e encontrar maneiras de ajudar as pessoas, modelando a atividade que os participantes terão uns com os outros quando o fórum crescer. A Dell começou com 30 funcionários que monitoravam a atividade do fórum e ajudavam a direcionar as pessoas para as respostas. Apesar de hoje, anos depois, o fórum ser muito maior, ele se modera sozinho e a Dell reduziu o número de funcionários para cinco. A lição: sua participação é *essencial* no início.

O fato é que é mais difícil pôr em funcionamento as tecnologias mais exóticas como wikis e Q&As. Mesmo em aplicativos de finalidades gerais como a Wikipedia e Yahoo! Answers, há muito mais pessoas interessadas em *ler* os resultados do que em contribuir. Se você está expandindo uma comunidade já existente, suas chances de sucesso são maiores. Caso contrário, você precisa encontrar outras maneiras de envolver seus consumidores.

Por que construir uma comunidade se você pode participar de uma?

Um passo final, mas óbvio: você deve verificar se já existe uma comunidade para seus consumidores. Foi o que a TiVo fez.

Dos 4,3 milhões de proprietários do gravador digital da TiVo, 130 mil – cerca de 3% – se registraram no tivocommunity.com, um site sem nenhuma ligação com a empresa. O participante com o maior número de posts, "jsmeeker", postou 44 mil vezes desde 2001.[18] É certo dizer que jsmeeker está recebendo renda psíquica de seu conhecimento sobre TiVo.

Os proprietários de TiVo estão solucionando seus problemas no tivocommunity.com. A TiVo não precisou construir um fórum – seria redundante. Mas Bob Poniatowski, diretor de marketing de produto da TiVo, afirma: "Nós monitoramos por cima o que acontece ali." Os engenheiros da TiVo às vezes recebem relatos de bugs que aparecem nos posts da tivocommunity.com, nos quais os proprietários da TiVo dedicam tempo para documentar o que não funciona como o esperado. Ocasionalmente, Bob participa desse fórum, e é conhecido por "TiVoPony". "Se há algum problema, já que temos uma presença confiável, posso falar um pouco mais no fórum do que em um comunicado de imprensa", diz Bob. "Eles, por sua vez, defendem nosso produto e serviços para outras pessoas." A TiVo usa o fórum de três maneiras – para *apoiar* seus assinantes, para *escutar* como as pessoas usam seu produto e para *falar* com os membros da comunidade, que podem divulgar as melhorias. Essa conexão é tão valiosa que a TiVo contribuiu para ajudar com os custos de servidor e banda larga do tivocommunity.com, quando a comunidade precisou de ajuda.

Ainda estamos surpresos com o número de empresas que têm medo de entrar nisso porque acreditam que irão interferir nas discussões da comunidade. Essa costuma ser uma desculpa usada porque as empresas têm medo de dar o primeiro passo, supondo que as pessoas não gostariam de ouvir outro profissional de marketing falar com elas. Na realidade, os participantes de uma comunidade assim estão loucos para ouvi-lo – eles estão ali para falar abertamente de seus produtos e serviços. Os posts feitos pela empresa atraem muita atenção. Se já existe uma comunidade vibrante em torno de seu produto ou serviço, pense na possibilidade de participar dela, ou de estabelecer outro tipo de relacionamento, para poder ajudar seus consumidores a se ajudarem.

Conselhos práticos para começar uma comunidade

Se você deseja montar uma comunidade de apoio, veja algumas sugestões a seguir:

- *Comece pequeno, mas planeje aumentar sua presença.* Como acontece com várias atividades do *groundswell*, a melhor maneira de ser bem-sucedido é começar pequeno. Se você tem várias linhas de produto, talvez seja melhor começar uma comunidade para uma delas. Descubra o que funciona melhor para seu tipo de consumidores antes de expandir sua presença ou prestar suporte a outros produtos. Mas reconheça que você estará prestando suporte a várias linhas de produto em pouco tempo. Lembre-se de que trocar os fornecedores de suporte – porque os seus não conseguiram acompanhar o crescimento – é altamente disruptivo para a comunidade recém-criada.
- *Comunique-se com seus consumidores mais ativos.* Como sua comunidade vai funcionar? Seus consumidores sabem. Por intermédio de sua equipe de vendas, encontre seus fãs e pergunte a eles como preferem participar. Eles serão líderes importantes em sua comunidade on-line, e é essencial manter seu apoio e entusiasmo. Se você tem consumidores-celebridade (por exemplo, um fabricante de snowboards que vende para campeões olímpicos, ou uma empresa de móveis com decoradores), pode comunicar-se com eles e assegurar (e pagar) por sua participação antecipadamente.
- *Elabore um plano para aumentar o tráfego para sua comunidade.* Veja o que acontece quando você abre as portas de sua comunidade: Nada. Ninguém sabe que você existe. Tarik Mahrnoud, da Linksys, usa o sistema de espera telefônica da empresa e site de forma coordenada para gerar tráfego – você pode fazer o mesmo. Anuncie em sites em que seus consumidores compram; coloque o endereço Web da comunidade na capa do manual de instruções. E não se esqueça dos mecanismos de busca. Uma vez que sua comunidade ou wiki esteja fervendo com tanta atividade, os posts vão aparecer no topo dos resultados de busca; até lá, você pode comprar listagens de busca no Google, Yahoo! e MSN Live Search.

- *Incorpore um sistema de reputação.* É crucial possibilitar que os participantes construam uma reputação. Pergunte a Lyle Fong, CEO e co-fundador da Lithium Technologies – empresa que desenvolveu muitos dos fóruns que você vê nos sites de empresas, inclusive o fórum que salvou o Natal da Lynksys. De acordo com Lyle: "Os usuários passam horas construindo sua reputação em uma comunidade. Um sistema de reputação bem elaborado estimula a participação e o bom comportamento dos usuários." O sistema de reputação é o que faz Jeff Stenski – com seus 20 mil posts no fórum da comunidade da Dell – ser reconhecido como um colaborador no "Nível Diamante", o que torna seus conselhos mais confiáveis. É essa acumulação de pontos que ajuda pessoas como Judas Rabbi a subir nos rankings do Yahoo! Answers. A comunidade desenvolve um mecanismo parecido com um game. Dessa forma, não é apenas o impulso altruísta, mas também o impulso competitivo que mobiliza os participantes.
- *Deixe que seus clientes o conduzam.* As comunidades têm opiniões sobre todos os assuntos. Elas dirão a você não só quais características acrescentar ao produto; elas também dirão como a comunidade deve ser conduzida e o que você faz de certo – e errado. Inclua um thread chamado "Como melhorar esta comunidade", e preste bastante atenção ao que você escutar, não apenas ali, mas no restante do fórum.

Dê esse grande passo. Deixe que seus clientes se apóiem mutuamente. E esteja preparado em relação a como essa mudança afetará seus negócios.

Como as comunidades de suporte do *groundswell* mudarão sua empresa

É engraçado participar de fóruns em comunidades – as pessoas esperam que você as escute e responda.

A CBS e os produtores do programa "Jericho" constataram isso da maneira mais drástica possível – quando andavam com dificuldade em meio aos amendoins entregues em seu escritório. Independentemente dos fóruns que você crie e de que participe, seja claro – você está criando seu próprio pedaço do *groundswell*.

Seu fórum ou wiki será um laboratório no qual os consumidores falam sobre tudo. Não só sobre seus produtos e como usá-los, mas também a respeito do preço. Seus concorrentes. As táticas de seu pessoal de vendas. Seu novo planejamento de produtos. As ações de sua empresa na bolsa de valores. Tudo, desde o logotipo de sua empresa até as práticas trabalhistas em suas fábricas.

Veja isso como uma oportunidade. Ao ter ou participar de uma comunidade, você está em posição privilegiada. Em geral, os departamentos de suporte não exercem muita influência nas corporações – eles são um centro de custos. Mas já que as comunidades de suporte são tão ricas em conteúdo, elas podem influenciar o desenvolvimento e o marketing. O dono da comunidade, com todas essas informações em seu poder, ganha um espaço para participar das decisões.

Já que você está em um fluxo de comunicação com as pessoas nesses ambientes, peça que elas expliquem o significado de seus comentários. Esse diálogo – em especial com seus clientes mais ativos – leva-os inevitavelmente para o processo de desenvolvimento. Você acaba colaborando com seus consumidores para criar produtos melhores. Isso quer dizer pegar o poder da renda psíquica e incorporá-la a seu negócio.

Não importa se você começa a escutar, a falar, a energizar ou apoiar o *groundswell*, terá seus consumidores fazendo parte de seus processos de negócio, principalmente aqueles relacionados ao desenvolvimento de produto. É o que queremos dizer com adotar o *groundswell*, o assunto do Capítulo 9.

9. Como incluir o *groundswell*

Em uma pequena cidade no meio da Pensilvânia, vive um homem chamado George. George ama sua cadela, Pooch. Pooch é uma cockapoo, uma mistura de cocker spaniel e poodle. George e Pooch são muito próximos. "Nós gostamos de caminhar e de correr", diz George. "Também escalamos montanhas e brincamos no jardim. Eu não saberia viver sem minha Pooch."

Gala Amoroso se interessa muito por pessoas como George. Gala é uma diretora de insights sobre o consumidor da Del Monte Foods, e passou toda a sua carreira analisando a psicologia de pessoas que compram produtos em supermercados. Ela descreve a pesquisa que faz sobre os consumidores como trabalho de investigação. "É o que eu adoro fazer", conta. "Entender a história – como montar o quebra-cabeça – e chegar a uma conclusão."

Com o auxílio de uma empresa de monitoramento de marcas chamada Umbria, a Del Monte identificou um segmento de donos de animais de estimação que ela chama de "Cachorro também é gente". Você certamente conhece alguém assim. No grupo "cachorro também é gente" estão pessoas que tratam seus animais como membros da família. Os animais viajam com a família. Seus donos brincam com eles sempre que podem. Eles incluem os animais em sua vida, do nascer ao pôr-do-sol. E têm um ponto fraco por produtos para animais domésticos que se encaixam em seu estilo de vida.

Essa foi uma descrição adequada para George. Dessa forma, quando a Del Monte e seu parceiro desenvolvedor de comunidade, MarketTools, criaram uma comunidade fechada chamada "Amo meu cachorro/Cachorro também é gente", foi fácil recrutar George. E um diálogo fascinante começou.

De um lado, estavam Gala e outros funcionários da Del Monte, tentando entender que produtos fazer, como embalá-los e como vendê-los.

Do outro lado, estavam George e outros fãs de animais domésticos, felizes por explicar – com detalhes e várias idas e vindas – o que eles procuravam.

Gala (por intermédio de um moderador) perguntou:[1]

> E se seu cachorro fosse uma pessoa? Está bem, sei que seu cachorro é uma pessoa. Imagine que seu cachorro pudesse escrever o que ele deseja comer em um dia. Como seria essa comida? O que ele escreveria? Clique no link de comentários a seguir para escrever o que seu cachorro gostaria de comer no [café-da-manhã] DIA DOS SONHOS DO SEU CACHORRO.

George respondeu:

> Para o café, ela gostaria de bacon e ovos, com ketchup. Ela adora ketchup!!!

Um tema começou a se delinear a partir das respostas de George e das outras 400 pessoas na comunidade, à medida que elas descreviam o café-da-manhã ideal de seus cachorros. Os fãs de cachorros querem comida de cachorro que se pareça com comida humana! Um dos donos pediu "panquecas do McDonald's, ovos, bacon, hash brown com um capuccino". Outro disse: "No café teria de haver ovos com muito queijo – Andy adora queijo!" Os cachorros haviam se comunicado (por meio de seus donos). Eles queriam bacon e ovos.

E a Del Monte decidiu dar a eles bacon e ovos. Foi assim que surgiu o Snausages Breakfast Bites, um café-da-manhã que se parece com tirinhas de bacon e ovos fritos.

E o que deveria haver no Snausages Breakfast Bites? E quanto às vitaminas? As pessoas tomam vitaminas pela manhã. E por que não os cachorros?

Gala e Del Monte perguntam à comunidade:

Você compraria mais biscoitos se eles contivessem vitaminas e minerais?

George:

Eu daria preferência a biscoitos mais saudáveis, em detrimento dos que não tivessem vitaminas e minerais. Procuro os que contenham aminoácidos, ômega 3 e óleo de peixe. Eu também tomo essas vitaminas e sei que são importantes. É difícil encontrar uma variedade de comidas que seja saudável, e eu procuro sempre pelas marcas mais saudáveis.

Cinqüenta e quatro por cento da comunidade respondeu que sim, eles certamente comprariam um biscoito com vitaminas e minerais.

Próxima decisão: o que colocar na embalagem. Gala postou uma fotografia da embalagem. Além de um desenho de cachorro comendo biscoitos no formato de bacon e ovos, a embalagem trazia o seguinte texto:

Um começo de dia saudável e saboroso para seus cachorros.
 * CÁLCIO para ossos e dentes saudáveis
 * ANTIOXIDANTES para a saúde do sistema imunológico
 * ÔMEGA 3 E 6 ÁCIDOS GRAXOS para uma pele saudável

E George respondeu:

Os cachorros são como pessoas também. Eles precisam de todas as vitaminas e minerais para levar uma vida longa e feliz. No passado, vários tipos de comida para cachorro eram feitos com lixo e enchimentos, e as empresas estão despertando para o fato de que os donos querem comidas mais nutritivas e, se eles quiserem continuar funcionando, é melhor fazer isso. Gosto de ver o que está escrito no pacote, pois isso mostra que eles se importam.

George não estava sozinho. Choveram comentários da comunidade. Os Snausages Breakfast Bites estavam prontos – eles seriam um sucesso. E a Del Monte começou a fabricá-los. Ainda é cedo, mas parece que eles estão vendendo. A Del Monte encontrou uma maneira de fazer felizes alguns fãs de cachorro.

É difícil desenvolver um produto. Por que não permitir que seus consumidores ajudem na tarefa?

Incluir os consumidores: um novo tipo de desenvolvimento

Fazer inovações com a ajuda de seus consumidores é uma idéia tão sensacional que já foram escritos pelo menos três livros a respeito disso.

O livro arrojado de Eric von Hippel, *Democratizing Innovation*,[2] entra em detalhes sobre o papel que os "usuários pioneiros" desempenham ao ajudar a influenciar o desenvolvimento de novos produtos, de software até pranchas de surf. O livro de Patricia B. Seybold, *Outside Innovation: How Your Customers Will Co-Design Your Company's Future*,[3] traz dezenas de exemplos de maneiras para integrar a "inovação gerada pelo cliente" aos processos de desenvolvimento por meio de ferramentas como as comunidades fechadas, ratings e análises. O livro *Wikinomics*, de Don Tapscott e Anthony D. Williams,[4] analisa maneiras de usar o modelo colaborativo da Wikipedia para explorar a comunidade global a fim de gerar inovações.

Esses blogs são excelentes e demonstram uma visão fantástica. Mas quando falamos de colaborar com seus consumidores – trazê-los para seus processos de desenvolvimento e inovação –, a verdade fundamental é esta: *é desafiador*. É quase certo que sua empresa se desenvolveu de maneiras projetadas para direcionar a inovação em lugares controlados. Você provavelmente tem um departamento encarregado do desenvolvimento de produtos, com vários engenheiros inteligentes, tendo várias idéias inteligentes. Você provavelmente tem um departamento de pesquisa de mercado, com pessoas como Gala Amoroso, encarregada de pesquisar o que seus consumidores querem. E não são apenas produtos. Quando falamos sobre serviços ou processos internos, provavelmente há pessoas cujo trabalho é identificar maneiras de melhorar esses serviços e processos. Se você quer abrir novos canais de distribuição, precisa trabalhar com um especialista em canais – e lidar com a oposição de pessoas responsáveis pelos canais antigos.

Mas o fato é que, como você viu em todos os capítulos até aqui, seus consumidores estão impacientes para dizer-lhe o que fazer. Eles estão simultaneamente reclamando e elogiando seus produtos nos fóruns. Estão avaliando e comentando sobre seus produtos nos sites de varejo. Estão escrevendo em blogs, fazendo vídeos e analisando cada um de seus passos. Esteja você pronto ou não, eles já são parte de seu processo – eles estão observando seus gestores.

Se você já adotou um dos objetivos descritos nos Capítulos 5 a 8 – se você está escutando, falando, energizando ou apoiando o *groundswell* –, já abriu um canal de comunicação com esses consumidores. E, inevitavelmente, o conhecimento que vem disso – dos relacionamentos que está desenvolvendo com esses consumidores – levará essas pessoas a se envolver mais com sua empresa. Chamamos a isso de incluir o *groundswell* – tornar seus consumidores uma parte integrante de sua maneira de inovar, para a melhoria de produtos e processos.

Este capítulo trata de encontrar maneiras práticas de utilizar seus consumidores para ajudá-lo a inovar – aumentar as chances de desenvolver algo que seus consumidores querem. E isso não se aplica apenas a melhores produtos e processos. Aplica-se a inovar com mais rapidez.

Por que inovar mais rapidamente é poderoso

Todos os casos neste capítulo têm uma coisa em comum: eles mostram como, ao incluir o *groundswell*, você pode avançar mais rapidamente.

Há dois motivos para isso.

Em primeiro lugar, os consumidores não precisam de muito tempo para dizer a você o que querem. Eles usam seu produto e interagem com sua empresa; sabem o que está errado e como as coisas podem ser resolvidas. Eles têm idéias que sua equipe de desenvolvimento e gestão ainda não tiveram. E tão logo você esteja preparado, pode explorar essas fontes de inovação. As pessoas que se conectaram com seus consumidores dessa forma sempre ficam surpresas com a rapidez como geram idéias. Isso acontece porque elas influenciaram dezenas ou centenas de engenheiros com milhares ou milhões de outras mentes.

Segundo, com os consumidores fazendo parte desse círculo, a inovação acontece mais rapidamente porque você pode repetir – fazer melhorias contínuas. Veja as conversas que Gala Amoroso teve com sua comunidade de clientes. Primeiro, ela perguntou como o produto deveria ser. Depois, ela perguntou se o produto deveria conter vitaminas. E depois perguntou sobre a embalagem. Foram três decisões, três repetições, em poucas semanas. Quando você está envolvido com a comunidade de consumidores, recebe feedback rapidamente, e pode passar para a próxima pergunta tão logo tenha processado a resposta. É como se uma troca de correspondências fosse substituída por uma conversa cara a cara. Todos sabemos que é possível fazer muito mais em uma interação cara a cara, e isso acontece porque as conversas são mais eficientes do que fazer perguntas em uma pesquisa, realizar um estudo de engenharia, ou pedir que os executivos analisem cada sugestão.

Neste capítulo, examinaremos três casos: como a salesforce.com usa uma comunidade de inovação para envolver seus consumidores no projeto de novos produtos, como uma cooperativa financeira francesa fez das sugestões de seus clientes uma parte de como conduz seus negócios, e como um supermercado canadense usa ratings e análises para aperfeiçoar seus produtos. Em cada um dos casos, essas empresas estão se movendo mais rapidamente do que nunca, o que economiza dinheiro e dificulta a vida dos concorrentes.

ESTUDO DE CASO

Salesforce.com: Inclusão através de uma comunidade de inovação

Velocidade é importante para Steve Fisher.

Steve é o VP responsável pela plataforma – basicamente, os fundamentos do produto e seu ambiente de desenvolvimento – da salesforce.com. A salesforce.com desenvolve aplicativos para gestão de relacionamento com clientes. Se você é vendedor, acessa o salesforce.com em seu computador e usa o aplicativo para gerenciar as oportunidades e contatos de vendas nos quais está trabalhando. O salesforce.com também atende a necessidades dos departamentos de atendimento e marketing.

Mas o salesforce.com não é um software. É um serviço sob demanda, disponibilizado pela Internet. Isso significa que o salesforce.com pode implementar competências atualizadas e aperfeiçoadas muito mais rapidamente. E é por isso que a velocidade é importante para Steve.

O salesforce.com evolui rapidamente. A empresa costumava fazer três lançamentos por ano. Entretanto, o processo trouxe alguns impasses frustrantes. Os desenvolvedores – os gênios de tecnologia que desenvolveram o aplicativo – e as pessoas de marketing quase sempre discordavam sobre o que deveriam acrescentar no próximo lançamento. A resposta óbvia era ver o que os consumidores queriam. O problema não era o que o salesforce.com não estivesse escutando – era a avalanche de solicitações. Havia uma pilha de 10 mil solicitações dos consumidores. Algumas das idéias eram excelentes; outras nem tanto. O problema era fazer a distinção entre elas.

Em 2006, um dos gerentes de produto do salesforce.com se deparou com um aplicativo chamado Crispy News, e percebeu o que poderia ser a solução do problema. O Crispy News faz algo parecido com o Digg. Ele permite que os visitantes votem sim ou não para os itens que gostam.[5] Mas ao contrário do Digg, o Crispy News era um aplicativo que qualquer empresa pode licenciar. "Nós estávamos pensando em desenvolver isso aqui", disse John Taschek, VP de estratégia de mercado do salesforce.com. "Mas o Crispy tinha a tecnologia para descobrir o tipo de coisas que as pessoas queriam saber." E o que as pessoas do salesforce.com queriam saber era quais recursos seriam mais populares e relevantes para seus consumidores.

No outono de 2006, o salesforce.com lançou o salesforce.com IdeaExchange (ideas.salesforce.com) e convidou os consumidores para classificar suas prioridades de desenvolvimento. Antes disso, as idéias dos consumidores chegavam como flocos de neve, trazendo um tapete de sugestões indistintas para o processo de desenvolvimento. Agora, as idéias foram canalizadas e direcionadas pelos próprios consumidores do *groundswell* do salesforce.com. Em um ano, chegaram mais de cinco mil idéias. Agora, as mais importantes estão no topo da lista. Os consumidores estavam tendo o trabalho de organizar as prioridades *para* a salesforce.com.

Nem todas foram fáceis para o salesforce.com assimilar. Umas das primeiras e mais populares sugestões falava sobre o "banner", um anúncio pop up que aparecia cada vez que um cliente acessava o salesforce.com. O banner era muito querido pelo departamento de marketing do salesforce.com, pois permitia que a empresa se comunicasse diretamente com todos os usuários para informá-los sobre novos lançamentos, conferências e outros assuntos. Entretanto, as pessoas que queriam fazer algo rapidamente no site não estavam felizes com ele. Veja o que um usuário chamado "fifedog" publicou no IdeaExchange:[6]

Sumam, banners, por favor

[seguido por um gráfico do banner].

Sei que não estou sozinho nisso, mas quero levantar a questão e ver se não dá para fazer alguma coisa com esses banners irritantes que aparecem na tela toda vez que entramos no site.

Se você quiser fazer alguma coisa para resolver isso, vote SIM a essa idéia, para parar com esse absurdo!

Esse post foi seguido por mais de seis mil votos e centenas de comentários inflamados a favor da idéia de acabar com os banners. Isso acabou causando conflito no salesforce.com.

De um lado, estavam Steve e vários outros desenvolvedores, que queriam maximizar a utilização do aplicativo. De outro, estavam os profissionais de marketing do salesforce.com, que haviam se tornado dependentes do banner para fazer contato com os usuários.

Quem venceu?

Os usuários.

Ambos os lados tinham argumentos convincentes. Mas, no final, o salesforce.com estava tentando satisfazer seus usuários, o que trouxe certo peso para o lado que Steve defendia. Nos nove meses que foram necessários para solucionar a questão, a empresa percebeu que muitas das sugestões dos outros consumidores eram excelentes, e passou a integrá-las em seus produtos. Quando chegou a hora de solucionar o problema do banner, o salesforce.com decidiu confiar em seus consumidores. Como "fifedog' havia pedido, foi adeus ao banner.

O IdeaExchange revolucionou a maneira que o salesforce.com desenvolve produtos. Steve, que gosta de velocidade, obteve o que gosta. Em 2007, o salesforce.com apresentou quatro lançamentos, em comparação a apenas dois em 2006. Os novos lançamentos incluem 300 novas funções, três vezes mais do que nos anos anteriores. Por que as coisas mudaram? Por causa da confiança.

Agora, 50% das funções vêm de sugestões do IdeaExchange. Em vez de promover reuniões para discutir quais serão as novas funções, os desenvolvedores podem trabalhar já sabendo o que as pessoas querem. Isso gera menos desperdício de esforços e mais progresso. "Podemos ajudar a reduzir a pressão política e tornar isso um jogo pela qualidade das idéias", diz Steve Fisher. Ele descreve o novo processo como "um debate real sobre idéias reais. Você quer que elas apareçam, e quer livrar-se do que não presta". O que não presta, em suas palavras – as funções que foram desenvolvidas a partir de preconceitos pessoais e suposições –, "não resistirá frente à verdadeira colaboração e relacionamento social." Ele acrescenta que o IdeaExchange "trouxe nossa velocidade de volta". Para um homem que gosta de velocidade e trabalha em uma empresa que se move aceleradamente, isso vale bastante.

A troca de idéias funciona se você consegue engajar seus consumidores

É interessante fazer uma comparação da experiência da salesforce.com com a inclusão de seus consumidores com a da Dell.

O IdeaStorm da Dell (www.dellideastorm.com) usa o mesmo sistema que o salesforce.com – Crispy News. Assim como o salesforce.com, a Dell tem um alto nível de participação: 7 mil idéias e 500 mil votos registrados, contagem feita quando este livro foi escrito. E, da mesma forma que a salesforce.com, a Dell tirou proveito das idéias vindas da comunidade.

Por ser uma empresa que vende para consumidores, é mais difícil para a Dell conectar-se com seus consumidores em uma troca de idéias. A maior parte dos consumidores da Dell não está tão interessada em seus produtos a ponto de contribuir (ao contrário dos da salesforce.com, que convenceram quase 10% de seus consumidores – em empresas – a participar do IdeaExchange). Mas mesmo assim a Dell conseguiu atrair milhares de seus consumidores ao IdeaStorm, número suficiente para tornar o site uma fonte produtiva de idéias para a empresa.

Uma delas foi um PC rodando Linux, o sistema operacional de código aberto, em vez do Windows.[7] Com a confiança obtida no IdeaStorm, a Dell contou com a comunidade para decidir sobre funcionalidades, métodos de suporte e até mesmo o tipo de Linux a instalar. Como resultado, o PC Linux passou de uma idéia para um produto acabado em apenas dois meses, em comparação com os 9 a 15 meses que geralmente são necessários para a Dell lançar uma nova máquina.

Ninguém da Dell acredita que o IdeaStorm é uma amostra representativa de seus consumidores. A Dell sabe que o IdeaStorm congrega os membros mais ligados à tecnologia de sua comunidade de consumidores, e trata suas sugestões de acordo com isso. (Mesmo assim, o computador com Linux está vendendo acima das expectativas.)

Você poderia criar uma troca de idéias em sua empresa? Se você tem consumidores fervorosos, eles certamente participarão de um fórum e influenciarão o desenvolvimento de produtos. Enquanto isso pode ser uma boa fonte de idéias, é importante reconhecer que isso não atinge todo o seu público. O conceito funciona, mas atinge uma parcela assimétrica de sua base de clientes. E como ocorre com várias empresas, não há consumidores entusiasmados em número suficiente para proporcionar uma troca de idéias. Essas empresas precisam de outra maneira mais simples para captar os desejos de seus consumidores. Elas talvez precisem perguntar aos consumidores como elas podem melhorar, como fez o Crédit Mutuel.

ESTUDO DE CASO

Crédit Mutuel: Peça idéias a seus consumidores

O Crédit Mutuel é uma cooperativa bancária regional francesa com 10 milhões de clientes. Seu slogan é *la banque à qui parler* ("o banco com o qual você pode falar").

Recentemente, o banco estava testando uma campanha publicitária com um grupo de foco. Os respondentes acharam o slogan vazio. "O que você quer dizer com isso, o banco com o qual você pode falar?", eles perguntaram. "Como podemos falar com vocês? E, se falarmos com vocês, o que acontece a seguir?"

O que surpreende nesta história – e o motivo pelo qual o Crédit Mutuel faz justiça ao slogan – é isso: o banco decidiu que escutaria. Ele perguntaria o que as pessoas desejam. E implementaria suas sugestões.

No início de 2007, o Crédit Mutuel deu início à sua campanha publicitária. Os telespectadores foram direcionados ao Website com um nome improvável, sijetaisbanquier.com (*Si j'étais banquier* significa, "se eu fosse um banqueiro"). O site recebia as pessoas com uma voz que dizia (em francês, é claro): "Se eu fosse um banqueiro, eu daria a meus clientes a chance de dizer o que eles pensam, e juntos construiríamos o banco de amanhã." A seguir, há dois caminhos a seguir – dê uma sugestão, ou veja as sugestões das outras pessoas. Uma vez por semana, o banco seleciona aleatoriamente uma pessoa que tenha feito uma sugestão, para receber um iPod.

A lógica diz que isso jamais funcionaria. Ninguém acorda um dia e diz "Se eu fosse um banqueiro" (a não ser talvez as pessoas que esperam conseguir um emprego assim). E o banco correu um risco. E se todas as sugestões fossem inúteis? E se as pessoas enchessem o site com palavras obscenas? O Crédit Mutuel começou a veicular os anúncios e indicou 10 funcionários para ler e classificar as sugestões, descartando as que não eram úteis.

Mas como acontece com freqüência no *groundswell*, as pessoas desafiaram as expectativas. O Crédit Mutuel recebeu dezenas de milhares de sugestões. Quinze por cento delas eram inúteis (coisas como "se eu fosse um banqueiro, mudaria de emprego"), mas as outras eram interessantes. Algumas eram muito interessantes.

O banco selecionou as 30 melhores sugestões. Uma delas foi: "Eu explicaria melhor as tarifas a meus clientes." Não é preciso acabar com elas, só explicá-las. O banco percebeu que as tarifas nos extratos eram misteriosíssimas para seus clientes. Esse problema está sendo solucionado – todas as filiais distribuirão folhetos com as tarifas. Isso é fácil.

E quanto a isso: "Criar uma conta fictícia para as crianças poderem movimentar pela Internet, para que as crianças se acostumem a gerenciar uma conta bancária." Os funcionários do Crédit Mutuel teriam pensado nisso? Esta é uma idéia dos pais, e muito interessante, por sinal – e totalmente inesperada.

As principais idéias são completamente diferentes e razoáveis. Como "Eu me comprometeria com um prazo para responder a perguntas enviadas por e-mail ou deixadas na recepção" ou "Eu daria um desconto para jovens motoristas cujos pais possuem uma apólice de seguros deste banco há alguns anos".

Se isso se parece muito com o IdeaExchange do salesforce.com, você está certo. Mas ao contrário dos consumidores do salesforce.com, os dos bancos não costumam voltar para consultar um site cujo único propósito é avaliar idéias sobre bancos. A razão pela qual a campanha é chamada "se eu fosse um banqueiro" é que a maioria das pessoas normalmente não pensam como um banqueiro. Assim, um site que permite que você envie uma sugestão rapidamente e faça o que precisa fazer faz mais sentido do que uma troca de idéias sobre o sistema bancário.

Isso faz muito sentido com o plano.

Em primeiro lugar, o banco se alinhou do mesmo lado que seus correntistas. Em vez de propor "Diga-nos o que fazer", ele propôs o seguinte, e a diferença é sutil: "O que você faria se fosse nosso banco?" Ao estimular os clientes a desenvolverem empatia pelo banco, mesmo que por um instante, o Crédit Mutuel recebeu sugestões muito mais realistas.

Em segundo lugar, o banco explorou uma grande fonte de inovação aqui. Seus clientes sabem o que precisa ser melhorado. Tudo que o banco precisou foi fazer a pergunta certa e estar pronto para escutar – e selecionar as sugestões, naturalmente.

Em terceiro lugar, o banco está escutando, e afirma isso. As pessoas notam que ele está escutando. "O banco com o qual você pode falar" não são apenas palavras. A próxima vez que um cidadão francês precisar escolher um banco, isso pode fazer a diferença.

Por fim, o banco não abdicou de sua responsabilidade por desenvolver bons serviços mais do que a Del Monte se esqueceu de como fazer produtos para animais domésticos, ou a Dell se esqueceu de como projetar computadores. Ainda é responsabilidade do banco descobrir como ser um grande banco. Os seus funcionários podem ignorar algumas dessas sugestões. Mas agora, que tem um empurrãozinho de seus clientes, é mais fácil priorizar as idéias de melhoria.

O custo dos anúncios é alto – mas o Crédit Mutuel teria gasto essa verba de qualquer maneira em algum tipo de anúncio para reforçar sua marca. Para o custo incremental de 10 funcionários e 26 iPods ao longo de seis meses – provavelmente menos de US$350 mil – o banco se aperfeiçoa e aperfeiçoa sua imagem.

O que acontece a seguir? Vamos supor que o Crédit Mutuel decida implementar muitas dessas sugestões.

Por um lado, o Crédit Mutuel se torna uma organização diferente. Após implementar as sugestões, ele poderia divulgar o que foi feito. Após comprovar que o banco está melhorando, o Crédit Mutuel pode fazer da escuta e da implementação – incluir as sugestões de seus clientes – uma parte constante de sua prática de negócios. *Si j'étais banquier* seria uma parte permanente da cultura da empresa. E, a partir desse ponto, o Crédit Mutuel poderia melhorar continuamente com a ajuda de seus clientes. Em um mundo no qual os bancos são muito semelhantes, sua capacidade de resposta seria inegável.

Por outro lado, o Crédit Mutuel poderia parar de incluir seus clientes quando a campanha termina. "O banco com o qual você pode falar" voltaria a ser apenas um slogan, e um no qual as pessoas não acreditariam mais. Todo o valor de marca que o banco teria construído se esvairia, e o que é pior, ele não continuaria a explorar as inovações sugeridas pelos clientes e voltaria a fazer negócios como sempre.

Algumas palavras sobre *crowdsourcing*

A história do Crédit Mutuel é um exemplo de *crowdsourcing* – pedir ao *groundswell* que lhe dê idéias.

O *crowdsourcing* é a onda do momento. Ele é muito popular entre as agências de publicidade, que cada vez mais pedem às pessoas para participar de concursos que visam criar anúncios de televisão.[8] O anúncio do Doritos, da Frito-Lay, no Super Bowl de 2007 foi feito desta forma.[9] E foi um ótimo anúncio, também.

O *crowdsourcing*, por essência, não é a mesma coisa que incluir seus consumidores. Faça uma campanha publicitária usando o *crowdsourcing*, e você pode economizar alguma verba de produção – mas não terá o árduo trabalho de mudar a maneira como interage com seus consumidores.

O salesforce.com mudou definitivamente a maneira como inova. A Del Monte pensa muito diferente sobre como cria novos produtos. E o Crédit Mutuel, se continuar indo na mesma direção, será no futuro um banco que responde bem aos seus clientes.

Por outro lado, a Frito-Lay provavelmente aprendeu pouco sobre *crowdsourcing* em seu comercial de Doritos para o Super Bowl. Ela não se mostra inclinada a repassar partes significativas de seu processo de criação de anúncios a seus consumidores regularmente. Seus consumidores não estão mudando os canais de desenvolvimento de produto da empresa, apoiando-se mutuamente, ou energizando-se de uma maneira sustentável. Os anúncios feitos através de *crowdsourcing* são como uma chuva de verão – eles exploram o *groundswell* por alguns momentos, em vez de levar a empresa para um rumo positivo.

ESTUDO DE CASO

Loblaw: Análises que levam à melhoria contínua

Jim Osborne está transformando um supermercado e sua loja de marca em um celeiro de inovação.

Jim é o VP de e-commerce e marketing on-line da Loblaw, uma enorme cadeia varejista canadense e o maior varejista do Canadá, com mais de mil lojas de costa a costa. A Loblaw não é apenas uma varejista, mas também uma fabricante. Sua marca própria, President's choice, responde por mais de 20% de todas as vendas da cadeia. A Loblaw cria mil novos produtos da marca President's Choice a cada ano.

Uma parte essencial da marca President's Choice é que a Loblaw escuta – e responde – a seus consumidores. No Capítulo 7, mostramos como os ratings e análises podem impulsionar as vendas em um site. Na Loblaw, o enfoque também fica nos ratings e análises, mas não apenas para as vendas feitas pela Web – a empresa usa os ratings e as análises do Baazarvoice para fechar o ciclo com a loja.

Se você faz compras na Loblaw, há análises por todos os lados. "Um produto President's Choice avaliado por você" é uma marca registrada do President's Choice, e o logotipo está visível em toda a loja. A Loblaw estimula e apóia os comentários, e essa é uma estratégia que funciona – há mais de 300 mil consumidores registrados em seu site. A Loblaw tem até a coragem de perguntar para cada comentário: "Você adora este produto?" e publicar as respostas – tanto positivas quanto negativas – em seu site.

No folheto de propaganda da loja, a lasanha vegetariana PC recebe quatro estrelas e meia, dentre cinco possíveis. "Todos nós adoramos a lasanha... até meu filho de 17 anos que odeia vegetais!", conta um cliente no folheto. (Com todos estes comentários, o folheto da Loblaw se parece mais com anúncios de filmes do que de comida.) Caminhe pelos corredores, e você verá cartazes enormes com mensagens semelhantes, incluindo uma frase dita por um cliente.

Como faz a eBags no Capítulo 7, a Loblaw possibilita que cada visitante do site veja todos os comentários. E como a eBags, cerca de 80% dos comentários que a Loblaw recebe são positivos. Mas o que distingue a Loblaw é que, com sua marca própria vendendo tão bem, ela pode melhorar seus próprios produtos continuamente.

A moussaka estava boa, mas não o suficiente. As pessoas queriam mais berinjela. A Loblaw dobrou a quantidade de berinjela. E anunciou isso aos quatro ventos no folheto de promoções e na embalagem.

O peito de frango recheado com champignons e provolone não vendia tão bem. As pessoas reclamavam que o recheio vazava durante o cozimento. A Loblaw corrigiu a falha.

Fazer melhorias a partir das sugestões dos clientes agora faz parte do processo na Loblaw. "Nós acolhemos o feedback, e o repassamos aos desenvolvedores do produto. Ao final, cumprimentamo-nos pelo bom trabalho", diz Jim Osborne. "Os produtos que não têm conserto podem ser descontinuados, mas eles geralmente o analisam, reformulam e lançam novamente." Os produtos da Loblaw com falhas representam uma oportunidade para tentar novamente e consertar as coisas.

Nossa história favorita é sobre o molho para churrasco PC Smokin' Stampede. A Loblaw levou o produto ao concurso de churrascos Ozark Hawg, em Batesville, Arkansas – que não costuma ser um terreno para culinária canadense. Uma equipe de filmagem gravou um morador da cidade que provou o molho, adorou e temperou seu pedaço de carne com ele – que acabou ganhando o concurso. A Loblaw sabia que tinha um ótimo produto e o trouxe de volta ao Canadá, onde ele ganhou uma nota média 9,4 de 10, que foi promovida com o vídeo feito no Arkansas. O que não está perfeito nisso?

A tampa! Acontece que o vidro era alto demais para caber em algumas prateleiras de geladeira, e a tampa acionada por mola estava deixando as pessoas malucas. Os comentários dos clientes revelaram a falha. A Loblaw aperfeiçoou a embalagem e solucionou o problema. Os consumidores ainda adoram o gosto, e não reclamam mais da embalagem.

Para a Loblaw, aumentar a participação de mercado da marca própria President's Choice aumenta os lucros. A melhoria dos produtos impulsiona esta equação – não há um produto PC que seja imune aos benefícios de melhorias que sejam sugeridas pelos consumidores.

Mas há mais nesta história. A Loblaw e a President's Choice estão escutando, e os consumidores sabem disso. Todos que fazem compras sabem que os produtos têm problemas, mas é raro encontrar um varejista ou fabricante que se ocupe de sua melhoria. A Loblaw tem essa reputação agora, o que significa muito para seus consumidores.

Você pode aprender com a Loblaw?

Você está pronto para mudar a reputação de sua empresa? Você quer que as pessoas pensem em sua empresa como uma empresa que escuta?

A President's Choice e a Loblaw têm algumas vantagens em relação a seus concorrentes. Uma marca poderosa e uma loja com a mesma propriedade corporativa fazem este exemplo funcionar. O Wal-Mart poderia fazer isso – suas marcas próprias superam as vendas de muitas marcas nacionais. E o mesmo poderia acontecer com a Sony, L. L. Bean, Sears e inúmeras outras marcas com lojas próprias. Mas elas teriam de provar que estão prontas para escutar seus consumidores e implementar as sugestões deles, no próprio ponto de venda, como a Loblaw. A maioria das lojas e das marcas não é humilde o suficiente para fazer isso.

Até mesmo marcas e fabricantes sem lojas próprias podem receber feedback. Por exemplo, a eBags fornece relatórios a seus fornecedores sobre o que os consumidores estão dizendo. E sua marca? Você examina semanalmente os dados do ponto de venda para avaliar se suas promoções estão dando resultado? Talvez você precise dedicar um pouco mais deste esforço para ler os ratings e comentários de seus parceiros varejistas. A partir de então, saberá por que os itens vendem – ou não.

Como humildade e criatividade podem coexistir, não importa em que negócio você esteja

Quando falamos de incluir seus consumidores, é preciso lembra-se de duas coisas.

A primeira é que não importa qual seja seu negócio – se você tem consumidores, eles podem ajudá-lo. Se você está no negócio de bens de consumo – como uma cadeia de restaurantes –, pode pedir sugestões, como o Crédit Mutuel, ou criar uma comunidade fechada, como a Del Monte. Se vende para outras empresas, como a salesforce.com, seus consumidores talvez tenham sugestões para melhorar seus processos, seus preços, suas cobranças ou seus serviços. A chave é: você precisa fazer mais do que pedir seu feedback. Precisa mostrar esse feedback on-line, seja ele positivo ou negativo, para que as pessoas possam ver que você está pronto para implementá-lo, e que está comprometido em melhorar as coisas. Apesar de não ser fácil colocar este feedback à vista de todos, o risco vale a pena (e sejamos honestos – como vimos no Capítulo 1, seus consumidores já estão falando sobre você no *groundswell* – e você pode manter esta discussão em um lugar no qual possa acompanhá-la). Você fará inovações mais rapidamente e mostrará que sabe reagir e, no longo prazo, terá a oportunidade de fechar mais negócios.

A segunda coisa a lembrar é que incluir seus consumidores pede um equilíbrio entre habilidade e humildade. Vejamos uma empresa como a Apple, que conquista altos níveis de lealdade, mas não tem um mecanismo visível de feedback. A Apple emprega engenheiros e profissionais de marketing brilhantes. Mas ela sempre conseguiu acertar com seus produtos? Cedo ou tarde, a fase de sorte acaba.

Não estamos sugerindo que uma empresa como a Apple tenha de repassar a tarefa do desenvolvimento de produtos a seus consumidores – isso seria um desperdício de talento lamentável. Não, as empresas que são bem-sucedidas por incluir seus consumidores incorporam estas sugestões em seu próprio desenvolvimento e processo. Os consumidores não precisam dizer a estas empresas o que fazer – eles apenas apresentam sugestões. A diferença é que estas empresas estão escutando e implementando algumas destas sugestões. É isso que acelera a inovação – iniciar uma conversa com seus consumidores e usar suas habilidades para compreender e explorar seu conhecimento.

Portanto, trabalhe nas duas frentes de sua empresa – tenha humildade para escutar e explorar o que você escutou a fim de fazer melhorias. Isso é incluir o *groundswell*, e é um esforço que compensa porque diminui a distância entre você e sua próxima inovação bem-sucedida.

Você chegou à parte final deste livro, que trata de estratégia. Mas como viu em todos estes capítulos, uma vez que você introduza o *groundswell* em sua empresa as coisas mudam. É irreversível. Nos próximos três capítulos, vamos revelar como estas mudanças ocorrem, e o que o futuro promete.

PARTE III

O *groundswell* transforma

10. Como se conectar com o *groundswell* transforma sua empresa

Rob Master sabe vender.

Rob é o diretor de marketing americano para os produtos de cuidados com a pele da gigante Unilever. Quando ele pediu sua namorada em casamento, começou criando uma longa trilha de pétalas de rosa que a levaram por toda a Manhattan até o lugar do primeiro encontro. Ali, Rob fez a pergunta mais importante de sua vida. "Ela sempre me provocava dizendo que eu não era um cara romântico", diz Rob. "Mas trabalho com marketing. E reconheço a importância do posicionamento."[1]

A habilidade de Rob para posicionar produtos e idéias acabou se tornando fundamental para uma transformação na maneira como a marca Dove, da Unilever, encarava o marketing.

Rob, trabalhando em parceria com o diretor de mídia da Unilever EUA, Babs Rangaiah, ajudou a Unilever não apenas a aceitar a Internet como um veículo de marketing, mas, gradualmente, a abrir mão do controle sobre sua marca, incluindo o poder do *groundswell*, e energizar os consumidores para que eles fizessem as próprias contribuições.

O ponto alto dessa mudança cultural ocorreu quando o vídeo "Dove Evolution" estreou no YouTube, no outono de 2006. Embora Rob e Babs não tenham criado o vídeo – ele foi feito pela agência da Dove no Canadá, Ogilvy/Canadá –, criaram um ambiente no qual as novas idéias eram bem-vindas e os profissionais de marketing poderiam assumir riscos. Essa cultura deu certo quando o "Evolution" se tornou um sucesso viral. O vídeo de 75 segundos, que mostra como uma mulher de aparência mediana se transforma em um ícone penteado e escovado da "beleza" da moda, foi distribuído inicialmente em sites como o YouTube; mais de cinco milhões de pessoas haviam assistido ao comercial em menos de um ano.[2] Ele também recebeu o maior prêmio no festival de filmes publicitários de Cannes. O melhor de tudo foi que ele gerou uma onda de tráfego para o site da Campanha Dove pela Real Beleza – mais que o dobro do que o comercial da Dove em 2006 para o Super Bowl atraiu.[3] O custo de veicular um comercial de 30 segundos durante o Super Bowl? US$2,5 milhões. E o custo de distribuir o vídeo "Evolution" no YouTube? Zero.

Vamos colocar essa idéia em um contexto. Em 2006, a Unilever gastou US$2,1 bilhões com marketing nos Estados Unidos, e 40% disso foi gasto com meios como televisão, mídia impressa e Web.[4] Além disso, os gastos tradicionais com mídia, mesmo com a mídia on-line, foram um processo centralizado e controlado. Um vídeo no YouTube faz você abrir mão do controle e ter confiança que sua criatividade engajará o *groundswell*. E por que um dos maiores anunciantes decidiu adotar tecnologias sociais de baixo custo e baixo controle, o que, de certa forma, são o oposto do marketing de massa?

Isso não aconteceu da noite para o dia.

Como o *groundswell* se dissemina com uma organização centrada no consumidor

Este capítulo analisa dois estudos de caso – Unilever e Dell. Duas grandes empresas transformaram uma organização tradicional de marketing e atendimento ao cliente em uma que é conduzida pelo *groundswell*.

Parece ser muito lógico e fácil manter os consumidores no centro de sua organização. Mas a realidade das prioridades dos departamentos e práticas consolidadas de marketing e do atendimento ao cliente nos manteve longe desse ideal. Pense a respeito: quantas empresas possuem "gestores de consumidores", e não "gestores de produto"?

Um dos benefícios que veremos de se engajar com o *groundswell* é que sua organização passa por uma mudança de mentalidade – você se torna tão engajado com seus consumidores que acompanha suas necessidades e desejos. A chave para essa transformação é pegar uma idéia que, em geral, começa com alguns funcionários que compreendem o *groundswell* e transformá-la em um movimento que envolva toda a organização. Em essência, seu objetivo é criar o próprio mini*groundswell* dentro da empresa, para incluir o *groundswell* de consumidores que estão fora dela.

São três os elementos essenciais para essa transformação. Primeiro, é importante fazer isso passo a passo. Uma mudança de mentalidade leva tempo e prática, e exige a construção de um repertório de sucessos compartilhados. Percorrer os passos desse caminho é fundamental para dar às pessoas de sua organização uma oportunidade para ajustar seus conceitos sobre como as coisas *deveriam* funcionar. Como uma dieta que prevê perda de peso rápida, vitórias rápidas podem evaporar rapidamente se o pensamento *groundswell* não se torna uma parte constante dos processos de sua empresa. E tentar implementar todas as estratégias que apresentamos nos capítulos anteriores *ao mesmo tempo* seria insensato.

Segundo, cada um desses degraus leva ao próximo, em uma progressão natural. As estratégias de suporte podem levar à conversa, a qual, por sua vez, leva à inclusão. Você precisa ter um plano e uma visão que mostre para onde levar sua organização, construindo bases sólidas para conduzi-la ao próximo nível mais desafiador do pensamento *groundswell*.

Terceiro, você precisa ter o apoio executivo. De forma realista, você talvez tenha de reunir alguns projetos especiais e secretos para que algo aconteça, mas lembre-se de que precisa convencer a alta gestão sobre a viabilidade da mentalidade *groundswell*, se quiser que seus esforços e idéias sejam adotados pela organização.

Neste capítulo, examinamos como as organizações podem ter o domínio sobre esses três elementos essenciais do pensamento *groundswell*, para transformar a maneira como suas empresas trabalham com os consumidores. No Capítulo 11, examinaremos como as empresas podem fazer isso com a ajuda de seus próprios funcionários, os participantes do *groundswell* interno da empresa.

ESTUDO DE CASO

Unilever: Abandone o controle e conquiste o *groundswell*

Como empresa controladora de marcas como Axe, Lipton e Vasenol, a Unilever é sinônimo de marketing, pois planeja, coordena e executa mensagens de impacto e planos de mídia por vários meses. Isso exige uma estrutura de comando e controle em que tudo é planejado e monitorado de forma central, principalmente quando há várias equipes internas e externas a serem coordenadas.

Uma das principais marcas da Unilever é a Dove. Quando a empresa e sua agência, Ogilvy and Mather, lançaram a Campanha Dove pela Real Beleza, em 2004, correram um grande risco com a mensagem, indo contra a norma vigente no segmento, que é usar modelos jovens, magras e perfeitas, em vez de mostrar mulheres normais do dia-a-dia. Entretanto, a mensagem radical foi profundamente pesquisada e veiculada através dos canais tradicionais como qualquer outra campanha de marca, com um mix de televisão, mídia impressa e anúncios em outdoors. E a estratégia funcionou – as pessoas estavam falando sobre a campanha publicitária e a Dove.

O próximo passo: aprenda a abrir mão do controle sobre a mensagem da marca. É aqui que Babs Rangaiah entra. Babs e Rob tiveram a idéia de trabalhar com o *reality show* "O Aprendiz", da NBC, em um episódio em que as equipes criam anúncios para um novo produto da Dove. "Foi preciso termos uma oportunidade externa como 'O Aprendiz' para criar uma necessidade pela inovação real", Babs recorda. "Sempre ficamos ansiosos sobre o resultado." Os anúncios da Dove criados pelas equipes de "O Aprendiz" eram bem ruins; não foi a melhor maneira de mostrar e lançar um produto. Mas a equipe da Dove aproveitou essa tacada errada dada em "O Aprendiz" e o burburinho criado pelo anúncio para lançar a própria versão do anúncio, apresentada pelo próprio Donald Trump, que gerou uma avalanche de visitas ao site dove.com. Ao final, os aprendizes entram em uma competição e o anúncio subseqüente trouxe retorno positivo – Babs contou que o gel de banho Dove Cool Moisture Beauty apresentou fortes vendas após o episódio ter ido ao ar.

Em 2005, Rob estava pronto para avançar novamente e, dessa vez, a Web era parte central de seu plano. Em vez de tentar conquistar a atenção das pessoas com um vídeo de 30 segundos durante os comerciais, Rob queria envolver-se com consumidores que *queriam* ouvir o que a Dove tinha a dizer. Sua proposta: criar uma série de vídeos baseados na Web para lançar uma nova linha de produtos, a Dove Calming Night, projetada para tranqüilizar mulheres no fim de um dia agitado. Ele recrutou grandes talentos, como Penny Marshall, dirigindo Felicity Huffman, a estrela de "Desperate Housewives". Seu plano também abriu as portas do sucesso para o dovenight.com,[5] com intensas campanhas em televisão, mídia impressa e portais on-line, para aumentar a conscientização e a propaganda boca a boca sobre a marca e o site. Ele também incorporou resultados mensuráveis, oferecendo amostras grátis no site. Com três milhões de visitas ao dovenight.com, a empresa mostrou que podia fazer da mídia digital a parte central de uma campanha publicitária. Esse foi um momento decisivo para a Unilever reconhecer o poder do mundo on-line.

Todas essas experiências tiveram de preceder o vídeo "Evolution", e prepararam a gestão da Dove para mensagens cada vez mais inovadoras, veiculadas de novas maneiras. Em 2003, um vídeo como o "Evolution" teria sido detonado no YouTube. Em vez disso, Rob, Babs e os inovadores de outras equipes encorajaram a mudança cultural — Babs menciona seu chefe Philippe Harousseau e os profissionais de marketing da Axe, Kevin George e David Rubin, por exemplo. Esses líderes aumentaram gradualmente a confiança da Unilever no *groundswell*, soltando um pouco as rédeas de controle. "Custou muito esforço fazermos esse programa, muita pressão minha e de Rob. Assim que vendemos a idéia para os gestores, os resultados do negócio possibilitaram que levássemos esse sucesso para outras áreas. Não é necessário dizer que esse projeto cresceu e fez as pessoas na Unilever pensarem: 'Nossa, isso é um jeito diferente e pode trazer um grande impacto sobre a maneira como comercializamos nossas marcas.'"

Afirmamos que, além de falar com o *groundswell* gradualmente, os gestores precisam obter o apoio dos executivos. Como diretor encarregado de coordenar a mídia para todas as marcas da Unilever, Babs Rangaiah ofereceu o apoio executivo para disseminar as idéias sobre como incorporar as tecnologias digitais nos planos de mídia. Hoje, a criação e o posicionamento de campanhas para o *groundswell* estão se espalhando por vários grupos diferentes de produto na Unilever, encabeçados pelas equipes da Axe e

Dove. "Eu diria que, culturalmente, somos uma empresa diferente", disse Babs. "É preciso ter algumas pessoas para iniciar essa mudança. Sempre fomos uma empresa que se considerava criativa. Mas éramos uma empresa gigante. Empresas como a nossa têm uma coisa muito corporativa. Queríamos ser mais inovadores, mais ágeis."

O que você pode aprender com a Unilever

Você acha que sua organização de marketing jamais poderá transformar-se como a Unilever para incluir o *groundswell*? Uma mudança desse tipo geralmente exige muito esforço e persuasão, e não acontece rapidamente. Veja como é possível usar o exemplo da Unilever para incorporar os três elementos do pensamento *groundswell* em sua organização:

- *Dê pequenos passos que provoquem grande impacto.* A equipe da Dove iniciou uma série de campanhas que foram revolucionárias em *uma* área – inovar a mensagem com a Campanha pela Real Beleza, abrir mão do controle da mensagem com "O Aprendiz" e repensar a distribuição com o vídeo "Evolution". O segredo era que todos tinham métricas mensuráveis de sucesso relacionadas com seus objetivos de marketing. Elas abriram o caminho para campanhas mais inovadoras e desafiadoras que vieram em seguida. Procure falhas em seu programa atual de marketing e comunicações, e aplique o pensamento *groundswell* para solucionar esses problemas particularmente difíceis de negócios. Não tente abraçar todo o seu relacionamento com o cliente ao mesmo tempo – você terá mais apoio para o pensamento *groundswell* se puder mostrar um histórico de sucessos que tenham impacto.
- *Tenha uma visão e um plano.* O pensamento transformador pode ser insuportavelmente lento. Rob e Babs demonstraram ter enorme paciência para convencer os executivos a darem pequenos passos – foram necessários dois anos entre o lançamento da Campanha pela Real Beleza e o vídeo "Evolution". Mas tanto Rob quanto Babs tinham uma visão do potencial da Unilever com o pensamento *groundswell*, uma visão que os manteve firmes no caminho, enfrentando os

obstáculos. Tenha em mente um horizonte de três anos que mostre para onde você quer levar a organização – e a maneira mais simples de fazer isso é descrever *como será* o relacionamento com seu consumidor no futuro. Você não precisa, necessariamente, saber quais serão as tecnologias a serem usadas, ou que tipo de mensagem você comunicará, mas precisa ter uma visão do tipo de conversa que quer ter com seus consumidores.

- *Traga líderes para o plano.* Foi preciso ter líderes como Rob e Babs para ter a coragem de levar a Unilever até o topo. A equipe da Dove era incansável em insistir em um ponto: a necessidade de deixar as coisas fluírem e incluir a mídia emergente, e permitir que o consumidor expresse qual é sua opinião sobre a marca. Rob e Babs tinham a mesma visão, e a fundamentaram com habilidades de persuasão e planejamento para levar o marketing inovador a outro nível.

Como não fazer sucesso no *groundswell*

Às vezes, os livros de negócios fazem as coisas parecerem fáceis, mostrando apenas as histórias de sucesso. Vamos ver o exemplo de uma empresa que fracassou ao tentar incluir o *groundswell* em sua estratégia.

Um de nossos clientes decidiu criar um blog corporativo. Vários profissionais de marketing da empresa visitaram blogs como o FastLane da GM, em que vários altos executivos da empresa blogam e acharam que precisavam de algo parecido – um blog de executivos com vários autores. Liderados por alguém que tinha experiência com comunicação corporativa e relações com investidores, a pequena equipe passou à fase de planejamento. E levou *oito meses*.

Sim, foram oito meses de planejamento sem aparecer um único post. Os membros da equipe estavam determinados a fazer vários executivos "blogarem" várias vezes por semana, e sabiam que precisavam ter argumentos convincentes para justificar esse investimento de tempo. Infelizmente, os executivos rejeitaram essa grande estratégia de blogs, embora tivessem visto vários slides com informações justificando o projeto, e simulações de blogs. Por quê? Parte dessa recusa se deve ao fato de os executivos não terem conseguido perceber o valor dos blogs – eles não acreditaram nos números que foram apresentados, pois nunca tinham visto nada como o *groundswell* antes. Além disso, os executivos estavam preocupados com a falta de controle sobre sua mensagem de marketing e a possibilidade de receberem comentários negativos dos consumidores.

Apesar de ter sido magistralmente concebida e planejada, a estratégia de blogs nunca teve sua chance – estavam pedindo que os executivos vivessem no meio do *groundswell*, quando eles não tinham a menor idéia do que era isso. O plano foi um fracasso total, e parecia que a equipe havia destruído todas as esperanças de lançar um blog.

Parece que essa é outra vítima do pensamento do velho mundo, não? Falso. A equipe do departamento de marketing não iria desistir. Os membros da equipe aprenderam com seus erros e perceberam que haviam adotado a estratégia errada, tentando forçar o pensamento *groundswell* de cima para baixo. Em vez disso, eles recomeçaram do zero, e saíram em busca de alguém que já estivesse incluindo o pensamento *groundswell* nas atividades do dia-a-dia. Eles decidiram entrar em contato com o fundador da empresa, que já estava envolvido regularmente em debates com consumidores e funcionários sobre novos produtos em desenvolvimento. Ele havia se distanciado das operações do dia-a-dia e tinha o tempo e uma conexão banda larga para dedicar ao blog. O mais importante é que, como o fundador, ele tinha uma perspectiva especial – o que a empresa representava e para onde ela estava indo – e queria compartilhar com seus consumidores – e os consumidores queriam ouvi-lo.

Quando eles mudaram a pessoa responsável pelo conteúdo, o projeto do blog renasceu. Você não pode forçar alguém a blogar – por isso, os oito meses de "enrolação". Você pode escolher uma pessoa que queira blogar, e construir sua estratégia em torno dela.

Após ter obtido o apoio de um alto executivo, a equipe de marketing elaborou um plano de comunicação que trata das questões de perda de controle que afligiam os executivos. Um funcionário de relações públicas/relações com investidores lia os posts para garantir que eles não continham informações inadequadas. A mesma pessoa lia os comentários do blog e deletava os que considerava inadequados – mas autorizava os comentários negativos, desde que fossem escritos de forma respeitosa. Os executivos ficaram satisfeitos e deram sua aprovação. Dois meses após a rejeição da grande estratégia de blogs, a empresa tinha seu blog funcionando, com a aprovação dos executivos da empresa.

Apresentamos esse exemplo para ilustrar um ponto importante: mesmo que você tenha uma visão clara do que a empresa precisa fazer, convencê-la a incluir o *groundswell* levará muito tempo – e requer pequenos passos. Um dos melhores exemplos que já vimos é o de uma pequena empresa que fez sua equipe de mídia interativa participar de um treinamento sobre gestão da mudança – o gestor percebeu que, se esses funcionários iriam disseminar as tecnologias sociais pela organização, eles precisavam estar preparados para mudar seu pensamento, e também educar as pessoas em relação às novas tecnologias. Seria muito bom se você preparasse a si mesmo e também a sua equipe para seguir o exemplo.

ESTUDO DE CASO

Dell: Uma passagem pelo inferno no caminho da transformação

Já vimos como o *groundswell* transformou uma organização de marketing. Vamos analisar agora a Dell, empresa em que a mentalidade *groundswell* começou no marketing e suporte, e chegou ao desenvolvimento. Já falamos sobre a Dell em vários capítulos. A partir do que você leu, talvez tenha a impressão de que a Dell avançou muito na exploração do *groundswell*.

Na verdade, a entrada da Dell no *groundswell* começou com uma prova de fogo.

Estabelecida sob um modelo direto de vendas, a Dell precisava de custos baixos, produtos flexíveis e facilidade de colocação de pedidos para aumentar seu crescimento e rentabilidade. Mas sem uma presença tradicional física, ela precisava contar com um excelente suporte telefônico e on-line para se comunicar com seus consumidores. Ela também tinha um programa em que os consumidores podiam inscrever-se em um serviço, e um engenheiro iria até a residência do cliente para prestar suporte. Em 2001, a empresa começou a terceirizar seu suporte ao cliente para outros países. De acordo com o Índice de Satisfação do Cliente Americano, a satisfação dos clientes começou a cair em 2005.[6]

No verão de 2005, o professor de jornalismo e famoso blogueiro, Jeff Jarvis escreveu em seu blog, BuzzMachine, sobre o terrível atendimento ao cliente que ele estava recebendo da empresa:[7]

> 21 de junho de 2005
>
> **A Dell mente. A Dell é uma porcaria.**
>
> Acabei de receber um novo laptop Dell e paguei uma fortuna pelo suporte doméstico por quatro anos.
>
> A máquina não funciona e o suporte é uma enganação.
>
> Estou tendo todos os problemas possíveis com o hardware: superaquecimento, não se conecta na rede, o uso da CPU vai a 100%. É um horror.
>
> No entanto, o que mais me irrita é que eles dizem que, se mandarem alguém até aqui – um serviço pelo qual eu paguei –, essa pessoa não teria as peças, e é melhor eu mandar a máquina de volta e perder de sete a dez dias – mais o tempo de resolver toda a burocracia. Então, tenho uma máquina nova, e paguei a eles para CONSERTÁ-LA EM MINHA CASA, eles não vêm e eu não posso usá-la por duas semanas.
>
> A DELL É UMA PORCARIA. A DELL MENTE. Coloque isso no Google e engula isso, Dell.

Jeff, então, começou a descer no inferno da Dell. Embora tivesse adquirido uma garantia cara e contratado suporte doméstico, Jeff teve de enviar seu laptop de volta para a Dell. Três dias depois, ele recebeu uma máquina nova – e também não funcionava. Em 26 de junho, Jeff escreveu:[8]

> Tem alguém da Dell ouvindo? Eu sei que tem. O que vocês têm a dizer, Dell?
>
> Já que vocês estão tratando do assunto, cliquem aqui, aqui e aqui, leiam os comentários e vejam como s eus consumidores odeiam vocês (e esse espaço sobrando em "seus" é por causa do teclado quebrado).
>
> Um comentário sarcástico diz: "Comprador, cuidado."
>
> Não estamos na era do "Vendedor, cuidado". Agora, quando você engana seus consumidores, eles podem reagir, escrever, organizar-se.

Acabei de enviar esse link para o departamento de relações de mídia da Dell e disse a eles para lerem os comentários, e ver como o departamento de relações públicas deles é no mundo real.

Finalmente, e apenas após enviar um e-mail ao Chief Marketing Officer (CMO) da Dell, Jeff conseguiu que outra pessoa solucionasse o problema e lhe concedesse reembolso completo. Ao longo do processo, Jeff e vários outros blogueiros e jornalistas documentaram cuidadosamente as ações e faltas de ação de uma empresa que desconhecia o *groundswell*.

Ouça primeiro, aja depois

O inferno da Dell não era apenas um pesadelo de relações públicas. A empresa estava debatendo-se publicamente. Em novembro de 2005, a Dell anunciou que os lucros trimestrais haviam despencado 28%. Em maio de 2006, a empresa reviu sua previsão de lucros. E, em 21 de junho de 2006, um notebook da Dell pegou fogo em uma conferência em Osaka, Japão.[9] Como você pode perceber, uma estratégia social não fazia parte das prioridades da empresa.

Com Jeff Jarvis despejando relatos sobre seu inferno com a Dell, o VP de comunicações corporativas da Dell, Bob Pearson, e sua equipe começaram a acompanhar posts de blogs. E como acontece com a maioria das grandes empresas, não havia alguém no atendimento ao cliente para resolver as reclamações. Não havia alguém cuja tarefa era comunicar-se com os blogueiros com problemas. Não havia uma estrutura eficiente preparada para lidar com esses problemas desagradáveis, mas bastante perceptíveis no *groundswell*.

Em março de 2006, Michael Dell incumbiu a equipe de Bob com a missão de encontrar proativamente consumidores que haviam tido problemas de hardware, e colocá-los em contato com os técnicos da Dell. A tarefa ficou a cargo de Lionel Menchaca, que era perfeito para o trabalho. Lionel havia entrado para a Dell em 1993, como técnico de produtos, e acabou indo para relações públicas de produtos em 1997, quando a Dell precisava de alguém com formação altamente técnica para realizar o programa de análise de servidores com os jornalistas. Como uma pessoa de RP de produtos, Lionel passara nove anos trabalhando com engenheiros em todas as linhas de negócio da Dell. Ele não tinha apenas o conhecimento, mas também relações dentro da Dell para garantir a eficácia da nova equipe.

Com o apoio de Michael Dell, Lionel encontrou uma maneira de monitorar os posts em blogs e contratou uma equipe interdepartamental de "resolução de blogs", treinada para oferecer atendimento e suporte técnico. Sempre que a equipe encontrava um blogueiro escrevendo sobre problemas com produtos da Dell, eles entravam em contato e conseguiam acompanhar todo o problema – nada de "por favor, aguarde enquanto o transfiro para outro departamento".

Rumo aos blogs

Para a Dell, escutar e, só então, agir foi o primeiro passo crucial para uma nova estratégia social. Há algum tempo, a empresa já usava os fóruns da comunidade para dar suporte aos consumidores, como descrevemos no Capítulo 8, mas essa era uma iniciativa independente que não interferia nas operações do dia-a-dia. A escuta foi o primeiro degrau crucial necessário para ter as pessoas certas de marketing, atendimento ao cliente e suporte técnico focadas e coordenadas na tarefa de identificar e resolver os problemas dos consumidores.

Após a escuta, o passo seguinte mais natural era a empresa falar. Bob Pearson se recorda: "A Dell recebia mais de três milhões de contatos de consumidores por dia. Nossos consumidores já vinham em busca de uma solução. Mas com um blog estaríamos conversando com pessoas que não nos procuram com um problema, mas mesmo assim estão interessadas em saber algo de nós."

Aqui, Lionel Menchaca entra no cenário. Durante seu trabalho no projeto de identificação dos blogs, ele aprendeu uma habilidade importante. "Tínhamos de descobrir que tipo de suporte era necessário para fazer a comunicação através do blog funcionar. Isso significava ser capaz de identificar e resolver problemas que afetavam repetidamente centenas de consumidores. Não importa se estamos falando com uma pessoa ou com mil, a conversa é muito semelhante. Compreender todas essas nuances me ajudou a incorporar o papel de gestor de blogs."

Nessa época, incentivada pelo sucesso da equipe de blogs e com as pessoas certas na equipe, a Dell agiu muito mais rápido. A equipe de comunicações corporativas elaborou um plano de mídia digital com um blog em destaque, escrito por Lionel, e apresentou-o a Michael Dell. Michael não só aprovou o plano, como disse que eles deveriam ter o blog em funcionamento dali a duas semanas.

A equipe estourou o prazo em uma semana.

Foi um começo difícil. Blogueiros como Jeff Jarvis e Steve Rubel detonaram a Dell por escrever os primeiros posts no blog. No dia do primeiro post, enquanto Lionel estava sentado à sua mesa, tentando acompanhar a avalanche de comentários que chegavam, a maioria negativa, viu um e-mail de Michael Dell em sua caixa de entrada, à uma da manhã. De acordo com Lionel, Michael havia escrito: "Você está fazendo um ótimo trabalho, e é ótimo ver esse projeto em funcionamento."

O e-mail de Michael foi um grande incentivo para Lionel e possibilitou que ele encontrasse seu porto seguro. Ele também se sentiu confiante o bastante para, poucos dias depois, escrever um post importante que mostrava como a Dell estava comprometida em manter um diálogo aberto. O que temos a seguir é o post (e observe o título corajoso):[10]

Notebook em chamas

Além do que vocês viram na blogosfera, não existe nenhuma notícia nova sobre o agora famoso "notebook em chamas" de Osaka. Nós substituímos o computador do cliente e ainda estamos investigando a causa. Achamos que foi uma falha na bateria de lítio. As equipes de engenharia da Dell estão trabalhando com a Comissão de Segurança de Bens de Consumo e um laboratório independente a fim de determinar a causa-raiz dessa falha, e assegurar que tomaremos todas as medidas cabíveis para evitar que isso volte a ocorrer. A propósito, hoje as baterias de lítio são usadas em bilhões de notebooks, tocadores de MP3, PDAs e telefones celulares.

Nem todos na Dell gostaram de ver esse post publicado. Lionel contou-nos: "Quando publiquei o post e fiz um link com o artigo do Engadget que mostra o notebook em chamas, as pessoas vieram até mim perguntar o que estava acontecendo." Mas as reações dos seguidores da Dell foram extremamente positivas. Veja dois comentários iniciais em resposta ao post:

> Escrevemos sobre isso um tempo atrás e ficamos imaginando quando vocês participariam da conversa. Bom, vocês estão aí, blogando sobre o assunto. Nunca achei que fosse ver este dia chegar.
>
> Parabéns por criar este blog. Fico feliz em ver que vocês estão participando das conversas que sempre falam de vocês, mas ainda não haviam incluído vocês.

Transformar a Dell, uma pessoa de cada vez

Após esse episódio, nada deteria Lionel. Ele estava em uma missão para provar que a Dell escutava, tomava providências e, o mais importante, admitia que ele e a Dell estavam cometendo erros durante o percurso. Essa estratégia transparente e humana foi difícil para a Dell. Bob Pearson explica: "Aquele nível de transparência na empresa – eles não estavam acostumados a compartilhar naquele nível."

Lionel e Bob perceberam que teriam de conquistar uma pessoa de cada vez. Lionel podia ir a qualquer lugar da empresa para convencer os gestores a postarem no blog. Após os gestores terem escrito seus posts, eles queriam saber o que seria comentado no blog pelos consumidores e críticos – e responder. Bob explicou: "Estamos integrando os blogs e a conversa com os consumidores na rotina de trabalho das pessoas – se você está falando com um cliente, agora é parte de seu trabalho ser mais transparente."

O resultado: a organização da Dell começou a mudar, um funcionário de cada vez, de dentro para fora. O histórico da Dell em apoiar os fóruns da comunidade lhe deu a base para escutar os blogs, o que, por sua vez, permitiu que os funcionários blogassem aberta e honestamente. É uma seqüência de passos, e o próximo passo era o IdeaStorm.

Viagem ao topo

Em meio a essa agitação, o CEO Kevin Rollins deixou o cargo em 31 de janeiro de 2007, e o fundador da empresa, Michael Dell, retornou ao posto de CEO. Michael não perdeu tempo para alinhar seus executivos com o *groundswell*. Ele usou a idéia de seu amigo Mark Benioff, CEO do salesforce.com, de criar o IdeaStorm, a comunidade de idéias descrita no Capítulo 9. Ele achou que era hora de fazer isso na Dell por causa das fundações que Lionel e Bob haviam estabelecido com suas iniciativas bem-sucedidas com os blogs. Manish Mehta, diretor global de e-commerce, e Bob Pearson, de comunicações corporativas, trabalharam juntos com a equipe corporativa de TI para lançar o IdeaStorm em 16 de fevereiro de 2007, alguns dias após a idéia ter sido apresentada pela primeira vez.

Mas não era apenas a tecnologia que era importante. Michael assegurou que sua equipe de executivos estava prestando atenção às idéias que trariam impacto ao negócio, e designou uma equipe interdepartamental para analisar os resultados da IdeaStorm semanalmente. A estratégia corporativa estava completamente envolvida e ajudou a selecionar quais idéias receberiam o sinal verde – e quem seria responsável por elas.

No fim, a Dell tinha uma estratégia social coerente, ou caíra em uma fria? A própria Dell admite que não havia um IdeaStorm, nem mesmo um blog, em seus planos estratégicos em 2005, durante os dias do inferno na empresa. Mas a empresa contava com o apoio claro da liderança e de pessoas como Lionel, Bob e Manish, dispostas a expandir os limites departamentais para que as coisas fossem feitas. O fundamental é que essas pessoas importantes deram passos inteligentes e pequenos que construíram a estrutura da mentalidade *groundswell*. Os planos futuros da Dell para mídia social incluem integrar a comunidade diretamente ao dell.com, e também levar a Dell para comunidades de interesse e redes sociais.

O que você pode aprender com a Dell

Vamos recapitular. Como a Dell saiu de sua letargia e passou a agir a partir dos níveis executivos?

- *Foi preciso uma crise para que a Dell agisse.* Não foi um processo tranqüilo. Foram necessários vários desastres, culminando com um notebook em chamas, para fazer a empresa pular na água. Uma vez lá, ela começou a nadar – e nadar muito. Essa é uma das maneiras de começar. Mas não imagine que a mentalidade *groundswell* é apenas para perdedores com problemas de percepção de clientes. Caso contrário, você perderá o trem quando seus concorrentes se engajarem e você não.

- *A Dell dominou uma habilidade por vez, começando com a escuta.* A Dell tinha muita experiência com fóruns de comunidade, mas a empresa tinha uma atitude passiva. Antes que seus funcionários pudessem agir, eles sentiram necessidade de compreender o diálogo que estava sendo entabulado. Levou muito tempo para eles se engajarem, pois não sabiam ao certo como agir. Contudo, ao escutarem os blogs, solucionar os problemas dos blogueiros, escreverem em blogs, lançarem o IdeaStorm, eles se colocaram no *groundswell*.
- *O empurrão e a cobertura dos executivos fizeram a diferença.* Michael Dell deu seu apoio do alto da organização, conferindo a Bob e Lionel a habilidade de destruir as barreiras organizacionais e mudar os processos para fazer as coisas acontecerem. Michael também percebeu que a transformação era essencial para o sucesso futuro da Dell, e apoiou e defendeu os esforços *groundswell*, independentemente dos custos percebidos. Ele observou que essa não era uma campanha isolada. Ela poderia e deveria ser parte da estratégia corporativa, e, se era essencial fazer uma transformação corporativa, o *groundswell* poderia ser um catalisador importante.
- *A autenticidade era essencial.* A Dell não poderia chegar a lugar algum no *groundswell* sem que admitisse honestamente suas falhas. O blog passou a ter sucesso quando passou a lidar com problemas reais, como o notebook em chamas. O senso de autenticidade estendeu-se a todas as atividades *groundswell* da Dell, incluindo o IdeaStorm, no qual a empresa reconhecia honestamente quais idéias adotaria ou não.

Como as organizações podem preparar-se para uma transformação

Se você está lendo isso, pode ser a pessoa que colocará sua empresa no caminho para se beneficiar do *groundswell*. Ou você pode perder seu emprego se não fizer um bom trabalho.

É um campo minado. Mas você pode ser bem-sucedido – se der os passos certos na ordem correta. Veja o que funcionou para a Dell e a Unilever – e o que não funcionou no grande plano de blogs na empresa sem nome. Veja o que deve fazer para assegurar que você e sua empresa tenham as melhores chances de sucesso.

- *Primeiro, comece pequeno.* Já mencionamos isso neste livro, é algo muito importante na transformação da empresa. A mudança leva tempo, e você tem determinada quantidade de poder político para usar. Escolha suas batalhas estrategicamente.
- *Segundo, eduque seus executivos.* Alguns deles acham que isso é para seus filhos, não para seus consumidores. Mostre o contrário com pesquisas (use os Perfis Tecnográficos Sociais deste livro, ou elabore um com o auxílio da ferramenta no groundswell.forester.com). Dentro do possível, convide-os a usar as tecnologias. Um primeiro passo recomendável é lançar blogs internos, redes sociais e colaboração dentro de um departamento (como será descrito no próximo capítulo) a fim de demonstrar os benefícios específicos para a empresa.
- *Terceiro, escolha as pessoas certas para cuidar de sua estratégia.* Não escolha a pessoa que tem mais tempo disponível (pergunte-se o porquê disso!) ou um executivo sênior. Escolha a pessoa mais apaixonada por iniciar um relacionamento com seus consumidores. (Você identificará quem é essa pessoa porque ela usa a palavra consumidor ou cliente na maior parte das vezes.)
- *Quarto, coloque sua agência e parceiros de tecnologia em sintonia.* Se eles não compreendem o *groundswell*, convença-os a investir tempo e recursos – ou troque de agência.
- *Quinto, faça planos para o próximo passo e para o longo prazo.* Você quer saber para onde isso levará a empresa.

Analisamos como uma estratégia social e a mentalidade *groundswell* podem mudar a maneira como uma organização se relaciona com seus consumidores. No Capítulo 11, examinamos como as estratégias *groundswell* estão mudando a maneira como as empresas gerenciam e apóiam seus funcionários.

11. O *groundswell* dentro de sua empresa

Como você se sentiria se um de seus funcionários escrevesse algo como:[1]

> Trabalho no varejo. Inspiro criatividade e diversão em meus funcionários. Participo de grandes inaugurações de lojas, sempre que possível. E nunca amei um trabalho como amo este.
>
> Meu nome é Ashley Hemsath, e sou Best Buy.

Ashley trabalha na Best Buy de Charlotte, Carolina do Sul, uma das 1.200 lojas de eletrônicos da Best Buy. Ela é uma *Blue Shirt* – o nome que todos na Best Buy usam para chamar seus vendedores (se você já foi a uma loja da Best Buy, já os viu vestindo camisas pólo azul). Ela também é membro da Blue Shirt Nation (blueshirtnation.com), um site interno de comunidade para os funcionários da Best Buy – a frase mencionada faz parte da descrição de seu perfil na comunidade. A idéia da Blue Shirt Nation a atraiu, e ela é uma das colaboradoras mais lidas do site. "Posso dizer o que penso sobre como podemos melhorar a empresa, e também posso escrever sobre meu livro", ela diz. "Recebo apoio de outras pessoas, não apenas no nível local. Posso conectar-me com pessoas além de minha própria loja."

Em qualquer organização, em determinado dia, os funcionários podem ou não se sentir comprometidos com os objetivos de sua empresa.

Com algum tipo de planejamento, os aplicativos do *groundswell* interno como a Blue Shirt Nation podem fazê-los se sentirem empoderados, conectados e mais comprometidos no dia-a-dia. Como diz Ashley: "Sinto que posso fazer a diferença. Isso faz eu me sentir melhor no trabalho, e eu tenho um senso maior de responsabilidade, não só em relação ao que está errado, mas em como chegar a soluções para consertar as coisas que não funcionam. O que digo pode influenciar o que alguém que acabou de começar na empresa pensa." Ashley acha que suas atividades na Blue Shirt Nation lhe dão uma perspectiva maior sobre os objetivos da empresa. E isso, por sua vez, levou-a a ser promovida ao cargo de supervisora.

Como explorar o *groundswell* em sua empresa

Nos primeiros 10 capítulos deste livro, falamos sobre como conectar-se com seus consumidores no *groundswell*. E quanto a seus funcionários? Há um público natural para as conexões sociais. Eles, certamente, têm algo em comum: trabalham para você. E devem ter um objetivo comum: o sucesso de sua empresa.

Quanto maior a empresa, maiores se tornam os problemas internos de comunicação. A informação flui pela hierarquia gerencial, porém é mais difícil levar as percepções de volta para a gestão e estimular a colaboração entre as pessoas. As caixas de entrada de e-mail estão repletas de solicitações urgentes, cópias irrelevantes e doações de gatinhos. Se a Dell consegue mobilizar seus consumidores a apoiarem uns aos outros, e o salesforce.com pode fazer seus consumidores priorizarem as sugestões de funções, por que seus funcionários não podem trabalhar juntos da mesma forma?

Eles podem.

Em várias empresas pelo mundo, os funcionários estão se conectando em redes sociais internas, colaborando em wikis, e contribuindo para a troca de idéias. Alguns desses aplicativos foram propostos pela gestão, enquanto outros começaram como projetos especiais, mas todos têm a mesma característica em comum: exploram o poder das idéias entre as pessoas que mais conhecem como seu negócio funciona, que são seus funcionários. É um pouco assustador colocar esse poder nas mãos de seus funcionários. Isso não cabe em um fluxograma organizado e certinho. Mas se você quer funcionar com mais rapidez e inteligência, deve considerar essa sugestão.

Neste capítulo, vamos analisar três tipos de aplicações *groundswell* internas: a comunidade do Best Buy, os wikis da Avenue A/Razorfish, Organic e Intel, e uma troca de idéias na Bell Canada.

ESTUDO DE CASO

Best Buy: Conectando-se com funcionários distantes

A Blue Shirt Nation foi um projeto de dois homens de marketing corporativo, Steve Bendt e Gary Koelling, que queriam ouvir dos clientes qual era a publicidade que funcionava. Os Blue Shirts da Best Buy estão na linha de frente e têm, em conjunto, bastante conhecimento sobre o que funciona nas lojas. Steve e Gary são conhecidos por não fazerem as coisas de maneira tradicional, e decidiram dar voz aos Blue Shirts. Como nos disse Steve: "Queríamos compreender melhor o que estava acontecendo na loja, e não apenas quando a loja estava impecável para receber visitas dos diretores."

Gary começou em agosto de 2006, quando encontrou um servidor extra. Ele o colocou sob sua mesa e instalou um software de código aberto para a criação de comunidades, chamado Drupal. Ele e Steve abriram o site para alguns colegas fazerem testes, e receberam suas sugestões. "Lemos vários posts que diziam que o site era uma porcaria", lembra-se Gary. O projeto decolou quando ele foi mostrado ao VP sênior de marketing, Barry Judge, que disse que eles não estavam pensando grande o bastante – e, prontamente, ofereceu um orçamento generoso para expandir a comunidade.

Todavia, eles constataram que não era dinheiro o que faltava para tornar a Blue Shirt Nation um sucesso – faltava participação. "Achávamos que isso poderia ser incrível", disse Steve, "mas depois percebemos que não precisávamos de centenas de milhares de dólares. Sabíamos que algo que vinha do corporativo não iria decolar, e que isso precisava crescer de maneira orgânica". E, assim, recusaram a maior parte do dinheiro.

Em vez disso, Steve e Gary foram a campo, dando pequenas palestras nas lojas e distribuindo camisetas da Blue Shirt Nation aos funcionários. Eles levaram as equipes das lojas para jogar boliche, para ouvir opiniões sobre o que funcionava na comunidade e estimular os funcionários a participar. Quando o site foi ao ar para todos os funcionários, em fevereiro de 2006, já havia atividade suficiente que comprovava seu sucesso inicial, e os funcionários o acolheram com entusiasmo. Em outubro de 2007, a Blue Shirt Nation havia crescido muito. Quatorze mil funcionários se logavam por mês, e 85% deles eram vendedores das lojas.

Apesar desse sucesso, Steve e Gary ainda são os rapazes irreverentes que começaram o site a partir de um servidor sob a mesa de Gary. Quando dissemos a eles que sua pequena comunidade agora contava com 10% dos funcionários da Best Buy, eles comemoraram. "Cara!", exclamou Gary, "estamos com 10%!"

O impacto da Blue Shirt Nation

A Blue Shirt Nation foi criada para ouvir o que os funcionários tinham a dizer. O que a Best Buy não anteviu foi que não só educaria os gestores, mas possibilitaria que os funcionários ajudassem uns aos outros. Por exemplo, os Blue Shirts haviam solicitado endereços de e-mail para se comunicarem uns com os outros, em vez de deixar um bilhete ao lado da caixa registradora e fazer o acompanhamento do caso com clientes. Alguém escreveu que isso não seria possível, pois custaria à Best Buy perto de US$1 milhão para implementar uma solução assim. Outra pessoa falou com o departamento de TI e descobriu que o preço estava perto de US$58 mil para todos os funcionários em tempo integral. Pouco tempo depois, os Blue Shirts Azuis tinham e-mail. Ponto para o *groundswell* na Blue Shirt Nation.

Alguns gestores temem que o fato de conectar seus funcionários possa criar uma revolta. E, às vezes, isso não ocorre. Quando a Best Buy queria fazer uma mudança no desconto que os funcionários tinham, um deles escreveu: "Não gosta das mudanças? Manifeste-se!... Talvez não seja possível impedir que isso aconteça, mas podemos mostrar para a empresa o quão insatisfeitos estamos com isso." Três dias depois, em resposta a uma torrente de comentários acalorados na Blue Shirt Nation, um gestor escreveu: "Nós escutamos vocês. Vocês nos mostraram o quanto valorizam o desconto dado aos funcionários e, com base nesse feedback, decidimos

NÃO fazer mudança alguma." A empresa percebeu que o desconto era essencial para atrair e reter funcionários, e decidiu que era melhor manter o desconto dessa forma.

A Blue Shirt Nation também soluciona problemas corriqueiros mas de grande impacto. Um funcionário chamado Chris postou que o mostruário de uma nova câmera SLR era muito alto, incluiu uma foto em seu post, e perguntou se alguém tinha o mesmo problema. Dentro de duas horas, o projetista do mostruário respondeu dizendo: "Há dois modelos de mostruário. Aparentemente, você recebeu um com suporte extra... Vou acompanhar o problema e verificar se os mostruários certos foram enviados para as lojas certas." O que normalmente teria levado semanas para percorrer a burocracia da empresa foi resolvido em alguns dias – e o projetista do mostruário foi proativo e evitou que outros sofressem o mesmo problema. Esse é o poder e a velocidade do *groundswell* dentro das empresas – a capacidade que as pessoas têm de encontrar o que precisam umas das outras.

Os benefícios do *groundswell* interno atendem a vários objetivos

No Capítulo 4, dissemos a você para construir aplicativos com um único objetivo em mente: escutar, conversar, energizar, apoiar ou incluir. Essa estratégia também se aplica dentro da empresa, mas, como a Blue Shirt Nation mostra, esses objetivos tendem a se combinar em aplicativos internos. Os relacionamentos dos gestores com os funcionários – e os relacionamentos dos funcionários entre si – são multidimensionais. Por exemplo, veja como a Blue Shirt Nation da Best Buy realiza todos os cinco objetivos:

- *Escutar*. Steve e Gary criaram a Blue Shirt Nation para escutar, mas sua utilidade vai além do feedback que eles buscavam. Com os funcionários, a escuta pode transformar-se rapidamente em solução de problemas. Os gestores escutaram e depois restituíram o desconto aos funcionários. E não foi apenas com os gestores – o projetista do mostruário da câmera SLR recebeu feedback sobre como ele estava sendo usado nas lojas e sobre os problemas que havia com ele.

- *Conversar.* O corporativo agora pode publicar as mudanças na política da empresa, e todos podem ler e ver o que está sendo dito em Peoria, na sede da empresa.
- *Energizar.* Quanto vale um funcionário entusiasmado como Ashley Hemsath para o Best Buy? A Blue Shirt Nation deu a Ashley não apenas uma plataforma, mas também amplificou sua voz para toda a base de funcionários da Best Buy. Ela divulga seu pensamento positivo e seus conselhos, que provocam impacto em lojas, em todos os lugares.
- *Apoiar.* Uma parte fundamental do sucesso da Best Buy é seu comprometimento interno para apoiar e promover os funcionários. De acordo com Ashley: "Meu objetivo principal é promover as pessoas de minha equipe. Eu me lembro dos nomes de todos que contratei, e sei em que loja eles estão hoje. É muito legal vê-los interagindo comigo e entre si na BSN [Blue Shirt Nation]." O fórum on-line da Blue Shirt Nation é uma extensão natural dessa cultura de mentoring, em que os funcionários encontram nos colegas de empresa o apoio necessário, e não apenas nos de sua loja ou área.
- *Incluir.* No verão de 2007, Ashley foi convidada a participar do fórum de liderança de mulheres da Best Buy, em Chicago. Ela acabou sentando-se ao lado de alguém chamado Kal e conversou com ele por quatro horas sobre melhorias. Ela se recorda: "Descobri depois que ele era Kal Patel, o VP executivo de estratégia da Best Buy. Ele viu meus posts no BSN e disse a seu assistente: 'Preciso conhecer esta mulher!'" A comunidade tornou-se uma maneira de descobrir idéias e talentos.

A Blue Shirt Nation convidou os Blue Shirts para escutar e resolver problemas. Mas algumas empresas precisam de mais do que isso – elas precisam de um ambiente de colaboração total. E é para este objetivo que servem os wikis.

ESTUDO DE CASO

Avenue A/Razorfish: Colaboração em um wiki

Pouco antes do Natal de 2006, Clark Kokich sentou-se na frente de seu computador e escreveu este post de blog:[2]

> [Um colega] acabou de me enviar um e-mail, pedindo para eu postar meu solo de guitarra favorito. Ele achou que haveria várias pessoas com opiniões sobre o assunto. Hoje é véspera de Natal e eu não recebi nenhum outro e-mail a manhã inteira... parece uma boa hora para eu me divertir um pouco.
>
> A resposta rápida e simples: ainda me arrepio quando ouço o Cream tocar Crossroads ao vivo. Após pensar por alguns minutos, tenho de confessar que o ÚNICO solo de guitarra que ainda me surpreende e me deixa atônito toda vez que o ouço é "Man in The Box", do Alice In Chains.

Esse post se parece com milhares de outros na Net. Mas foi escrito pelo CEO da Avenue A/Razorfish, uma das maiores agências interativas do mundo, e apareceu na intranet da empresa. E por que o CEO de uma agência movimentada está perdendo seu tempo escrevendo sobre solos de guitarra? Clark explica: "Esse post não serviu a nenhum propósito específico, mas foi uma oportunidade [para nossos funcionários] de se conectar com a liderança. Você consegue fazer isso tomando cerveja com algumas pessoas, mas como fazer isso com uma empresa inteira? Se daqui a 10 ou 15 anos você olhar para trás, essa conexão será uma das coisas que nos levarão até onde estivermos."

O site da intranet da Avenue A/Razorfish, que é um wiki com blogs e áreas para colaboração, tem mais objetivos do que compartilhar opiniões sobre solos de guitarra. Já que a empresa se organiza em torno de projetos, toda ela funciona através de wikis. Mais de 1.900 funcionários em 19 escritórios precisaram organizar suas caixas lotadas de e-mail e arquivos espalhados em vários servidores. Agora, eles têm páginas nas quais compartilham idéias e habilidades, e escrevem blogs sobre seu trabalho, ou como fez Clark, sobre qualquer outra coisa. Além disso, os projetos têm páginas com resumos, descrição do papel dos membros da equipe, minutas de reunião, documentos nos quais os membros da equipe colaboram e cronogramas.

E isso funciona. As tecnologias reduziram o tempo gasto na procura de amostras de arquiteturas de tecnologia e ferramentas de terceiros de horas ou dias para minutos. Um dos consultores da empresa em Fort Lauderdale escreveu um post com uma solicitação de informações sobre a experiência da empresa com uma ferramenta chamada RedDot. Em poucas horas, o consultor reuniu estudos de caso de Londres, Frankfurt e Paris, e incluiu essas informações no projeto do cliente. Da mesma forma, os novos funcionários podem agir rapidamente à medida que vão aprendendo sobre as habilidades de seus colegas – e vice-versa.

Em vez de criar um imperativo de cima para baixo, a Avenue A/Razofish criou funções que permitissem que as equipes achassem que usar wikis é muito mais fácil do que fazer coisas do modo tradicional. Quando o wiki foi criado, em janeiro de 2006, as páginas foram visualizadas 5.700 vezes. Quase dois anos depois, as páginas no wiki foram visualizadas 1,8 milhão de vezes. Mais de 90% dos funcionários se logaram, fizeram três mil *uploads* de arquivos e contribuíram para 7 mil páginas.[3]

Isso funciona não apenas para os funcionários, mas também para Clark. A cada manhã, ele passa 15 minutos lendo blogs dos funcionários, wikis e artigos selecionados. "O maior benefício é poder saber no que as pessoas estão trabalhando, com o que elas estão preocupadas e a que estão se dedicando. É o equivalente virtual do gerenciamento por passeio."

A habilidade de Clark para monitorar o pulso da organização foi crucial no dia 20 de maio de 2007, quando a Microsoft anunciou que estava adquirindo a aQuantive, a controladora da Avenue A/ Razorfish.[4] Clark sabia que seus funcionários estavam preocupados sobre o que a aquisição significaria para eles, seus clientes, e o mais importante, sua capacidade de fazer escolhas tecnológicas independentes.

Ele escreveu um post sobre essas questões e depois respondeu a comentários e perguntas que chegaram pelo blog e wiki. "Eu poderia ter feito o anúncio por e-mail", explicou Clark, "mas aqui teríamos mais diálogo. Esse tipo de diálogo é reconfortante, pois a mudança é estressante. Há abertura, e as coisas não estão acontecendo em segredo. Eles foram tranqüilizados no sentido de que não há um plano diabólico desconhecido." Quando visitava os escritórios da empresa após o anúncio, ele também verificava o wiki e os blogs para se manter atualizado sobre as perguntas e reclamações mais recentes, e respondia a elas em reuniões ao vivo. Resultado: quando o negócio foi fechado em agosto de 2007, os funcionários se sentiram mais confiantes em que a aquisição seria boa para eles.

O segredo é que, ao criar uma ferramenta de colaboração, a empresa havia criado também um canal de comunicação. Nem tudo são flores na comunicação entre os funcionários, naturalmente. Mas a habilidade de Clark em conduzir sua empresa durante a aquisição, usando os blogs e o wiki para se comunicar, demonstrou a liderança através da mentalidade *groundswell*. Em vez de se retrair perante as sensações negativas causadas pela aquisição, ele optou por lidar com elas em um espaço compartilhado. Essa habilidade – falar e escutar – permite a ele ficar perto de seus funcionários ao mesmo tempo em que guia a empresa durante um período crucial de transição.

Os wikis estão se espalhando pelo mundo corporativo

Por serem muito eficazes para enriquecer a colaboração, os wikis estão se tornando populares em várias outras empresas. Veja o exemplo da Intelpedia.

No outono de 2006, o engenheiro de suporte ao produto da Intel, John G. Miner, escreveu um post em um blog interno da Intel com a seguinte pergunta: "Não seria legal ter algo como a Wikipedia dentro da Intel? Os leitores responderam com ceticismo, e escreveram coisas como "Isso nunca vai acontecer" ou "Vai levar de dois a três anos".[5] Exceto Josh Bancroft, engenheiro especializado em mídia social na Intel, que escreveu: "Dê-me um servidor e eu faço isso funcionar em um dia." Josh encontrou um servidor, instalou o Media-Wiki (o software wiki de código aberto usado para rodar a Wikipedia) e convocou seus amigos para começar a adicionar conteúdo. Quando John falou novamente com Josh, duas semanas depois, oferecendo um servidor, já era tarde; Josh já havia lançado a Intelpedia. "Foi um dos momentos mais agradáveis que tive na Intel quando disse a John que a Intelpedia já estava funcionando", disse Josh. "Ele ficou extasiado."

Dois anos após a criação da Intelpedia, ela contava com 20 mil artigos e tinha 700 *page views* mensais. Os artigos vão de informações de referência (como configurar Macs na rede corporativa da Intel) a assuntos diversos (o horário dos jogos de futebol perto dos *campi* da Intel). A chave para o sucesso da Intelpedia é que os artigos são mais do que uma enciclopédia estática – em vez disso, o wiki é parte integrante da vida diária na Intel. Oliver Young, um analista da Forrester que estudava a aplicação de tecnologias sociais dentro da empresa, explica: "Informações desatualizadas são um problema sério nos wikis. Quando você começa a usar e depender dessas ferramentas sociais, elas se tornam uma maneira de resolver problemas de negócios. Elas se tornam parte do contexto no qual você trabalha diariamente, e não uma ilha de informações desconexas."

Na Organic, uma agência interativa internacional, os funcionários enfrentaram o mesmo problema – o wiki interno que haviam lançado não era eficaz porque havia poucas pessoas usando-o. "Não é que fosse difícil usar o wiki; nós precisaríamos trabalhar de forma diferente", disse Chad Stoller, diretor executivo de plataformas emergentes da Organic.

Para reenergizar a colaboração com os funcionários, os gestores se reuniram por uma hora para definir os princípios norteadores para uma nova intranet, em uma reunião fora da empresa no ano de 2006. O plano era (1) fornecer aos funcionários, ou "talentos", como a Organic gostava de chamá-los, seu próprio perfil em uma rede social interna denominada Organism; (2) auxiliar as pessoas que tentavam localizar conhecimento especializado nos seis escritórios nos Estados Unidos e Canadá; e (3) estimular as pessoas a fazer *upload* e compartilhar seu trabalho nos perfis. Eles também queriam que os funcionários se conectassem da mesma forma que as pessoas usando os aplicativos – em uma rede social.

O Organism aliava elementos de redes sociais, software de colaboração e intranets corporativas. De acordo com David Feldt, um vice-presidente sênior no escritório de Toronto, que dirigiu a criação do Organism, "ele ajuda a equipe a se conhecer e trabalhar em conjunto com mais eficácia".

A Organic percebeu que os processos de negócio das pessoas giravam em torno de conhecer umas às outras e, mais importante, do trabalho que cada uma fazia. "O Organism tornou-se um ponto de entrada para o wiki", explicou Chad. "Qualquer atualização feita em seu perfil fica documentada no wiki."

Agora, sempre que há novos funcionários na Organic, eles ganham uma página no Organism, e devem mantê-la atualizada com os serviços entregues aos clientes. Já que o Organism está ligado diretamente ao diretório da empresa, qualquer um em busca de um programador com experiência em criar *widgets*, por exemplo, procurará primeiro no Organism. Isso, por sua vez, estimula os funcionários a atualizar seu perfil e fazer *upload* do trabalho com os clientes – pois isso provavelmente os leva a seu próximo projeto. Por fim, o Organism também tem funcionalidades de rede social – os funcionários podem listar seus "amigos", possibilitando que os líderes de projeto recebam recomendações e indicações informais para novos membros de equipe.

A Intel e a Organic aprenderam que os wikis e as redes sociais não solucionam problemas sozinhos. Como ocorre com os aplicativos *groundswell* externos, você precisa começar pensando sobre os relacionamentos, e não sobre as tecnologias. Ali – como na Avenue A/ Razorfish e Best Buy –, as tecnologias foram bem-sucedidas na empresa apenas porque ela as transformou em ferramentas de negócio úteis.

Até agora, os exemplos que descrevemos mostram como as empresas podem melhorar a comunicação e a colaboração. E quanto à inovação? Esse foi o objetivo seguido pela Bell Canada.

ESTUDO DE CASO

Bell Canada: Promovendo a mudança cultural de baixo para cima

No início de 2005, Rex Lee, diretor de serviços colaborativos da Bell Canada, promovia uma série de encontros informais com pequenos grupos de funcionários. Como acontece em várias empresas, eles acabaram se tornando sessões de queixas, cheias de reclamações e críticas sobre a empresa. Rex ficava frustrado quando perguntava aos funcionários como eles resolveriam os problemas que haviam trazido à tona, e eles respondiam: "Não é problema meu." Quando os funcionários chegavam a algumas boas idéias, eles perguntavam o que Rex pretendia fazer a respeito. Rex chegara a seu limite. "A Bell Canada emprega 40 mil pessoas e, honestamente, eu não sabia como ir em frente, ou a quem recorrer com essas idéias", ele nos disse.

Rex precisava de uma maneira melhor para colher idéias, e colocá-las em um lugar no qual os gestores correspondentes pudessem vê-las. Ele buscou inspiração no... "American Idol". É isso mesmo, o programa de televisão. No "American Idol", a platéia vota nos vencedores. Isso funcionaria na Bell Canada? Para descobrir isso, Rex e uma pequena equipe de voluntários criaram o ID-ah!, que permite que qualquer um na empresa envie uma idéia e promova uma votação entre os funcionários. (É o mesmo que acontece com o IdeaExchange do salesforce.com, que descrevemos no Capítulo 9.)

No período de um ano e meio em que o ID-ah! esteve no ar, os funcionários haviam enviado mais de mil idéias e compartilharam mais de três mil comentários. Quinze mil funcionários (dentre os 40 mil da Bell Canada) haviam visitado o site, e seis mil haviam votado. É óbvio que não vale a pena perseguir todas as idéias que estão ali – mas é para isso que serve a votação. Como resultado do ID-ah!, ao longo de um período de seis meses em 2007, 27 idéias campeãs foram selecionadas para análise e 12 foram implementadas.[6]

Mas este foi apenas o começo da mudança cultural que o ID-ah! trouxe para a Bell Canada.

A alta direção, liderada por Eugene Roman, presidente do grupo, de sistemas e tecnologia, e Mary Anne Elliott, VP sênior de recursos humanos, apoiaram o ID-ah! não só para gerar idéias, mas para mudar a atitude dos funcionários. Como lembra Rex: "Queríamos que cada um fizesse investimentos pessoais na Bell, para que percebessem a necessidade de prestar contas. E vimos que o ID-ah! era uma das maneiras de fazer isso."

O início foi árduo. De acordo com Rex, "o ID-ah! conquistou rapidamente a atenção dos executivos, pois eles estavam preocupados – afinal, as pessoas poderiam postar o que bem entendessem. E se alguém postasse algo falso ou ofensivo?" Para se sentirem à vontade em abrir mão desse controle, os executivos ficaram envolvidos logo no início, analisando cuidadosamente as idéias que foram enviadas na versão beta. Foi apenas após vários meses de testes com mais e mais funcionários que os executivos se sentiram à vontade para lançar o site a todos os funcionários.

O sucesso do ID-ah! como propulsor de mudança de cultural na Bell Canada vem do comprometimento em disponibilizá-lo a todos os funcionários e, mais importante, do comprometimento da gestão sênior em analisar as idéias principais. É por isso que funciona. Com o ID-ah! em funcionamento, os funcionários não achavam mais que não faziam a menor diferença. Em vez disso, eles se sentiram com poder de decisão outorgado pelo *groundswell*. Essa era a visão – e também o sonho – de Rex: que o sentido de propriedade e responsabilidade pela empresa fluísse por toda a organização.

Rob Koplowitz, analista de colaboração no local de trabalho da Forrester, extrai uma lição importante dessa história: que as empresas deveriam implementar tecnologias sociais internamente apenas quando uma mudança organizacional é desejável e possível. "Não traga ferramentas de colaboração para sua empresa se ela não está pronta para isso", diz Rob. Mas é claro que a Bell Canada estava preparada – e a equipe de gestão atingiu seu objetivo com a troca interna de idéias.

Estratégias para nutrir o *groundswell* interno

Como o estudo de caso da Bell Canada mostra, o *groundswell* interno se ocupa de criar novas maneiras para as pessoas se conectarem e trabalharem juntas, e, com esse fim, é sobre relacionamentos, e não tecnologia. Veja o que você precisa para nutrir o poder do *groundswell* de seus funcionários: promova uma cultura de escuta de cima para baixo, facilite e estimule a participação com incentivos, encontre e dê autonomia aos rebeldes de sua organização.

Os *groundswells* internos funcionam quando a gestão escuta

Os aplicativos sociais internos exigem um alto nível de confiança, pois os funcionários têm mais em jogo quando participam – afinal, seu trabalho e subsistência estão em jogo. Ao contrário das redes sociais externas, os participantes não podem ser anônimos. Eles precisam saber que os gestores escutarão suas opiniões divulgadas abertamente, em vez de perseguir os dissidentes.

Isso só funciona quando a cultura permite. Clark Kokich, da Avenue A/Razorfish, e os gestores da Bell Canada compreenderam seu papel e se envolveram logo no início do processo. Eles lideraram não apenas com a alocação de dinheiro e recursos, mas com o próprio envolvimento pessoal. Quando os funcionários da Avenue A/Razorfish viram Clark incorporando o material dos blogs internos e wikis nas próprias comunicações, eles sabiam que haviam conquistado o ouvido do CEO.

Isso é essencial – sem a participação ativa dos gestores, seus esforços fracassarão. Por exemplo, lembramo-nos de uma empresa de serviços profissionais confusa que nos contatou com um dilema. Ela havia disponibilizado blogs, wikis e ferramentas de relacionamento social, voltados especificamente aos recém-formados que também eram recém-contratados, que haviam afirmado que estavam familiarizados com todas elas. Todavia, vários meses após o lançamento, a participação era baixíssima. Por quê? Porque a empresa havia disponibilizado as tecnologias com pouco patrocínio ou envolvimento dos gestores. Apesar de os gestores não estarem usando as ferramentas, eles esperavam que as pessoas no início da escada corporativa – aquelas que ainda estavam tentando entender como se comunicar profissionalmente em uma organização – se aventurassem no mundo amorfo do *groundswell* corporativo. Como é de se esperar, nenhum recém-formado levantou a bandeira para liderar a mudança interna.

Não há substituto para o envolvimento gerencial. O fato de que um VP faz menção ao post de um funcionário em um blog em suas discussões de negócios fala mais alto e verdadeiro do que quaisquer ordens ou conselhos para usar as tecnologias. A mentalidade *groundswell* não acontece naturalmente dentro de uma empresa. Conte com um investimento significativo de tempo e apoio de executivos para nutri-la, apoiá-la e promovê-la.

Planeje avançar os estágios e facilitar a participação das pessoas

Ter a cultura certa e uma equipe gerencial engajada é um bom começo, mas não é o suficiente, principalmente se o objetivo fundamental é promover melhor comunicação e colaboração. Externamente, desde que os aplicativos possam atrair milhares de participantes, a massa de Inativos participantes raramente interfere. Dentro de uma empresa, entretanto, os Inativos são como tirantes de regulagem em um reator nuclear: eles reduzem a participação e evitam que a geração de idéias esquente.

O nível crítico de participação varia de acordo com seu aplicativo. Se apenas 50% dos funcionários da Organic estivesse gerenciando seus perfis e portfolios, por exemplo, o Organism seria inútil. Compare com a Blue Shirt Nation, em que uma participação de 10% foi suficiente para criar uma comunidade vibrante que se apóia. A Best Buy poderia sobreviver sem muitos de seus funcionários, pois seu aplicativo era essencialmente sobre escuta. Mas a Organic estava no encalço de um *groundswell* de colaboração, que funciona apenas quando quase todos os colaboradores estão presentes.

Quais estratégias você pode usar para estimular a participação? Esta é uma estratégia que não funcionará: coação.

Uma empresa com a qual trabalhamos estava esperando chegar perto de 100% de participação em suas tecnologias de colaboração social. Como havia acontecido com as implementações anteriores da empresa de ferramentas de gestão do conhecimento e gestão de relacionamentos com o cliente, os executivos exigiram participação. Um executivo ou gerente se recusava a ler os arquivos entregues por e-mail e, em vez disso, fazia questão de que eles fossem armazenados no wiki corporativo, para que ele pudesse recuperá-los e analisá-los. Mas era difícil usar o wiki, que exigia uma autenticação diferente e era pouco estruturado. Forçar as pessoas a usarem ferramentas de uso difícil não dá certo e, como resultado, a empresa teve enormes dificuldades em convencer os funcionários a adotar a estratégia social.

Compare isso com a estratégia da Avenue A/Razorfish. Ela lançou seu wiki e estimulou, mas não exigiu, participação. Cada escritório tinha um "wikivangelizador", cujo trabalho era explicar e encorajar a participação. Uma por uma, as equipes decidiram conectar-se com o wiki por projetos, consideraram a ferramenta útil e se tornaram seguidoras. A notícia se espalhou, principalmente porque as equipes que usavam o wiki eram mais produtivas. As equipes iniciais, com a ajuda do departamento de TI, ajudaram a aperfeiçoar o design, para que as equipes que chegassem depois achassem o wiki mais fácil de usar.

Essa estratégia gradual tem mais chances de sucesso do que forçar as pessoas a adotarem a tecnologia. Como explica David Deal, da Avenue A/Razorfish, "as pessoas precisam querer usar o wiki". Se seus participantes iniciais não acham que seu aplicativo social seja valioso ou útil, é melhor redesenhá-lo, em vez de forçar o restante da organização a usá-lo.

Uma maneira de encorajar a participação é criar "rampas de acesso". Um escritório de advocacia sabia que seus advogados ofereciam resistência ao uso de RSS, e decidiu criar folders RSS dentro do Outlook, em vez de fazê-los usar um aplicativo RSS independente. Se é importante que todos participem, você precisa fazer algumas concessões para as pessoas que, de outra forma, seriam Inativas.

Veja que as tecnologias que são mais eficazes para gerar participação dentro da empresa diferem dos esforços externos orientados ao consumidor. Por exemplo, um blog é uma ferramenta eficaz para conversar, mas não ajuda muito as equipes. Em vez disso, as equipes precisam de ferramentas de apoio e colaboração como os wikis, que possibilitam que elas se mantenham atualizadas durante um projeto, compartilhem inteligência competitiva de mercado e reúnam e votem em idéias promissoras.

Uma vez que as equipes sejam mais produtivas, você conquistará a participação de até mesmo os lendários ranzinzas corporativos – você deve conhecer alguém que, até o ano passado, insistia que seus e-mails fossem impressos por seu assistente, para serem lidos posteriormente.

Encontre e encoraje os rebeldes

Já que fomentar a mentalidade *groundswell* é um processo árduo, é importante encontrar pessoas como Josh Bancroft, da Intel, e Steve Bendt e Gary Goelling, da Best Buy. Você provavelmente conhece quem são essas pessoas dentro de sua organização – são elas que o incomodam há um ano para fazer alguma coisa, qualquer coisa. Em vez de pensar nas coisas que podem dar errado, pense no custo da oportunidade – principalmente a oportunidade perdida de criar um *groundswell* de funcionários entusiasmados como Ashley Hemsath.

Para fazer isso, as empresas precisam estar abertas para errar com freqüência, rapidamente, e, acima de tudo, sem perder muito dinheiro. Quando a Procter & Gamble lançou seu programa interno de blogs, o sistema havia sido desenvolvido em um fim de semana e armazenado em um servidor sob a mesa de alguém, como a Blue Shirt Nation da Best Buy.

O ID-ah! da Bell Canada foi construído inteiramente com voluntários. Quase todos os exemplos de iniciativas internas de *groundswell* começaram como projetos secretos.

Como gestor sênior, sua tarefa é direcionar essa energia de forma produtiva. Ajude seus rebeldes com recursos políticos e técnicos. Ajude-os a entender onde a mudança pode ocorrer mais rapidamente na organização – e onde ela encontrará resistência. Ajude-os a tentar coisas, junte-os quando eles caírem, limpe a poeira e ajude-os a aprender com os erros. E mais importante: use sua experiência gerencial para ver, quando o sucesso começa, o que está tendo sucesso, e duplique isso.

Por outro lado, os gestores devem conter o impulso corporativo automático de disponibilizar processos, controles e orientações para tudo. Ao contrário, defina algumas regras básicas com antecedência. Como as empresas têm telefone, e-mail e, mais recentemente, políticas de blogs, algumas regras básicas de engajamento são um bom lugar para começar. Já vimos algumas orientações irem de "palavras ofensivas não serão toleradas" a especificações técnicas sobre quais tipos de informação corporativa ou de servidores têm acesso negado. Talvez você precise ajustar as regras básicas com o passar do tempo, à medida que sua experiência com o *groundswell* for aumentando, mas, uma vez que seus rebeldes conheçam seus limites, eles não precisam pedir aprovação a cada vez que querem tentar algo novo.

Cultura e relacionamentos superam as tecnologias

Neste capítulo, você viu como as redes sociais podem ajudar a encorajar a comunicação entre funcionários, como os wikis podem estimular a colaboração e como a troca de idéias pode canalizar a inovação.

Não importa o que você esteja procurando, o segredo para o sucesso no *groundswell* interno é a cultura. Isso não está relacionado com a implementação da tecnologia, mas com o gerenciamento e a mudança da maneira como as organizações funcionam, uma mudança que pede a bênção – ou, melhor ainda, a participação ativa – dos altos escalões da gestão. É quase impossível forçar as tecnologias sociais sobre as organizações de cima para baixo, já que, por definição, essas tecnologias exigem a participação de seus funcionários. Você não pode forçá-los a adotar a mentalidade *groundswell*, nem pode convencer os gestores relutantes a implementar as tecnologias sociais junto a seus consumidores. Mas certamente ajuda se as tecnologias sociais tiverem um ou dois executivos por trás delas.

Todos gostaríamos de trabalhar em empresas repletas de Ashley Hemsaths. Para chegar lá, inicialize seus aplicativos *groundswell* internos agora.

Você chegou ao final de nossos conselhos estratégicos. O que falta? Um exame no futuro e alguns conselhos sobre como você, pessoalmente, pode preparar-se para viver no *groundswell*. E isso está no Capítulo 12.

12. O futuro do *groundswell*

Jason Korman fabrica vinhos. Ele dedica sua vida a fazer vinhos. Por isso ele sabe que é um negócio terrível.

Ter sucesso na gestão de uma pequena vinícola é quase impossível. Há milhares de novas vinícolas no mundo. A distribuição apresenta desafios. O reconhecimento vem por meio de revistas como *Wine Spectator*, e pode levar meses até que seu vinho receba uma crítica – se você tiver sorte.

Quando Jason Korman abriu sua vinícola, Stormhoek, em 2003, na África do Sul, ele sabia que precisava de uma estratégia diferente para se comunicar com as pessoas. Ele decidiu que seu vinho seria o primeiro a ser bem-sucedido através do *groundswell*.

Jason percebeu que o segredo estava em se concentrar nas experiências das quais o vinho faz parte, e não na garrafa de vinho. "O vinho é um óleo social", ele afirma. "Apesar de nos importarmos apaixonadamente com a qualidade do vinho, acreditamos mesmo que o vinho tem a ver com o que acontece após você abrir a garrafa." A mentalidade *groundswell* na estratégia da Stormhoek era estimular as pessoas que apreciavam seu vinho a falar sobre ele. Por essa razão, uma de suas primeiras estratégias, em junho de 2005, foi enviar garrafas de safras do Stormhoek a 185 blogueiros no Reino Unido e Irlanda. "Prove nosso vinho", ele escreveu em um livrete que acompanhava a garrafa, sugerindo que eles escrevessem sobre o vinho se tivessem gostado, e também se não o tivessem apreciado.

O resultado de toda essa atividade foi que, ao final de 2005, 305 posts de blogs mencionavam o vinho. A Stormhoek havia criado um novo significado para "burburinho do vinho".

Uma chave para seu sucesso foi a conexão que Jason fez com Hugh McLeod, um blogueiro americano que escreve tirinhas cômicas assustadoramente sarcásticas no verso de cartões de visita e os publica regularmente em seu blog, www.gapingvoid.com. Hugh estabeleceu uma parceria com a Stormhoek. Os ativos que Hugh trouxe foram seus seguidores internacionais, seu traço contagiante (que agora adornam várias garrafas da Stormhoek) e sua intuição sobre como funciona o *groundswell*. O pequeno panfleto de Hugh que acompanhava as garrafas de vinho conferiu credibilidade e autenticidade à atividade, o que provavelmente fez o vinho ser citado em tantos posts de blogs.

Dois anos depois, a vinícola Stormhoek, avaliada em US$1 milhão, havia se transformado em um negócio de US$10 milhões. Jason continuava a expandir seu sucesso entre blogueiros com um grupo de Facebook, vídeos do YouTube e fotos no Flickr (ele sugere que você faça um post com recordações de seu jantar regado a vinhos Stormhoek, ou uma fotografia sua fora de uma loja Tesco com uma garrafa que você tenha comprado). Todas essas atividades haviam gerado sua parcela de publicidade, e o produto foi citado na CNN e na Advertising Age. A Stormhoek conseguiu até que os funcionários da Microsoft se interessassem em uma safra de rótulo próprio com uma ilustração de Hugh McLeod e as palavras "Mude o mundo ou vá para casa", uma filosofia adotada por vários funcionários da Microsoft.

A Stormhoek vive no *groundswell*. A Internet é o departamento de marketing de Jason Korman. Jason e Hugh haviam criado uma empresa inserida no tecido social de vários países, e não é uma start-up etérea – ela vende um produto físico real que é feito com muito esforço e vem em garrafas. Jason Korman não é um empreendedor de Internet com barba por fazer – ele tem 47 anos. A diferença entre Stormhoek e quase todas as outras empresas apresentadas neste livro é a seguinte: Jason e Hugh moram no *groundswell* e sabem que crescerão à medida que ele crescer. Eles são naturais de lá.

Você deve aprender a pensar como eles pensam.

O *groundswell* onipresente

As tecnologias do *groundswell* estão explodindo, como descrevemos no Capítulo 1. Elas são baratas e fáceis de serem criadas e aperfeiçoadas, utilizam facilmente a economia publicitária da Internet e conectam pessoas que desejam naturalmente se conectar.

O resultado líquido de toda essa atividade acelerada é que o *groundswell* está relacionado com o envolvimento em toda e qualquer atividade, não apenas nos computadores, mas em equipamentos portáteis e no mundo real. Esse é o *groundswell* onipresente. O que isso significa?

Significa que as redes sociais conectarão as pessoas com os grupos com os quais elas se importam. As transações serão constantemente classificadas e avaliadas. Os tags, feitos por pessoas comuns, reorganizarão a maneira como encontramos as coisas.

Os *feeds* avisam sobre atualizações no conteúdo, e os *feed readers* serão uma parte tão importante da experiência on-line quanto o e-mail ou os navegadores são hoje.

É difícil imaginar como será o mundo. Em vez de descrever como ele será, vamos fazer um passeio. Vamos passar um dia no futuro.

Um dia na vida do *groundswell* onipresente

Os efeitos totais de todas essas mudanças serão muito maiores do que as partes individuais. Quando o *groundswell* o envolve como um casulo, quando você o respira como o ar e sempre depende dele, o mundo será muito diferente.

Imagine, por um instante, que você trabalha no marketing de uma empresa de calçados. Você acorda no dia 1º de dezembro de 2012. Como será seu dia?

Tão logo você acorde, seu telefone (que agora é um equipamento infinitamente mais sofisticado) dirá a você as coisas que ele aprendeu com o *groundswell*, coisas que lhe interessam. Para começar, sua rede social favorita informa a seu telefone que um amigo de faculdade está vindo para a cidade na próxima semana a trabalho. Você envia uma mensagem dizendo que quer se encontrar com ele – ele recebe o recado, assim como outras pessoas de seu círculo de amigos de faculdade. Dali a pouco, há uma pequena reunião espontânea sendo organizada pelo grupo.

Seu telefone também informa que a Federal Trade Commission está cogitando impedir a fusão de dois de seus principais concorrentes, e que as cores da moda para a primavera serão lilás e amarelo-canário – porque você configurou o equipamento para mostrar informações do *Wall Street Journal*, *Footwear News* e *Women's Wear Daily*. Os *feeds* são inteligentes – eles observam o que você tem lido e trazem mais notícias sobre coisas que eles sabem que você, e outras pessoas como você, gostariam de saber.

Junto com os *feeds*, aparecem os principais posts de shoeblog.com e shoeaholicsanonymous.com. Você digita um comentário no shoeaholics, direto de seu telefone – não dá para engolir que eles chamaram aqueles sapatos lindos que você importou do México de "baratos". Ao beber o resto de seu café, você recebe um alerta de que a rodovia interestadual está engarrafada de novo – melhor pegar a rota alternativa. Você verifica se o sistema GPS de seu telefone está ligado, para adicionar seu trajeto até o trabalho à base de dados de tráfego.

Ao chegar ao escritório, você conecta seu laptop e verifica seu painel de monitoramento. O lilás está com tudo – de acordo com o serviço de monitoramento do *groundswell*, o burburinho sobre calçados aumentou 25% hoje, e 11% dos posts mencionam o lilás, perto de frases positivas como "compra da estação" e ;-b". O amarelo-canário, por outro lado, está recebendo comentários como "brega" e "estação passada". A escolha das cores para a primavera precisa ser feita nesta semana – e é uma decisão importante. É só uma moda passageira, ou é real? Você decide colocar a teoria à prova.

Em seu próprio blog, nextgenshoetrends.com, você lança um balão de ensaio. Você pega alguns modelos da estação passada e pinta de lilás. "Estamos pensando em algo assim para a próxima primavera – mas com uma tira deferente, que vocês nunca viram antes", você publica. Vamos ver o que acontece quando seus fãs de calçados virem isso. Para se divertir, você faz uma busca no ShoeTube e encontra a fonte do burburinho – um vídeo de uma cantora-celebridade de 22 anos, líder dos *superficial friends*, Helena Trampp. Ela foi aos clubes noturnos na noite passada usando sapatos de salto *stiletto* lilás e um microvestido. Você coloca o link em seu blog e, para agitar as coisas, pede a seu colega Manny, de relações com o consumidor, para colocar um link de seu post no Supershoe, a comunidade fechada de fãs de calçados de sua empresa. Antes do almoço, você vai a seu wiki interno para acrescentar uma pequena anotação que conecta os arquivos e as atividades da manhã que já foram postados, para que os departamentos de manufatura e relações com o varejo saibam o que você anda fazendo.

Hora do almoço. Hora de sair do ar. Você coloca seu telefone em modo particular, para que ele não monitore por onde você anda, e compra um presente de aniversário para sua amada na loja da esquina. O *groundswell* pode esperar um momento. Você come um sanduíche, e volta para o trabalho.

Há mais novidades pela tarde. Dos 191 comentários em seu blog, 75% são positivos e enlouquecidos com os sapatos de Helena – o ShoeTube já tem outros nove vídeos de imitadoras de Helena desfilando com seus sapatos. Os concorrentes podem ver isso também, mas você chegou na frente – seus designers já têm os desenhos dos saltos prontos, e seu fabricante, além de fazer novos desenhos rapidamente, é um gênio com as cores. Para arrematar, o burburinho no SuperShoe está fora de controle – a comunidade está cheia de fãs de calçados, mas eles querem ver os modelos em lilás.

Confiante, você faz seu pedido; você sabe que o *feed* de seus pedidos irá direto para seu superior e para operações, e por isso não há necessidade de contatá-los. Seus fornecedores e varejistas também assinam seu *feed* de pedidos e, em breve, suas páginas e aparelhos móveis mostrarão que você está liderando a tendência do lilás.

Você posta as notícias um pouco mais elaboradamente em seu blog dali a uma ou duas semanas; a Footwear News provavelmente lerá a notícia, mas será tarde demais para seus concorrentes tentarem copiá-lo, pois estão distraídos com a fusão pendente. Você decide enviar alguns pares antecipados para algumas jovens atrizes que conhece em Hollywood – elas são suas embaixatrizes de calçados – e que também blogam sobre moda e fazem comentários em fóruns nessa área. Você telefona para uma delas para garantir que ela esteja na estréia do filme em fevereiro, e fotografe os novos modelos, na cor da estação, com seu celular, para atiçar a atenção de todos.

Antes de ir para casa, você recebe um recado de que o bate-papo de sua filha no FaceSpace.soc está a mil. Quando clica, no entanto, você descobre que ela e suas amigas estão falando sobre... álgebra. Se é assim que elas solucionam problemas no ensino médio, é uma preparação legal para a faculdade.

Hora de ir para casa com um sorriso no rosto. Claro que é difícil manter-se atualizado com tantas informações em seu caminho, mas o fluxo de informações de/para o *groundswell* é altamente valioso para as decisões que você toma – e é gerenciável graças à inteligência incluída em seus navegadores, tanto móvel quanto no computador. Mais um dia inserido no *groundswell*.

Como o *groundswell* onipresente mudará as empresas

O cenário que acabamos de descrever é totalmente plausível. Cada parte dele – Internet móvel, *feeds*, comunidades, blogs, wiki – já está em funcionamento. A única coisa que falta é a participação – de mais pessoas, e mais empresas – e isso está vindo. Rapidamente.

Dentro de alguns anos, uma empresa que não se envolva com esse tipo de atividade parecerá datada. O que você acharia de uma empresa que tem um gráfico estático e nenhum link em sua home page? Isso era comum em 1995, mas hoje é risível. Da mesma forma, as empresas que não estiverem conectadas no *groundswell*, em 2012 terão a cara do século XX – o que significa dizer que estarão desatualizadas.

Você pode acreditar que essa conexão com o mercado traria um enfoque prejudicial no curto prazo. Mas, baseado no que vimos – como a Dell desenvolvendo seu produto Linux em dois meses –, acreditamos que esse futuro promoverá uma cultura de resposta que é necessária para criar estratégias eficazes de longo prazo. As empresas darão passos incrementais, verão o que funciona e aperfeiçoarão seus produtos em direções positivas, confiantes no feedback constante que aponta que estão dando os passos corretos. Quando elas derem passos errados, aprenderão rapidamente e consertarão os erros com a mesma rapidez. Elas serão tão seguras em seu relacionamento com os consumidores que sabem que podem cometer um erro – e não apenas sobreviver, mas também ter sucesso.

Não é um movimento de curto prazo. Estrategicamente, você precisa dessa conexão com o *groundswell*. As empresas precisam de conexões com seus mercados para criar lealdade de longo prazo. Elas precisam desses clientes para ter informações sobre o que vem a seguir. Elas precisam ter experiência para lidar com o *groundswell* a fim de distinguir entre algo momentâneo e o início de uma tendência relevante. As empresas que compreenderam como fazer do *groundswell* um recurso têm tudo isso. As outras não – e não conseguirão reunir essas capacidades em uma semana ou um mês, uma vez que se dêem conta de que precisam disso.

Os ciclos de produto se acelerarão. Por exemplo, o segmento de bens de consumo eletrônicos geralmente trabalha em cima dos produtos por um ano ou mais, lança-os em janeiro no imenso International Consumer Electronics Show de Las Vegas e os entrega em outubro e novembro do mesmo ano, para as compras de Natal. Com feedback constante, o ciclo se torna mais contínuo. Se fôssemos um fabricante de bens de consumo eletrônicos, prestaríamos atenção ao que seria mostrado na feira em janeiro, reuniríamos essas informações com o conhecimento adquirido por meio da observação do *groundswell*, e começaríamos a fazer e vender produtos que correspondessem ao feedback on-line, meses antes de os outros concorrentes estarem prontos. Em vez de uma grande campanha publicitária, começaríamos pelos blogueiros de produtos eletrônicos mais influentes. As vendas talvez não sejam tão impressionantes se comparadas aos grandes lançamentos de produtos, mas nossos produtos seriam muito mais adequados ao que as pessoas querem, e teriam uma margem de lucros maior.

Neste mundo de feedback constante, um elemento de algumas culturas corporativas certamente acabará. As estratégias baseadas no engano estão condenadas ao fracasso. Se sua Internet de alta velocidade é mais lenta que a de seus concorrentes, os céticos chamarão a atenção da imensidão de críticas e grupos de discussão on-line, e as pessoas saberão. Se seu novo esfregão é bonito e custa menos, mas o refil é caro, as pessoas saberão. Se sua empresa de hipotecas subestima o tempo que leva para que a papelada fique pronta, as pessoas saberão.

É um futuro emocionante, mas assustador. Nenhum de nós está preparado para viver no futuro porque tudo ainda é muito novo. Entretanto, algumas pessoas como Jason Korman e Hugh McLeod, da Stormhoek, estão sendo vencedoras.

Antes de terminarmos, gostaríamos de fazer de tudo para prepará-lo para viver neste futuro.

Como ter uma mentalidade *groundswell*

Um fato chamou nossa atenção em nossas entrevistas com os pensadores bem-sucedidos do *groundswell* neste livro – Ellen Sonet, do Memorial Sloan-Kettering, e sua comunidade de pesquisa. Bob Arnold, da Procter & Gamble, e o beinggirl.com, Steve Fischer, do salesforce.com, e seu Idea-Exchange, e todos os outros.

Essas pessoas adotaram uma estratégia diferente. Todos aprenderam alguma coisa, e todos ganharam mais visibilidade em suas empresas, mas eles não se gabam disso. Em vez disso, eles parecem exalar uma aura de realidade, pois sabem que estão em contato com algo maior do que eles.

Usamos Rick Clancy, da Sony, para apresentar este livro. Rick, que recentemente começou a ter o controle de um blog corporativo e ambiciona estender esse sucesso por toda a empresa, tem uma grande chance de ser bem-sucedido, mas, como todos que embarcam neste mundo, precisa adotar a estratégia certa. O *groundswell* engole as pessoas que não têm a estratégia certa.

Vamos encerrar este livro com alguns conselhos, que sugerem não o que fazer, mas como ser. Essa é a essência da mentalidade *groundswell* que descrevemos ao longo destes 11 capítulos – como desenvolver a atitude correta. Aqui estão algumas lições que aprendemos com os pensadores do *groundswell*, lições que o ajudarão a fazer essa transição maravilhosa.

Primeiro, nunca se esqueça de que o *groundswell* está relacionado com atividades pessoa a pessoa. Isso quer dizer que você, como pessoa, deve estar pronto para se conectar com pessoas que não conhece, seus consumidores. Você precisa estar disposto a falar com pessoas como Lynn Perry, o paciente portador de câncer, ou o comprador de malas Jim Noble. Blogar, conectar-se em comunidades, "friending" – todas essas atividades são pessoais. Desenvolva empatia pelas pessoas, e você revelará seus segredos.

Segundo, seja um bom ouvinte. Às vezes, os profissionais de marketing têm problema com isso – eles acham que seu trabalho significa falar com os consumidores (ou gritar com eles). Mas o sucesso no *groundswell* significa escutar não apenas os consumidores, mas os outros em sua empresa e as pessoas que desenvolveram aplicativos em outras empresas. Todos aqui estamos aprendendo; os melhores ouvintes serão os mais inteligentes.

Terceiro, seja paciente. A tecnologia avança tão rapidamente que é fácil pensar que você ficará para trás. Mas esses aplicativos influenciam tantas partes de sua empresa que leva tempo até obter a adesão de todas as pessoas. Foram necessários quatro anos para Maureen Royal lançar sua comunidade na Constant Contact. Tudo que Rick Clancy queria fazer na Sony era lançar um blog, e levou seis meses para fazer isso. No fim, eles chegaram aonde queriam porque deram o primeiro passo para começar a jornada.

Quarto, seja oportunista. Recomendamos, ao longo deste livro, que você comece pequeno. Isso significa buscar desenvolver aplicativos que se conectem com os consumidores, mesmo que de uma forma limitada. A seguir, busque oportunidades para expandir esse sucesso. Quando você receber um sinal verde ou tiver uma ótima idéia, vá em frente. Talvez você não tenha outra chance.

Quinto, seja flexível. Se há uma coisa que aprendemos sobre o *groundswell* é a maneira como ele surpreende as pessoas. Eventos inesperados acontecem, como os críticos do Wal-Mart que invadiram a página do varejista no Facebook, ou laptops da Dell que pegaram fogo. A mentalidade *groundswell* significa ajustar-se constantemente a esses eventos, e aprender com eles.

Sexto, colabore. Em sua empresa, há outros que pensam como você. Você precisa obter o apoio deles para superar a resistência natural, e suas idéias para atingir seus objetivos. Rob Master e Babs Rangaiah não poderiam ter transformado a publicidade da Unilever se não tivessem trabalhado juntos e se apoiado mutuamente.

Sétimo e último conselho, seja humilde. As pessoas unidas têm uma força poderosíssima. Você trabalha para uma empresa que não é tão poderosa assim. É claro que você pode tirar proveito do *groundswell*, mas o *groundswell* pertence às pessoas – você só quer fazer parte dele. A ironia, o jiu-jítsu final, é que neste mundo o poder só vem para quem é humilde.

Esses são os princípios da mentalidade *groundswell*. Busque atingir essas qualidades, e você pode usar as estratégias que delineamos aqui a seu favor – ou inventar a sua. Você será capaz de expandir seus sucessos, tanto com seus consumidores quanto dentro de sua empresa. E depois, conforme o *groundswell* cresce e se torna onipresente, você estará pronto.

Notas

Muitas das informações neste livro vieram de contatos pessoais, por telefone, e entrevistas por e-mail feitas pelos autores e representantes de empresas aqui descritas. Os fatos e citações que não são acompanhados de uma nota vieram dessas entrevistas pessoais.

Nestas notas, quando citamos um endereço Web longo, geralmente usamos um endereço equivalente no formato groundswell.forrester.com/sitex–y. Criamos estas referências para a conveniência do leitor. Escreva o endereço Web em seu navegador e você será redirecionado ao site correspondente on-line.

Observe que, como ocorre com endereços Web, as pessoas às vezes mudam ou removem o conteúdo que citamos. O conteúdo estava à disposição para consultas quando este livro foi escrito.

Exceto quando mencionamos o contrário, as estatísticas de consumidores citadas neste livro vieram por meio destas pesquisas com o consumidor:

- Dados norte-americanos vieram do Forrester's North American Social Technographics Online Survey, Q2 2007, uma pesquisa on-line com amostra de 10.010 adultos nos Estados Unidos.
- Dados sobre os jovens americanos vieram do Forrester's North American Technographics Retail And Marketing Online Youth Survey, Q4 2007, uma pesquisa on-line com indivíduos entre 12 e 18 anos, com uma amostra de 5.359 pessoas nos Estados Unidos.
- Os dados europeus vêm do Forrester's European Technographics Benchmark Survey, Q2 2007, uma pesquisa on-line com amostra de 24.808 adultos.

- Os dados asiáticos e europeus vêm do Forrester's Asia Pacific Technographics Benchmark Survey, Q1 2007, uma pesquisa por correio, on-line e em pessoa com amostra de 6.530 adultos.

Além das diferenças de metodologia de pesquisa e tempo de realização da pesquisa, é preciso ter cautela quando fazemos comparações entre pesquisas.

Se você é um cliente da Forrester, tem acesso aos relatórios de pesquisa da Forrester no endereço indicado. Os relatórios completos da Forrester não estão disponíveis para quem não é cliente. Entretanto, se você visitar o endereço Web indicado, pode ver um resumo do relatório e também adquiri-lo.

Capítulo 1

1. A *Business Week* colocou sua foto na capa: Ver "Valley Boys: Digg.com's Kevin Rose leads a new brat pack of young entrepreneurs", por Sarah Lacy e Jessi Hempel, *BusinessWeek*, August 14, 2006. A capa da *BusinessWeek* pode ser vista no endereço groundswell.forrester.com/sitel-1.

2. Tudo começou quando um blogueiro chamado Rudd-O escreveu em seu blog em 30 de abril. Ver Rudd-O, em 30 de abril de 2007, post de blog "Spread this number" no blog Rudd-O.com em groundswell.forrester.com/sitel-2.

3. A encriptação do novo formato de DVD de alta definição foi quebrada: na verdade, esta chave de encriptação fora usada em vários DVDs nos dois formatos de DVD de alta definição: HD DVD e Blu-ray. Uma vez que a chave fora quebrada, os estúdios começaram a usar uma nova chave, mas é certo que essa chave também será quebrada um dia.

4. O Digg removeu o link (e postou uma explicação no blog do Digg): Veja o post do CEO do Digg, Jay Adelson, no dia 1º de maio de 2007, "What's Happening with HD-DVD Stories", no blog Digg the Blog em groundswell.forrester.com/site1-4.

5. Ao final desse mesmo dia, havia 3.172. Essa análise vem do Google Blog Search (blogsearch.google.com). Alguns posts do blog foram removidos desde que fizemos essa pesquisa, e por isso não é possível reproduzir a análise.

6. Um vídeo do YouTube postado "keithburgun": veja o vídeo do YouTube "Oh Nine, Eff Nine" em groundswell.forrester.com/site1-6.

7. É como tentar tirar urina de uma piscina: ver o post do blog de Grant Robertson, em 1º de maio de 2007, "HD-DVD key fiasco is an example of 21st century digital revolt" no blog downloadsquad em groundswell.forrester.com/sitel-7.

8. Kevin escreveu no blog da empresa naquela mesma noite: Ver o post de Kevin Rose em 1º de maio de 2007, "Digg This: 09-f9..." no blog Digg, em groundswell.forrester.com/sitel-8.

9. No próximo dia, já havia 605 notícias: a contagem das notícias vem de uma busca no Nexis.

10. O livro de Ben McConnell e Jackie Huba, Citizen Marketers: o livro de McConnell e Huba traz um relato preciso sobre como essas novas situações de Internet podem dar errado – os autores chamam essas situações de "firecrackers". Ver Citizen Marketers: When People Are The Message de Ben McConnell e Jackie Huba (Chicago: Kaplan Publishing, 2007). O blog do autor, Church of the Customer, vale a pena ser lido em www.churchofthecustomer.com.

11. As tentativas de remover conteúdo da Internet fazem com que ele se espalhe mais rapidamente: ver o post de Mike Masnick em 5 de janeiro de 2005, "Since When Is It Ilegal To Just Mention A Trademark Online?", no blog Techdirt, em groundswell.forrester.com/sitel-11.

12. Mais de um milhão de telespectadores assistiram ao vídeo do YouTube postado pelo estudante de direito Brian Finkelstein: veja o vídeo do YouTube "A Comcast Technician Sleeping on My Couch" em groundswell.forrester.com/sitel-12.

13. Um blog não-autorizado, Snakes on a Blog: Ver www.snakesonablog.com.

14. Ela documentou o evento em seu blog: ver o post de Jennifer Laycock em 1º de fevereiro de 2007, "Overzealous Big Pork Stomps ou Breastfeeding Blogger" no blog The Lactivist em groundswell.forrester.com/sitel-14.

15. Logo havia mais de 200 outros blogs com links apontando para ele: uma maneira de contar referências de blogs é por meio do Google – digite uma URL qualquer na caixa de busca blogsearch.google.com. A lista de blogs linkados ao post de Jennifer Laycock está em www.thelactivist.com em groundswell.forrester.com/site1-15.

16. Não pôde evitar que a conversa se espalhasse em relação aos outros blogueiros: veja o post do blog de Hyejin Kim de 4 de maio de 2007, "Korea: Bloggers and Donuts" no blog Global Voices em groundswell.forrester.com/site1-16.

17. O episódio foi noticiado pelo *Korea Times*: Ver "Dunkin's Production Faces Sanitation Criticism", por Kim Rahn, Korea Times, 4 de maio de 2007, em groundswell.forrester.com/sitel-17.

18. Em 2006, a Forrester Research lançou um relatório chamado "Social Computing": o relatório da Forrester chamava-se "Social Computing: How Networks Erode Institutional Power, And What te Do About It". Nesse relatório, defendemos que os fenômenos direcionados pela tecnologia social – incluindo blogs, wikis, redes sociais, compartilhamento de arquivos, ratings de consumidores, jornalismo cidadão e similares – são parte de uma tendência a favor de pessoas se conectando umas com as outras, e dependendo mutuamente dos outros, e não das instituições. (Chamamos essa tendência de *groundswell*.)

De acordo com o relatório, "Para vencer em uma era de computação social, as empresas devem abandonar a gestão de cima para baixo e as táticas de comunicação, inserir as comunidades em seus produtos e serviços, usar funcionários e parceiros como seus profissionais de marketing e tornar-se parte de um tecido vivo de pessoas leais à marca." A onda de interesse dos clientes nos tópicos desse relatório nos convenceu de que havia uma audiência grande para essas idéias – e por isso temos o livro. Ver o relatório da Forrester de 13 de fevereiro de 2006, "Social Computing: How Networks Erode Institutional Power, and What to Do About it?", de Chris Charron, Charlene Li e Jaap Favier, em groundswell.forrester.com/site1-18.

19. Dos americanos, 73%: os números de penetração on-line para os Estados Unidos vêm do Forrester's North American Technographics Benchmark Survey, Q1 2007. Veja o relatório da Forrester de 7 de setembro de 2007, "The State of Consumers and Technology: Benchmark 2007" de Charles S. Golvin, em groundswell.forrester.com/site 1-19.

20. Dos europeus, 64%; penetração on-line para a Europa é uma média ponderada de cinco países, Reino Unido, França, Alemanha, Espanha e Itália, baseado no Forrester's European Technographics Benchmark Survey, Q2 2007. Ver o Gráfico da Forrester em 22 de agosto de 2007, "Profiling European Internet Avoiders", de Reineke Reitsma, em groundswell.forrester.com/sitel-20.

21. É a tecnologia nas mãos de pessoas quase sempre conectadas que a torna tão poderosa: a diferença que isso faz é dramática. Em 1996, a vice-presidente da Mary Modahl descreveu a Internet desta forma na *Wired Magazine*: "Agora, é como se uma bomba de nêutrons tivesse explodido na Web. Todos os prédios estão ali, mas não há pessoas. A visão de saída para a Web é que, quando você vai para um site, haverá pessoas ali." Não é bem uma visão de saída. Vá para o MySpace ou Digg, e as pessoas estarão por todo o lado, conectando-se, tendo prazer e obtendo apoio dessas conexões. Ver "Touchstone: If you want to know what's really new in new media, you ask Mark Modahl", de Harvey Blume, Wired, Maio de 1996, em groundswell.forrester.com/site1-21.

22. Publicidade on-line atinge US$14,6 bilhões nos Estados Unidos: a Forrester publica uma projeção anual dos gastos com marketing on-line baseada em pesquisas com anunciantes sobre seus gastos e intenções. O número US$14,6 bilhões é uma projeção de 2007 que inclui marketing de mecanismos de busca, publicidade online com displays, publicidade on-line com vídeos, mas omite os gastos com e-mail marketing. Veja o relatório da Forrester, de 10 de outubro de 2007, "US Interactive Marketing Forecast, 2007 to 2012", de Shar VanBoskirk, em groundswell.forrester.com/sitel-22.

23. E atingiu €7,5 bilhões na Europa: a Forrester criou sua projeção de publicidade on-line na Europa aplicando os mesmos métodos usados para os Estados

Unidos. O número €7,5 bilhões é uma projeção de 2007 que inclui marketing de mecanismos de busca e publicidade on-line com displays. Ver o relatório Forrester de 12 de julho de 2007, "European Online Marketing Tops €16 Billion In 2012, de Rebecca Jennings, em groundswell.forrester.com/sitel-23.

24. Uma história incrível, chamada "Microcosmic God": A história de Theodore Sturgeon, "Microcosrnic God" foi inicialmente publicada em 1941. A história aparece no The Science Fiction Hall of Fame, vol. 1, editada por Robert Silverberg (New York: Orb, 2005).

25. Sete semanas, a um investimento de US$12.107,09. Ver o post no blog de Guy Kawasaki, de 3 de junho de 2007, "By the Numbers: How I built a Web 2.0, User-Generated Content, Citizen Journalism, Long-Tail, Social Media Site for $12,107.09", no blog How to Change the World, em groundswell.forrester.com/sitel-25.

26. Como Chris Anderson, autor de *A Cauda Longa*: Ver *The Long Tail: Why the Future of Business Is Selling Less of More*, de Chris Anderson (New York: Hyperion, 2006). O blog do autor é www.thelongtail.com.

27. Isso foi o que um leitor do FastLane disse sobre o novo Pontiac GTO: Ver o post do blog de Bob Lutz em 25 de janeiro de 2005, "Sharpening the Arrowhead", sobre o blog da GM FastLane em groundswell.forrester.com/sitel-27.

28. Veja como ele escreveu, quatro meses após começar o blog. Ver o post do blog de Lutz em 29 de abril de 2005, "Building the World's Biggest Car Market" no blog da GM FastLane em groundswell.forrester.com/sitel-28.

Capítulo 2

1. Pense nisso como jiu-jítsu: alguns revisores deste capítulo nos lembram que, entre os especialistas em artes marciais, a arte marcial do aikidô é mais conhecida, por voltar a força do atacante contra ele mesmo, do que o jiu-jítsu. Tudo bem – mas na vida real essa qualidade é atribuída ao jiu-jítsu. Em vez de confundir o leitor, usaremos jiu-jítsu e oferecemos esta nota aos puristas.

2. Conteúdo gerado pelo usuário: em julho de 2007, um de nós (Josh) postou em seu blog intitulado "I'm sick of users". Esse post reflete nossa visão de que somos todos usuários de tecnologia, e que a palavra usuário, por colocar enfoque na tecnologia, e não nas pessoas, obscurece a tendência real – a tendência de ter pessoas se conectando com outras pessoas. "Tente, por um dia, não usar esta palavra", estava escrito no post. "Você ficará surpreso como pensará de forma diferente sobre o mundo." Por evitar a palavra usuário sempre que possível neste livro, procuramos nos dedicar ao poder dos relacionamentos. "A única exceção é o termo conteúdo gerado pelo usuário, que acabou se tornando uma parte já estabelecida da discussão – em vez de lutar contra o *groundswell*, adotaremos essa terminologia por enquanto). Em uma fantástica demonstração de como as idéias

se espalham na blogosfera, nosso post foi citado pelo famoso blogueiro Steve Rubel em seu blog Micro Persuasion, e foi posteriormente citado por dezenas de outros blogs e nas páginas dos sites da BBC e do *Wall Street Journal*. "Estou cheio de usuários" – I'm sick of users – teve mais de 10 mil visitantes e acabou sendo um dos posts mais populares. E foi isso que aprendi: os desenvolvedores de tecnologia se agarram à palavra usuário – e fizeram fortes objeções à sua remoção, mas vários profissionais de marketing e outros ligados ao relacionamento com consumidores concordaram conosco. Ver o post no blog de Josh Bernoff, em 25 de julho de 2007, "I'm sick of users" no blog Groundswell em groundswell.forrester.com/site2-2.

3. Alguns blogueiros também criaram blogs de vídeo, como Martin Lindstrom no site da Advertising Age: o vídeo blog de Martin Lindstrom, BRANDflash, pode ser visto no groundswell.forrester.com/site2-3.

4. Um em cada quatro americanos on-line lê blogs: a não ser quando especificado, todas as estatísticas citadas neste capítulo provêm do Forrester's North American Social Technographics Online Survey, Q2 2007 (dados dos EUA); Forrester's European Technographics Benchmark Survey, Q2 2007 (dados europeus); e Forrester's Asia Pacific Technographics Benchmark Survey, Q1 2007 (dados asiáticos). Por causa das diferenças entre metodologia e tempo de realização da pesquisa, é preciso ter cautela quando fazemos comparações entre pesquisas.

5. Os óculos de sol da Wayfarer pegam fogo no rosto de um homem em cenários improváveis: veja o vídeo do YouTube "Guy catches glasses with face" em groundswell.forrester.com/site2-5. Esse vídeo faz parte da campanha da Ray-Ban, Never Ride, que tem outros vídeos semelhantes no YouTube em groundswell.forrester.com/site2-5a. Vários outros vídeos no YouTube afirmam ter desmascarado o vídeo, mostrando como ele foi feito com fios e filmado de trás para frente, mas isso não parece ter afetado as pessoas que visitam o site.

6. O Second Life é um ambiente simulado popular com mais de 10 milhões de membros: veja as estatísticas do Second Life na página da empresa "Economic Statistics", em groundswell.forrester.com/site2-6.

7. Por exemplo: 22% dos adolescentes visitam diariamente. Os dados provêm do Forrester's North American Technographics Retail And Marketing Online Youth Survey, Q4 2007.

8. Apache é o servidor Web líder na Internet. A Netcraft monitora a participação de mercado dos servidores Web. É possível consultar a pesquisa de outubro de 2007 em groundswell.forrester.com/site2–8.

9. O Firefox foi de zero a mais de 25% de participação de mercado em menos de dois anos e o W3 Counter é um de vários sites que monitoram a participação de mercado dos navegadores. Os números de participação de mercado de navega-

dores variam muito dependendo da metodologia – por exemplo, as pesquisas de auto-relato apresentam estatísticas muito diferentes daquelas coletadas pelos Web sites. O relatório de participação dos navegadores do W3 Counter, de 1º de outubro de 2007, está no groundswell.forrester.com/site2-9.

10. É o oitavo site mais popular na Web, de acordo com o Alexa; os rankings de sites do Alexa podem ser vistos na home page do Alexa: www.alexa.com.

11. As empresas deveriam monitorar atentamente as páginas que as descrevem, ou a seus produtos. Recebemos tantas perguntas sobre como proteger a reputação de uma empresa na Wikipedia que escrevemos um relatório sobre isso. Apesar de você poder mudar qualquer coisa que queira na Wikipedia, essas mudanças não durarão, a não ser que você trabalhe com a comunidade de pessoas comuns que editam os artigos ali. Portanto, recomendamos que as empresas tratem a Wikipedia como tratariam, por exemplo, o *New York Times* – uma fonte importante de informações que você pode influenciar, mas não controlar. As empresas deveriam indicar uma única pessoa, provavelmente alguém de relações públicas, para monitorar os artigos sobre a empresa e seus produtos. Essa pessoa deveria acompanhar quando fossem feitas mudanças nos artigos, participar abertamente das *talk pages* desses artigos e produzir conteúdo no próprio site da empresa que possa ser usado como referência pela Wikipedia. Uma participação mais ativa – como tentar promover a empresa dentro da Wikipedia e esconder sua identidade como tentativa de parecer mais objetivo – provavelmente surtirá o efeito contrário. As mudanças não durarão, e você pode ser impedido de participar da Wikipedia. Veja o relatório Forrester de 23 de outubro de 2007, "When And Row To Get Involved With Wikipedia" de Charlene Li, em groundswell.forrester.com/site2-ll.

12. Proprietários de produtos fazem *upload* dos próprios vídeos de itens, como cosméticos e ignição remota de automóveis. A ExpoTV recruta pessoas para revisar produtos por uma pequena remuneração e depois tem o direito de licenciar a divulgação destas análises aos fabricantes. Ver www.expotv.com.

13. Consideraram sua análise útil, 884 pessoas. A análise de Harry Potter and the Half-Blood Prince, feita pela argentina Belen Aleat, está no groundswell.forrester.com/site2–13.

14. David Weinberger explica em seu livro *Everything Is Miscellaneous:* Ver *Everything Is Miscellaneous: The Power of lhe New Digital Disorder de David Weinberger* (New York Times Books, 2007). O site do autor é www.evident.com.

15. Folksomony, um termo cunhado por Thomas Vander Wal. Para o história do termo *folksonomy*, ver o post de Thomas Vander Wal em 2 de fevereiro de 2007, "Folksonomy", no blog vanderwal.net em groundswell.forrester.com/site2-15.

16. Uma construção financiada pela agência de RP do Wal-Mart, Edelman: o blog estava antes em www.walmartingacrossamerica.com. Hoje, esse endereço apresenta erro. Mas se você fizer um tag no del.icio.us, pode ver como outros o

fizeram – e "fake" é um dos tags mais populares. Os tags do del.icio.us tags para o site estão em groundswell.forrester.com/site2-16.

17. Nas versões mais recentes de navegadores como o Firefox ou o Internet Explorer: um lugar para obter uma explicação excelente de como usar o RSS foi feito pelo Common Craft em seu vídeo "RSS in Plain English". Você pode ver o vídeo em groundswell.forrester.com/site2-17. Common Craft também tem outros tutoriais – veja no www.commoncraft.com.

18. Interagiram com um "widget" baseado na Web 21% dos consumidores online. O comunicado de imprensa feito pela comScore que informa as estatísticas de utilização de *widgets* pode ser visto no groundswell.forrester.com/site2-18.

19. Comunica uma mensagem sutil de proposição única de valor: você pode fazer o download do UPS *widget* no www.ups.com/widget. A não ser que você more no Reino Unido, França ou Alemanha, não conseguirá rastrear pacotes com ele, mas ele tem outras funções interessantes, como um *RSS reader*.

20. O Discovery Channel criou um Shark Week widget: Para fazer o download do Shark Week widget, visite groundswell.forrester.com/site2-20.

21. Plataformas fechadas como o Digg não evoluem tão rapidamente porque não exploram a fonte de inovações que é a comunidade de desenvolvimento da Web 2.0. Para sermos justos, o digg.com é um site de destino, e não uma plataforma. Mas já que não é uma plataforma, os outros o estão copiando para seus próprios propósitos. (As comunidades IdeaExchange da salesforce.com eIdeaStorrn da Dell que descrevemos no Capítulo 9 usam um mecanismo como o digg.com, por exemplo.) Veja uma lista de mais de 300 sites e aplicativos como o Digg em groundswell.forrester.com/site2-21.

22. Assim, os estudantes não precisam desperdiçar uma visita para ver se há uma máquina livre: se ainda estiver funcionando, o aplicativo da lavanderia do Olin College está no www.twitter.com/laundryroom.

Capítulo 3

1. Vamos reunir todos em um único lugar, na Figura 3-1. A não ser quando especificado, todas as estatísticas citadas neste capítulo provêm do Forrester's North American Social Technographics Online Survey, Q2 2007(dados dos EUA); Forrester's European Technographics Benchmark Survey, Q2 2007 (dados europeus); e Forrester's Asia Pacific Technographics Benchmark Survey, QI 2007 (dados asiáticos). Além das diferenças de metodologia de pesquisa e tempo de realização da pesquisa, é preciso ter cautela quando fazemos comparações entre pesquisas.

2. Colocá-los em um ou mais de um total de seis grupos. O Perfil Tecnográfico Social é uma extensão do Technographics, um programa de pesquisa e segmentação usado pela Forrester desde 1997. A primeira definição de Tecnografia Social apareceu no relatório Forrester "Social Technographics", de 19 de abril de 2007,

de Charlene Li e Josh Bernoff, em groundswell.forrester.com/site3-2. Mudamos um pouco as definições dos Grupos Tecnográficos Sociais desde que o relatório foi publicado, para permitir um grupo mais refinado de perguntas em nossas pesquisas sobre participação dos consumidores em atividades sociais.

Exceto quando afirmamos o contrário, os casos neste capítulo (por exemplo, L. L. Bean) basearam-se em dados reais sobre o consumidor, mas não refletem nosso trabalho atual com clientes.

Quando isto foi escrito, não estávamos desenvolvendo uma estratégia para eles com base em nossos dados. Incluímos os dados para mostrar como as empresas podem usar o Perfil Tecnográfico Social para desenvolver estratégias.

3. Um artigo no *USA Today* os descreve da seguinte forma. Ver "Alpha Moms leap to top of trendsetters", de Bruce Horovitz e Alex Newman, *USA Today*, 27 de março de 2007, em groundswell.forrester.com/site3-3.

4. Uma atitude otimista diante da tecnologia: O otimismo frente a tecnologia e motivação primária são os elementos básicos da segmentação Tecnográfica da Forrester, e se baseiam em perguntas e contagem de pontos inclusas em todas as nossas pesquisas.

5. Sua publicidade mostra o *pop star* Takuya Kimura. Para o comercial da Fujitsu, veja o vídeo no YouTube "Kimura Takuya-Fujitsu FMV" em groundswell. forrester.com/site3-5.

6. Um em cada cinco solteiros havia visitado ou participado de namoro on-line no ano passado. Ver o relatório da Forrester de 6 de junho de 2007, "Why Marketers Should Court Online Daters", de Charlene Li, em groundswell.forrester. com/site3-6.

Capítulo 4

1. Apresentamos o método POST no Forrester's Consumer Forum em outubro de 2007, e já o usamos com vários clientes. Ver o relatório Forrester de 9 de outubro de 2007, "Objectives: The KeyTo Social Strategy", de Josh Bernoff e Charlene Li, em groundswell.forrester.com/site4-1.

Capítulo 5

1. Ele estará morto em menos de seis meses. Estamos felizes por contar que, conforme nosso último contato com Lynn Perry, em setembro de 2007, ele não tinha sinal algum da doença e estava pilotando sua Harley pelos Estados Unidos.

2. O U.S. News & World Report o classifica na liderança no país. A classificação U.S. News & World Report 2007, de centros para tratamento de câncer, está no groundswell.forrester.com/site5-2.

3. Ele acabou de gastar US$125 milhões em uma terapia de tratamento do câncer à base de prótons, a tecnologia mais avançada que há. Ver "Proton Therapy

Center Opens To Patients", *Medical News Today*, 9 de julho de 2006, em groundswell.forrester.com/site5-3.

4. Ele diz que a marca pertence aos consumidores, não às empresas. Em suas palavras: a frase de Ricardo Guimarães vem de uma entrevista pessoal realizada em 5 de julho de 2007.

5. As empresas pagam mais de US$15 bilhões anuais por pesquisas de mercado. Fonte: "Honomichl Global Top 25: The World's Leading Market Research Firms (2006)", em groundswell.forrester.com/site5-5. O relatório foi publicado na edição de 15 de agosto de 2007 de Marketing News. Os números da Nielsen e IMS Health também vêm desse relatório.

6. Veja um comentário de "Tracy D" no Communispaceforum. Esta frase foi extraída da comunidade fechada de portadores de câncer do NCCN gerenciada pelo Communispace. Já que a comunidade pertence ao NCCN, não pode ser visitada sem uma senha. Agradecemos à Communispace e à NCCN por permitir que analisássemos e citássemos essa comunidade. O restante das citações dos portadores de câncer neste capítulo vem dessa comunidade.

7. "For Axe Star, it sure helps to think like guy": Veja "For Axe Star, it sure helps to think like guy", de Jack Neff, Advertising Age, 6 de novembro de 2006. Esse artigo só está disponível para assinantes.

8. Retorno: 32% a mais de investidores da Geração X em relação ao ano passado. Essa informação sobre a comunidade fechada do Charles Schwab de investidores da Geração X, que era promovida pela Communispace, vem de sua inscrição no Forrester Groundswell Awards 2007. Charles Schwab e Communispace venceram na categoria escuta.

9. Os proprietários de Mini se classificavam acima da média nas atividades da comunidade, como compartilhar fotos e participar de clubes locais. Veja um comentário típico. Esse e outros comentários subseqüentes dos proprietários de Mini estão na apresentação "MINI WOMMA Case Study: Managing & Galvanizing Brand Cornmunity", apresentada por Ed Cotton of Butler, Shine, Stern & Partners e Mark Witthoefft da Motive Quest em maio de 2007.

10. A Mini superou todas as outras marcas em termos do percentual de proprietários que se mostraram propensos a recomendar o automóvel a outras pessoas. Os dados da J.D. Power and Associates estão no www.jdpower.com.

11. Analista Peter Kim, expert da Forrester em monitoramento de marca: Ver o relatório Forrester de 13 de setembro de 2006, "The Forrester Wave: Brand Monitoring, Q3 2006", de Peter Kim, em groundswell.forrester.com/site5-11.

Capítulo 6

1. Um maluco havia colocado um iPhone Apple – o produto de tecnologia mais moderno no mercado, recém-lançado – em um liquidificador. Ver o post de

Joshua Topolsky, de 10 de julho de 2007, "Will it Blend: the iPhone smoothie" no blog Engadget, em groundswell.forrester.com/site6-1.

2. Se você precisa de fibras em sua dieta, isso é ótimo: Esta frase de Jay Leno foi extraída da caixa do DVD da Blendtec, Will it Blend?

3. No mundo inteiro, os profissionais de marketing gastaram mais de US$400 bilhões com publicidade em 2006, de acordo com um levantamento feito pela PriceWaterhouseCoopers: Ver "Global Media Outlook: $2 Tril. by 2011" de George Szalai, Adweek, 21 de junho de 2007.

4. Os profissionais de marketing não definem mais o caminho que as pessoas percorrem, nem lideram o diálogo:
"O funil de marketing é uma metáfora imperfeita que negligencia a complexidade que a mídia social traz ao processo de compra. Conforme a confiança dos consumidores na mídia tradicional diminui, os profissionais de marketing precisam de uma nova abordagem. Propomos uma nova métrica, chamada engajamento, que inclui quatro componentes: envolvimento, interação, intimidade e influência." Esse trecho foi extraído do sumário executivo do relatório Forrester de 8 de agosto de 2007, "Marketing's New Key Metric: Engagement", de Brian Haven, em groundswell.forrester.com/site6-4.

5. A confiança nos anúncios continua a despencar: Ver o relatório Forrester de 26 de novembro de 2006, "Consumers Love To Hate Advertising", de Peter Kim, em groundswell.forrester.com/site6-5.

6. Veja o exemplo de "Greg, o Arquiteto", uma série de vídeos da Tibco sobre soluções de arquitetura orientada a serviços (SOA, em inglês): Veja o vídeo do YouTube "Greg the Architect–SOA This. SOA That", em groundswell.forrester.com/site6-6. A série completa está em wwwgregthearchitect.com. Dan Ziman da Tibco diz que os vídeos não são forçados, e sim "divertidos".

7. E já que 74% dos estudantes universitários são participantes: todas as estatísticas de consumidores adultos neste capítulo provêm do Forrester's North American Social Technographics Online Survey, Q2 2007.

8. O grupo de carreiras da E&Y no Facebook tinha 8.469 membros, e 68 deles haviam se inscrito naquele dia. A página de carreiras da Ernst & Young no Facebook pode ser acessada (pelos membros do Facebook) em groundswell.forrester.com/site6-8.

9. De acordo com a Market Evolution – uma consultoria que analisou a campanha para o MySpace e Carat, em um relatório de 2007, intitulado "Amizades Infinitas": "Never Ending Friending" tem sua página no MySpace em wwwmyspace.corn/neverendingfriending.
O PDF do relatório está disponível em groundswell.forrester.com/site6-9.

10. Ele insistiu em encerrar a página de Barack Obama criada por Joe Anthony no MySpace: Ver "Obama Campaign Asks: Is It MySpace or Yours?" de Jose

Antonio Vargas, Washington Post, 3 de maio de 2007, em groundswell.forrester.com/site6-10.

11. Vince Ferraro, um vice-presidente da HP que dirige a área internacional de marketing de impressoras LaserJet da HP, explicou como solucionar os problemas do Vista em seu blog. Ver o post de Vince Ferraro em 26 de fevereiro de 2007, "New HP Universal Print Driver Solves Vista Printing Problerns for LaserJets" no blog The HP Laserjet Blog em groundswell.forrester.com/site6-11.

12. Jonathan Schwartz, CEO da Sun Microsystems, escreveu em seu blog: Ver o post de Jonathan Schwartz de 17 de agosto de 2006, "Acquiring Hewlett Packard's Legacy" no blog de Jonathan em groundswell.forrester.com/site6-12.

13. Erik Kintz respondeu com este post: Veja o post de Erik Kintz de 18 de agosto de 2006, "Something new under the Sun" no blog The Digital Mindset Blog em groundswell.forrester.com/site6-13.

14. Após estudarmos blogs por anos, chegamos ao modelo na Tabela 6-1 que se baseia nos relatórios da Forrester sobre o ROI de blogar. O relatório Forrester de 24 de janeiro de 2007, "The ROI of Blogging" de Charlene Li e Chloe Stromberg, em groundswell.forrester.com/site6-14a, examina os custos, riscos e benefícios de blogar, e traz uma metodologia para avaliar o ROI de blogs. O relatório da Forrester de 24 de janeiro de 2007, "Calculating The ROI of Blogging: A Case Study", de Charlene Li e Chloe Stromberg, em groundswell.forrester.comn/site6-14b, estima o ROI do blog FastLane da GM. Para uma abordagem bem-humorada do mesmo assunto, ver o post de Hugh McLeod em 13 de dezembro de 2005, "What's Blogging's ROI" no blog gapingvoid em groundswell.forrester.com/site6-14c.

15. Carol reconheceu a incapacidade da empresa de competir com todos os outros blogs de marketing na blogosfera: Ver o post de Carol Meyers em 24 de setembro de 2007, "Requiem for a Blog" no blog "The Marketers Consortium" em groundswell.forrester.com/site6-15.

16. Nós... ainda estamos investigando a causa: Ver o blog post de Lionel Menchacas, de 13 de julho de 2006, "Flaming Notebook", no blog Direct2Dell em groundswell.forrester.com/site6-16. Para mais detalhes sobre como a Dell incluiu o *groundswell*, ver o Capítulo 10.

17. Significa que as meninas podem compartilhar suas experiências mais constrangedoras, como esta: Esta história está no groundswell.forrester.com/site6-17.

18. Veja um exemplo típico do "Ask Iris": Este conselho de Iris está no groundswell.forrester.com/site6-18.

19. Gasta $7,9 bilhões por ano para anunciar seus produtos no mundo inteiro: Fonte: p. 73 do relatório anual da Procter &Gamble 2007.

Capítulo 7

1. "A forma mais honesta de marketing, expandindo a partir do desejo natural de compartilhar suas experiências com a família, amigos e colegas." O site da Word of Mouth Marketing Association está no www.womma.org. Esta citação foi extraída do 'Word of Mouth 101" e está disponível no groundswell.forrester.com/site7-1.

2. Fred Reichheld em seu livro *A Pergunta Definitiva: Você nos recomendaria a um amigo?* Reichheld apresenta a teoria de que o Índice Net Promoter está correlacionado com o crescimento em vários segmentos. Ver *The Ultimate Question; Driving Good Profits and True Growth*, de Fred Reichheld (Boston: Harvard Business School Press, 2006). O blog do autor, Net Promoter, está no groundswell.forrrester.com/site7-2.

3. Fred Reichheld estima que o valor de cada comentário positivo de um promotor seja US$42. Ver *The Ultimate Question; Driving Good Profits and True Growth de Fred Reichheld* (Boston: Harvard Business School Press, 2006), pp. 50–54.

4. Uma empresa de Massachusetts, BzzAgent, ficará feliz em lhe vender um programa de propaganda positiva: Algumas pessoas denegriram a BzzAgent como falsa propaganda positiva. Não temos tanta certeza. A BzzAgent distribui produtos para as pessoas que concordam em fazer comentários sobre eles, mas se essas pessoas não gostam dos produtos não falarão nada. De qualquer forma, a propaganda positiva espontânea é muito mais poderosa. Veja o BzzAgent em www.bzzagent.com.

5. Entre 1.185 consumidores, 1.151 afirmaram que comprariam este produto novamente: Você pode ver a eBags Weekender Convertible e as análises dos clientes em groundswell.forrester.com/site7-5.

6. Entre os consumidores, 76% usam os comentários on-line para ajudá-los a fazer suas compras: Esta estatística vem do relatório Forrester de 11 de maio de 2007, "Five Imnmediate Opportunities For eCommerce Improvement", de Sucharita Mulpuru, em groundswell.forrester.com/site7-6.

7. Entre os sites, 96% dos que apresentam essa funcionalidade classificam-na como uma tática eficaz de merchandising: Esta estatística provém do relatório Forrester shop.org "State of Retailing On-line 2007", em groundswell.forrester.com/site7-7. Este relatório está disponível gratuitamente aos membros do shop.org; os outros precisam pagar uma taxa.

8. Os visitantes do site Petco, de itens para animais de estimação, que procuraram pelos produtos mais bem avaliados, se mostraram 49% mais propensos a comprar: Esta estatística vem do estudo de caso da Bazaarvoice sobre a Petco, em groundswell.forrester.com/site7-8.

9. Cerca de 80% das análises tendem a ser positivas. A Forrester examinou as análises da Amazon.com na categoria eletrônicos e na categoria casa e jardim, e constatou que 80% das análises eram positivas. Ver o relatório Forrester de 10 de

janeiro de 2007, "How Damaging Are Negative Customer Reviews?", de Sucharita Mulpuru, em groundswell.forrester.com/site7-9.

10. É bastante ativo, com mais de seis mil posts em 39 fóruns: A comunidade de Constant Contact, ConnectUp! está em community.constantcontact.com.

11. A receita da Constant Contact cresceu 88% entre 2005 e 2006, ultrapassando o crescimento de 82% gerado no ano anterior: Estes números são calculados a partir dos números de seu faturamento apresentados no prospecto da proposta de IPO da Constant Contact. A empresa abriu seu capital em outubro de 2007. O prospecto está em groundswell.forrester.com/site7-11.

12. Kelly Rusk (conhecida na comunidade Constant Contact como "cardcommunications"), uma canadense de 23 anos que trabalha em uma empresa de serviços de e-mail, sente-se satisfeita quando responde a posts como este: Você pode ver esta troca de informações na comunidade de usuários ConnectUp!, da Constant Contact, em groundswell.forrester.com/site7-12.

13. A Lego incluiu esses consumidores ativos nas discussões sobre design de produtos: Ver "Geeks in Toyland", de Brendan I. Koerner, Wired, fevereiro de 2006, em groundswell.forrester.com/site7-13.

Capítulo 8

1. Vamos deixar que eles acompanhem a história a partir deste ponto (você está lendo um post on-line): Este texto e outros trechos sobre os Howleys foram tirados das CarePages de TJ e Micheile Howley, com a permissão deles. Estes comentários estão disponíveis somente para os amigos dos Howley que foram convidados a acessar a página. Em outubro de 2007, os gêmeos Howley estavam respirando sozinhos e com ótima saúde.

2. Em recente estudo com portadores de câncer realizado pela Kaiser Family Foundation e pela Harvard School of Public Health: Ver "The USA Today/Kaiser Family Foundation/Harvard School of Public Health National Survey of Households Affected by Cancer," novembro de 2006, em groundswell.forrester.com/site8-2.

3. Provavelmente, 3,4 milhões de empregos norte-americanos e 1,2 milhão de empregos europeus terão sido terceirizados em 2015, e a maioria está nos *call centers*: Esta estimativa de terceirização de empregos americanos está no relatório Forrester de 14 de maio de 2004, "Near-Term Growth Of Off-shoring Accelerating", de John McCarthy, em groundswell.forrester.com/site8-3a. A estimativa européia está no relatório Forrester de 18 de agosto de 2004, "Two-Speed Europe: Why 1 Million Jobs will Move Offshore", de Andrew Parker, em groundswell.forrester.com/site8-3b.

4. Você pode fazer esta pergunta no fórum da comunidade Dell (www.dell-community.com): Este thread do fórum da comunidade Dell está no groundswell.forrester.com/site8-4.

5. Ele já esteve conectado neste fórum por mais de 473 mil minutos, o equivalente a 123 dias de trabalho por ano: os representantes da Dell nos forneceram estas estatísticas sobre o tempo que o Predador gastou com posts no fórum da comunidade Dell.

6. Caterina Fake, co-fundadora do site de compartilhamento de fotos Flickr, chamou esse fenômeno de "cultura da generosidade": Veja, por exemplo, "Web Content by and for the Masses" de John Markoff, *New York Times*, 29 de junho de 2005, em groundswell.forrester.com/site8-6.

7. Chamamos isso de busca de renda psíquica: O termo renda psíquica – uma compensação não-monetária – começou a fazer parte da linguagem através do trabalho dos economistas F.A. Fetter e Irving Fisher no final da década de 1920. No *groundswell*, ela se torna uma moeda de troca importante. Veja, por exemplo, a definição em groundswell.forrester.com/site8-7.

8. Os consumidores fazem mais do que consumir – eles criam também. De acordo com Henry Jenkins: *De Convergent Culture: Where Old And New Media Collide*, de Henry Jenkins (New York: New York University Press, 2006), p. 133. O blog do autor, Confessions of an Aca-Fan, está no groundswell.forrester.com/site8-8.

9. Os fãs se uniram para enviar o equivalente a US$50 mil em amendoim – 20 toneladas – aos produtores do programa: O dono do Nuts Online, que recebeu a maior parte dos pedidos, se gaba do pedido em www.nutsonline.com/jericho.

10. Veja o que a CBS publicou no fórum de fãs tão logo as toneladas de amendoim começaram a chegar: Veja este post no wiki Jericho wiki em groundswell.forrester.com/site8-10.

11. Uma metodologia de código aberto para gestão de informações corporativas que fornece um modelo de organização para o desenvolvimento de informações: Ver http:/www.rodenas.org/blog/2007/10/23/mike20-methodology/.

12. É o vigésimo wiki de maior tráfego nos Estados Unidos: Fonte: Scott Wilder, gerente do grupo da comunidade on-line Quick Books da Intuit.

13. Criou uma comunidade com conteúdo sobre Scoble, mas teve de encerrá-la por causa de edições sem controle contra Scoble: Fonte: Analista da Forrester Jeremiah Owyang, que trabalhou no wiki de Scoble quando estava na PodTech.

14. O resultado: todos os dias os coreanos publicam 44 mil perguntas à Naver – e recebem 110 mil novas respostas: Os fatos sobre Naver citados aqui provêm do artigo "South Koreans Connect Through Search Engine", de Choe Sang-Hun, *New York Times*, 5 de julho de 2007, em groundswell.forrester.com/site8-14.

15. Em julho de 2007, havia 350 milhões de respostas no serviço nos países onde ele é oferecido. Estes fatos sobre o Yahoo! Answers foram fornecidos através de uma comunicação pessoal com a RP do Yahoo!.

16. "Só estou tentando responder ao máximo possível de perguntas": Você não pode ver nossa pergunta a Judas Rabbi – fazer uma pergunta direcionada a um membro viola os termos de serviço do Yahoo!, o qual a deletou. Mas ninguém sabe quem é Judas Rabbi, e não há como descobrir seu endereço de e-mail. Nós postamos a pergunta "O que move você, Judas Rabbi?" e ele respondeu antes que o Yahoo! a deletasse. (Muitos outros participantes do Yahoo! Answers, quando perceberam que havia outros tentando revelar sua identidade, nos disseram que nunca o encontraríamos, e nunca o encontramos.)

17. Veja o caso da comunidade de controle de peso Special K no Yahoo!, que passou de promissoras 2.001 mensagens iniciais em janeiro de 2007 a apenas 185 em agosto: O Special K Challenge Group do Yahoo! está no groundswell. forrester.com/site8-17. Role a página para ver um histórico das mensagens a cada mês. A troca de mensagens foi retomada em setembro, provavelmente por causa da atividade de marketing feita pelo Special K e os esforços dos moderadores do fórum. Essa comunidade ainda tem um ponto fraco sério – o *layout* não estimula a interação entre os participantes, e eles se sentem menos encorajados a voltar.

18. O membro com mais posts, "jsmeeker", havia escrito 44 mil posts desde 2001. As estatísticas sobre posts e membros que mais postam no tivocommunity. com podem ser consultadas no groundswell.forrester.com/site8-18. É preciso ser um membro da comunidade para se logar e ver esta informação.

Capítulo 9

1. Gala (através de um moderador) perguntou: Esta frase foi extraída da comunidade fechada de donos de animais domésticos da Del Monte, gerenciada pelo MarketTools. Já que a comunidade pertence à Del Monte, não pode ser visitada sem uma senha. Agradecemos a Market Tools e à Del Monte por permitir que citássemos esta comunidade. As citações dos donos de animais domésticos neste capítulo provêm desta comunidade.

2. A Inovação Democratizante de Eric von Hippel: Ver Democratizing Innovation de Eric von Hippel (Cambridge, MA: MIT Press, 2005). O Web site do autor está em groundswell.forrester.com/site9-2.

3. Livro de Patricia B. Seybold, Outside Innovation: How Your Customers will Co-Design Your Company's Future: Outside Innovation: How Your Customers Will Co-Design Your Company's Future by Patricia B. Seybold (New York: Collins, 2006). O blog da autora está em groundswell.forrester.com/site9-3.

4. O livro *Wikinomics*, de Don Tapscott e Anthony D. Wikinomics: How Mass Colaboration Changes Everything by Don Tapscott and Anthony D. Williams (New York: Portfolio, 2006). O Web site dos autores está em www.wikinomics.com.

5. O Crispy News faz algo parecido com o Digg. Ele permite que os visitantes votem sim ou não para os itens que gostam: O salesforce.com posteriormente adquiriu o Crispy News e venderá o aplicativo IdeaExchange para outras empresas que desejam implementá-lo.

6. Veja o que um consumidor conhecido como "fifedog" postou no IdeaExchange: Você pode ver o post dele no IdeaExchange do salesforce.com em groundswell.forrester.com/site9-6. Você notará que corrigimos seus erros de ortografia, que são terríveis.

7. Um era um PC rodando Linux, o sistema operacional de código aberto, e não o Windows. O post de "dhart" no IdeaStorm que levou a Dell a oferecer um computador Linux está no groundswell.forrester.com/site9-7. Ele recebeu 148 mil pontos, o que o coloca no topo da lista de sugestões.

8. Ele é muito popular entre as agências de publicidade, que cada vez mais pedem às pessoas para participar de concursos que visam criar anúncios de televisão: O *New York Times* examinou esse fenômeno, e notou que os comerciais de *crowdsourcing* não são apenas uma proposta dispendiosa, mas também levam a expressões da marca que a empresa acha que são inferiores ao ideal. Veja "The High Price of Creating Free Ads", de Louise Story, *The New York Times*, 26 de maio de 2007, em groundswell.forrester.com/site9-8.

9. O anúncio do Doritos da Frito Lay no Super Bowl de 2007 foi terceirizado pela multidão: O anúncio do Frito Lay para o Super Bowl 2007, desenvolvido pelo Yahoo! Video, está no groundswell.forrester.com/site9-9.

Capítulo 10

1. "Mas eu trabalho com marketing. Reconheço a importância do posicionamento." Esta história e estas citações estão no "Weddings/Celebrations; Lori Blackman, Robert Master", *The New York Times*, 14 de dezembro de 2003, no groundswell.forrester.com/site10-1.

2. O vídeo original no YouTube foi visto por mais de cinco milhões de pessoas em menos de um ano: Ver o vídeo "Evolution" no YouTube em groundswell.forrester.com/site10-

3. O triplo do que foi gerado pelo anúncio do Dove no Super Bowl: De acordo com a Alexa, o recall do campaignforrealbeauty.com em janeiro de 2006 chegou a 0,03% dos usuários globais da Internet, *versus* 0,07% em outubro de 2006, quando o vídeo "Evolution" apareceu on-line. Veja as estatísticas no groundswell.forrester.com/site10-3.

4. Em 2006, a Unilever gastou US$2,1 bilhões em marketing nos Estados Unidos, com 40% desta quantia gastos em mídia como TV, mídia impressa, e a Web: Fonte: "Special Report: 100 Leading National Advertisers", AdvertisingAge, 25 de junho de 2007.

5. Seu plano também influenciou o dovenight.com: O site dovenight.com não está mais disponível. No entanto, é possível ver o trailer dos vídeos, "Felicity Huffman and Brady Bunch MashUp", no YouTube em groundswell.forrester.com/site10-5.

6. De acordo com o American Custorner Satisfaction Index, a satisfação dos consumidores começou a cair em 2005. Estes escores de satisfação de consumidores estão no groundswell.forrester.com/site10-6.

7. O terrível atendimento ao cliente que ele estava recebendo da empresa: Post do blog de Jeff Jarvis em 21 de junho de 2005, "Dell lies. Dell sucks", no blog BuzzMachine em groundswell.forrester.com/site10-7.

8. Três dias depois, ele recebeu uma máquina nova – e também não funcionava. Em 26 de junho, Jeff escreveu: Post do blog de Jeff Jarvis em 26 de junho de 2005, "Dell still sucks. Dell still lies", no blog BuzzMachine em groundswell.forrester.com/site10-8.

9. E em 21 de junho de 2006, um notebook da Dell pegou fogo em uma conferência em Osaka, no Japão: Ver "Dell laptop explodes at Japanese conference", de Paul Hales, Inquirer, 21 de junho de 2006, em groundswell.forrester.com/site10-9.

10. O que se segue é um verbete inteiro (e observe o título audacioso): Post do blog de Lionel Menchaca em 13 de julho de 2006, "Flaming Notebook" no blog Direct2Dell e os comentários estão em groundswell.forrester.com/site10-10.

Capítulo 11

1. Como você se sentiria se um de seus funcionários escrevesse algo assim? Esta citação está no perfil de Ashley Hemsath no blueshirtnation.com. A Nação dos Camisas Azuis está disponível apenas para os funcionários da Best Buy. Agradecemos a permissão da Best Buy por nos permitir ver o site e extrair citações dele.

2. Clark Kokich sentou-se na frente de seu computador e escreveu seu post de blog: Esta citação é de Clark Kokich na intranet do Avenue A/Razorfish. A intranet está disponível apenas aos funcionários da empresa. Agradecemos a permissão da AvenueA/Razorfish para extrair citações do site.

3. Mais de 90% dos funcionários se logaram, fizeram 2.900 *uploads* de arquivos, e contribuíram para 6.500 páginas: Estas estatísticas vêm da inscrição da Avenue A/Razorfish ao Forrester Groundswell Awards de 2007. A empresa e seu wiki ganharam o prêmio na categoria gestão.

4. A Microsoft anunciou que estava adquirindo a aQuantive, a controladora da Avenue A/Razorfish: Ver o relatório da Forrester de 23 de maio de 2007, "Microsoft Buys aQuantive: The Future of Avenue A/Razorfish Is Unclear", de Harley Manning, em groundswell.forrester.com/site11-4.

5. Os leitores responderam com ceticismo, e escreveram coisas como "Isso nunca vai acontecer" ou "Vai levar de 2 a 3 anos":

Para mais detalhes sobre a criação da Intelpedia, ver "Wikimaniacs debate corporate acceptance of wikis", de Phil Hochmuth, InfoWorld, 9 de agosto de 2006, em groundswell.forrester.com/site11-5.

6. Das principais idéias, 27 foram selecionadas para serem revisadas, e 12 foram implementadas. Estas estatísticas vieram de uma entrevista com Rex Lee. Para um pano de fundo mais detalhado sobre o ID-ah!, ver "Collaboration only blooms with employee cultural shift" de Paul Weinberg, ConnectIT, 10 de outubro de 2007, em groundswell.forrester.com/sitell-6.

Faça parte da conversa

Um livro é uma forma de comunicação. Nós escrevemos; você lê. Mas não precisa ser dessa forma.

Quando trabalhamos neste projeto, ficou claro que as pessoas com mais interesse em tecnologias sociais eram, elas mesmas, um *groundswell*. Elas queriam conectar-se conosco e mais do que isso: queriam conectar-se umas com as outras. Decidimos seguir nosso próprio conselho. Criamos um lugar para você se conectar no endereço: groundswell.forrester.com.

Como decidimos o que colocar lá? Seguimos nosso próprio conselho e usamos o método POST (ver o Capítulo 4).

As pessoas – os leitores deste livro – são naturalmente inclinadas a participar on-line, mas têm a inclinação profissional e talvez não sejam especialistas em tecnologia. O site (em inglês) mostra isso.

Nosso objetivo é criar um lugar em que vocês possam apoiar-se mutuamente e, para isso, criamos uma comunidade de apoio, como a que descrevemos no Capítulo 8.

Nossa estratégia é consistente com a missão da Forrester – criar vantagem de negócios para os membros de nossa comunidade. Este livro é o primeiro degrau desse caminho e queremos continuar a conversa – por intermédio de uma comunidade on-line, aliada a pesquisas profissionais feitas pela Forrester. Essa foi a maneira que encontramos para continuar a entregar valor a você, mesmo depois de ter lido o livro.

Quanto à tecnologia, ela evoluirá constantemente, de acordo com o que melhor atender à comunidade. Em vez de ler uma descrição detalhada que logo estará desatualizada, por que não ir em groundswell.forrester.com e tentar?

Estamos ansiosos para encontrá-lo no *groundswell*.

Índice de Casos

CASOS E EXEMPLOS POR SEGMENTO

Artigos esportivos
Adidas, 113

Automóveis
GM, 15
Míni, 95-99

Bebidas (vinho)
Stormhoek, 243-244

Bens de consumo
Del Monte Foods, 187-190
Frito-Lay, 199
Procter & Gamble, 126-132
Special K, 181
Unilever, 93, 207-208, 210-213

Brinquedos
Lego, 154-156

Eletrodomésticos
Blendtec, 106
Fiskars, 156
iRobot, 170

Eletrônicos
Motorola, 113
TiVo, 183

Mídia e Entretenimento
Alpha Moms, 49-51
Barbra Streisand, 7
CBS, 172-174
Digg, 3-7
MTV, 48
Naver, 179
New Line Cinema, 8
PodTech, 178
Typhoon, 114
Yahoo!, 179

PC
Dell, 166-171, 195, 215-222
HP, 115-119
Intel, 233
Linksys, 170
NEC/Fujitsu, 53-54

Restaurante
Dunkin' Donuts, 8
Pizza Hut, 24

Serviços de Saúde
Massachusetts General Hospital, 161-165
Memorial Sloan-Kettering, 87-94
Tratamento para câncer/obesidade, 61

Serviços financeiros
Charles Schwab, 94
Crédit Mutuel, 196-199
Fair Isaac, 170

Serviços para negócios
Avenue A/Razorfish, 231-235
Constant Contact, 149-153
Emerson Process, 122
Ernst & Young, 111-112
Network Solutions, 94
Organic, 234
salesforce.com, 192-195
Unica, 121

Software
Intuit, 182

Tecnologia da informação
Bearingpoint, 174
Tibco, 110

Telecom
Bell Canada, 236
Comcast, 8

Varejo
Best Buy, 225-226, 227-230
eBags, 137-138, 143-149
eBay, 177
L. L. Bean/Toys "R" Us, 60-61
Loblaw, 200-203
Petco, 146
varejista anônimo, 69-70

Viagens
Carnival Cruise Lines, 156

CASOS E EXEMPLOS POR ESTRATÉGIA
Blogs
Dell, 233-240
Dunkin' Donuts, 8
Emerson Process, 122
GM, 15
HP, 115-119
Massachusetts General Hospital, 161-165
National Pork Board, 8
New Line Cinema, 8
Stormhoek, 243-244
Unica, 121
empresa anônima, 213-215

Comunidade (idéias)
Bell Canada, 236
Crédit Mutuel, 196-199
Dell, 195-196
salesforce.com, 192-195

Comunidade (particular)
Charles Schwab, 94
Del Monte Foods, 187-189
Memorial Sloan-Kettering, 87-94
Network Solutions, 94
Unilever, 93

Comunidade (público)
Alpha Moms, 49-51
tratamento para câncer/obesidade, 61
Constant Contact, 149-153
Fiskars, 156
Procter & Gamble, 126-132
varejista anônimo, 69-70

Crowdsourcing
Frito-Lay, 199

Fóruns de discussão
Best Buy, 225-226, 227-230
CBS, 172-174
Dell, 183-186
Fair Isaac, 170
iRobot, 170
Linksys, 170
Special K, 181
TiVo, 183

Monitoramento de marca
Mini, 94-99

Programas de Embaixadores
Fiskars, 156
Lego, 154-156

Q&A (Perguntas e respostas)
Naver, 179
Yahoo!, 179

Ratings e análises
eBags, 137-138, 143-149
L. L. Bean/Toys "R" Us, 60-62
Loblaw, 200-202
Petco, 146-147

Sites de relacionamento social
Adidas, 113
Democratas/Republicanos, 57
Ernst & Young, 111-112
Motorola, 113
Organic, 234
Pizza Hut, 24
Typhoon, 114

Vídeos gerados por usuários
Blendtec, 106
Comcast, 8
Tibco, 110
Unilever, 19, 210-213

Votação
Digg, 3-7

Wikis
Avenue A/Razorfish, 231-235
BearingPoint, 174-177
eBay, 177
Intel, 233-234
Intuit, 181
PodTech, 178

CASOS E EXEMPLOS (FORA DOS ESTADOS UNIDOS)
África do Sul/Reino Unido/Irlanda
Stormhoek, 243-244

Canadá
Bell Canada, 236
Loblaw, 200-202

Coréia do Sul
Dunkin' Donuts, 8
Motorola, 113
Naver, 179
Pizza Hut, 24

Typhoon, 114
Stormhoek, 243-244

França
Crédit Mutuel, 196-199

Japão
NEC/Fujitsu, 53-54

Índice

AACS LA, 4, 7
Adelman, Gabrielle e Kenneth, 7
Adidas, 113
Advertising Age, 19, 93
agências
    novas necessidades de habilidades para o *groundswell*, 135
    seleção, 77
Alemanha
    blogs, 19
    fóruns, 28
    Perfil Tecnográfico Social, 51
    podcasts, 19
    ratings e análises, 28
    RSS, 34
    sites de relacionamento social, 22-23
    tags, 30
    UPS *widget*, 36
    vídeo gerado por usuários, 19
Alli, medicamento para perda de peso, 61, 88
amamentação, 8
Amazon, 28, 29
amendoins, 173
American Cancer Society, 60, 92
"Amizades infinitas", 113

Amoroso, Gala, 187-189
análises. Ver *ratings* e análises
Analistas da Forrester
    Brian Haven, 107
    Elizabeth Herrell, 165
    Harley Manning, 166
    Oliver Young, 234
    Peter Kim, 102
    Rob Koplowitz, 237
    Sucharita Mulpuru, 146
Anderson, Chris, 13
Anthony, Joe, 114
Apache, 25
aplicativos para empresas
    aumentar, 239
    Avenue A/Razorfish (estudo de caso), 231-235
    Bell Canada (estudo de caso), 235-237
    Best Buy (estudo de caso), 225-226, 227-230
    cultura exigida para o sucesso, 241
    estratégias vencedoras, 236
apoiar, 73, 161-186
    aplicativos internos, 230
    BearingPoint (estudo de caso), 175

CarePages (estudo de caso), 161-165
Dell (estudo de caso), 166-170
economias geradas pelos fóruns de suporte, 168-169
escolher uma estratégia, 180
Apple
   iPhone, 105
   iPod, 19, 109
   iTunes, 19
   se beneficiariam do feedback, 203
Aprendiz, O, 210
aQuantive, 232
Arnold, Bob, 126-132, 250
Askildsen, Tormod, 41, 154
atendimento ao cliente, 165. Ver também apoio
Austrália, 51
autenticidade, 222
automação industrial, 122
Avenue A/Razorfish, 77, 231-235
Ayers, Michael B., 4, 7

baby boomers, 55
Bancroft, Josh, 233, 240
banda larga, 11
banner, 194
Bazaarvoice, 146, 179, 200
BearingPoint (estudo de caso), 174-177
Bebo, 22
beinggirl.com, 126-132, 250
Bell Canada, 236
Bendt, Steve, 227-230, 240
Benioff, Mark, 221
Best Buy, 225-226, 227-230
BitTorrent, 10
Black, Dan, 111
Blendtec (estudo de caso), 106
blog FastLane (GM), 15, 120
blogosfera, 19
blogs, 9, 19
   ameaças do, 4,5, 8, 20-21

Blendtec, 109
blog de Curt Schilling, 31
blog Forrester Groundswell, 21
blogosfera, 19
busca, 21
BuzzMachine, 216
CarePages, 161-165
comentários sobre, 19
dicas para blogs bem-sucedidos, 123-125
Digg, o blog, 5
Direct2Dell, 219
Emerson Process, 122
Engadget, 105, 219
equipe de resolução de blogs da Dell, 20
estratégia, 109, 133
falso, 31
gapingvoid.com, 243
GM FastLane, 15, 120
HP (estudo de caso), 115-119
moderação, 125
no Perfil Tecnográfico Social, 43
número de pessoas lendo, 19
políticas corporativas sobre blogs, 116
por CEOs, 119
por funcionários, 21, 115-119
problemas para começar um, 213-215
processo editorial para, 124
Procter & Gamble (interno), 240
promover um blog, 124
Rick Clancy (Sony), 250
ROI do, 119
Techdirt.com, 7
thelactivist.com, 8
Unica, 120
videoblogs, 19
vinícola Stormhoek, uso dos, 243
walrnartingacrossamerica.com, 32
Blue Shirt Nation, 225-226, 227-230

Brasil
    CEOs blogando, 119
    Orkut popular nos, 22
    Ricardo Guimarães, 82
burburinho, relação com vendas, 98-99
business-to-business, 74
    ameaça do *groundswell* ao, 14
    Constant Contact (estudo de caso), 149-153
    salesforce.com (estudo de caso), 192-195
    vantagens de construir comunidades, 153
Butler, Shine, Stern & Partners, 95
BuzzLogic, 100
BuzzMachine, 216
Buzzmetrics, 21, 87, 95
Bzz.Agentes, 142

cachorros, 187-190
Cahill, James, 122
californiacoastline.org, 7
Canadá
    Bell Canada (estudo de caso), 236
    Loblaw (estudo de caso), 200-202
    Ogilivy/Canada, 208
câncer, 60, 81-82, 87-94. *Ver também* NCCN
Carat, 113
CarePages (estudo de caso), 161-165
carepress.com, 7
Carnival Cruises, 156
A cauda longa (Anderson), 13
CBS, 172-174
Charles Schwab, 94
Chevrolet Volt, 16
China, 47, 51
CIO, 77
Clancy, Rick, 123
Cobb, Peter, 143, 148
Colecionadores, 46
Comcast, 7

Comeau, Joe, 42, 46
começar pequeno, 76
    com comunidades, 183
    estratégias de escuta, 101
    planejamento de transformação, 223
    Unilever (estudo de caso), 212
Communispace, 83, 87, 88, 89-94, 100
    comunidade Axe, 93
    comunidade de pacientes com câncer, 89-94
    comunidade Gen X da Charles Schwab, 93-94
    comunidade para proprietários de pequenos negócios, 93-94
    custo de trabalhar com, 89
Computação Social, x, 9
ComScore, 35
comunidade de idéias
    Bell Canada (estudo de caso), 236
    IdeaStorm da Dell, 195-196
    salesforce.com (estudo de caso), 192-195
comunidade fechada, 86-87
    Del Monte Foods (estudo de caso), 187-189
    NCCN (estudo de caso), 87-94
comunidades. Ver também
    comunidades fechadas,
    comunidade de idéias, fóruns
    ameaças, 153
    Best Buy (estudo de caso), 225-226, 227-230
    business-to-business, 153
    Constant Contact (estudo de caso) 149-153
    dicas para construir, 183
    estratégia, 109, 130-132, 134
    exigem suporte de longo prazo, 131-132, 158
    gerar tráfego para, 184
    LUGNET (Lego), 154

para energizar, 142
Procter & Gamble (estudo de caso), 126-132
sistemas de reputação, 184
confiança, maior nas pessoas do que na mídia, 139
Conservapedia, 25
Constant Contact (estudo de caso), 149-153
Conteúdo gerado pelo usuário, 19
Coréia do Sul. *Ver* Coréia
Coréia
   blogs, 19
   CyWorld, 23, 24, 46, 113
   fóruns, 28
   Naver, 179
   Perfil Tecnográfico Social, 45, 46, 47, 51
   popularidade de sites de relacionamento social, 23
   post no blog da Dunkin Donuts, 8
   ratings e análises, 28
   RSS, 35
   tags, 30
Craigslist, 10
Crédit Mutuel (estudo de caso), 196-199
Criadores, 43, 50
Crispy News, 193, 195
Críticos, 45, 127
crowdsourcing, 199-200
Cultura corporativa
   mudança, 236-237
      necessária para aplicativos internos, 241
Cultura da Convergência (Jenkins), 172
Cymfony, 21, 87, 95
CyWorld, 22, 24, 46, 113

Dailymotion, 13, 21
Deal, David, 239
Decker, Sam, 180
Del Monte Foods (estudo de caso), 187-189
del.icio.us, 9, 30, 31, 32, 46, 86
Dell
   blog Direct2 Dell, 125
   comunidade de idéias IdeaStorm, 195-196, 221
   equipe de resolução de blogs, 217
   estudo de caso, apoio por meio do fórum, 166-171
   estudo de caso, transformação, 215-222
   Inferno da Dell, 216
   Linux PC, 196
   promotores, 140
Dell, Michael, 218, 221, 222
Democratas, 57
desenvolvimento de produto, 73. *Ver também* incluir
Dickson, Tom, 106
Digg.com, 3-7, 9, 13, 30, 46, 106
   Crispy News semelhante ao, 193
Discovery Channel Shark Week Widget, 36
Doritos, 199
Dove, 207, 209-213
dovenight.com, 211
Drupal, 227
Dunkin Donuts, 8

eBags (estudo de caso), 137-138, 143-149
eBay, 9
   StumbleUpon, 30
   wiki, 27, 177
Edelman, 32
Edwards, John, 37
efeito Streisand, 7, 8
eleitores independentes, 57
e-mail marketing, 149-153
Emerson Process, 122

energizar, 72, 137-160
   aplicativos internos, 229
   Constant Contact (estudo de caso), 149-153
   dicas para sucesso, 156
   eBags (estudo de caso), 137-138, 143-149
   energizar a base, 138, 159
   estratégia do Mini EUA, 97
   estratégia, 142, 156
   influenciadores, 100
   Lego (estudo de caso), 154-155
Engadget, 105, 219
engajamento, mensurar, 135
Eons, 55
Epinions, 28
Ernst & Young (estudo de caso), 111-112
escutar, 72, 81-104
   aplicativos internos, 229
   chave para a mentalidade *groundswell*, 251
   comparado à pesquisa de mercado, 83
   criar um plano, 102
   escolher um fornecedor, 102
   estratégias, 85, 99-101
   Mini (estudo de caso), 94-99
   NCCN (estudo de caso), 87-94
   primeiro passo para a Dell, 222
   primeiro passo para blogar, 123
   quem deve gerenciar, 102
Espanha, 52
Espectadores, 47
estratégia, 109, 114-115, 132-133
   Colecionadores, 46
   Criadores, 43
   Críticos, 45
   da Geração Y, 49
   das Mães Alfa, 50
   de compradores no varejo, 58-60
   de Democratas e Republicanos, 56-57
   de europeus, 51
   de jovens meninas, 127
   de portadores de doenças, 59
   de proprietários de PC HP, 115-116
   de proprietários de pequenos negócios, 150
   de proprietários japoneses de PC, 53
   definida, 43
   dos asiáticos, 51
   dos *boomers* e da terceira idade, 55
   dos proprietários de automóveis, 94-95
   dos que viajam a negócios, 145-146
   escada de grupos, 43
   Espectadores, 47
   estratégias de escuta, 101
   Inativos, 47
   no Perfil Tecnográfico Social, 41-65
   Participantes, 47
   significado do índice em, 47
   traçar o perfil de seus consumidores, 61-62
   usado em estratégias de energização, 157
   usado em sites de relacionamento social, 114-115
   usado para educar executivos, 223
estudantes universitários
   aplicativo do Wal-Mart para Facebook, 59, 78-79
   Ernst & Young recruta com Facebook, 111
estudos de caso. Ver listas de estudos de caso no índice de estudos de caso
Everything Is Miscellaneous (Weinberger), 30
evolução de mercado, 113
ExpoTV, 28

Faberge Organics, 138
Facebook, 9, 21, 22
    aplicativo Ernst & Young para recrutamento, 111
    aplicativo Wal-Mart, 59, 79
    como plataforma, 39
    crescimento, 38-39
    news feed, 23
    Rudy Giuliani, 57
    usado pela vinícola Stormhoek, 243
    usado pelo Dove, 210
Fair Isaac, 170
Fake, Caterina, 169
falar, 72, 105-160
    Aplicativos internos para, 229
    Blendtec (estudo de caso), 106
    Blogs da HP (estudo de caso), 115-119
    Comparado ao marketing, 107
    Ernst & Young (estudo de caso), 111-112
    Estratégia para, 108, 131
    Procter & Gamble (estudo de caso), 126-132
FALs, 41, 154-156
FeedRurner, 34
ferramentas de colaboração. Ver wikis
Ferraro, Vince, 117
Festival de Publicidade de Cannes, 208
filmes
    Snakes on a Plane, 8
    Typhoon (no CyWorld), 114
Finkelstein, Brian, 7
Firefox, 25, 34
Fisher, Steve, 192-195, 250
Fiskars, 156
Flickr, 30
    Caterina Fake, 169
    fotos de automóveis Mini, 98
    tags sobre, 33
    vinícula Stormhoek, uso, 243

flip.com, 131
folksonomy, 30
Fong, Lyle, 185
Forrester Research, 9, 43. *Ver também* Analistas da Forrester
    Perfil Tecnográfico Social, 62
    projeções de terceirização em outros países, 166
    Tecnografia, 43
Fóruns de discussão. Ver fóruns
fóruns, 27-30, 45, 150, 166-171, 183. *Ver também* comunidades
    apoiar programas de televisão, 172-174
    como podem mudar as empresas, 185-186
    definida, 27
    Dell (estudo de caso), 166-171
    economias geradas pelos fóruns de suporte, 168-169
    fatores econômicos, 170
    Linksys, 170
    moderadores, 182
    na Constant Contact, 150
    número de pessoas participando, 28
    participação da empresa na, 183
    QuickBooks, 28, 182
    Special K, 181
    TiVo, 183
França
    blogs na, 19
    estudo de caso, Crédit Mutuel, 196-199
    fóruns em, 28
    Perfil Tecnográfico Social, 51
    podcasts, 19
    ratings e análises, 28
    RSS, 34
    site de relacionamento social Peuplade, 24
    Sites de relacionamento social, 22-23

tags, 30
UPS widget, 36
vídeo gerado por usuários, 19
frases de blogs, 46
Friending, 22, 112
"Amizades infinitas", 113
Frito-Lay, 199
Fujitsu (Japão), 54
Funcionários. Ver aplicativos para empresas

gadgets. Ver *widgets*
Ganz (Webkinz), 24
gapingvoid.com, 243
Gather.com, 19, 55
GenX, 94
GenY, 47
gestão da informação, 175
GigaOm, 70
Giuliani, Rudy, 57
GlaxoSmithKline, 61, 88
GM, 15, 119
Goelling, Gary, 240
Goodman, Gail, 150
Google
    classifica blogs nas primeiras posições, 20, 117
    Google Adsense, 11
    Google Blog Search, 21
    Google Image Search, 7
    Google News, 13
    home page como leitor de RSS, 34
    Orkut, 22
Greg, o Arquiteto, 110
groundswell, 9. Ver também *groundswell*
grupos de foco, 84
Guimarães, Ricardo, 83, 99

Hansen, Ray, 106
Hardy, Trudy, 95-99
Harry Potter, 28
Harvard School of Public Health, 163

Haven, Brian, 107
HD DVD, 4, 5, 7
Helium, 9, 19
Hernsath, Ashley, 225, 230, 242
Herrell, Elizabeth, 165
Hessan, Diane, 88
Hewlett, Bill, 118
hi5, 22
Hillard, Robert, 174-177
Holanda, 52
Hong Kong, 46, 52
Howley, TJ, Michelle, Doc, e MJ, 161-165
HP (estudo de caso), 115-119
Huba, Jackie, 7
Huffman, Felicity, 211
humildade, 203, 251

ID-ah!, 236
Idea Exchange (salesforce.com), 194
IdeaStorm, 185, 220
impulso altruísta, 63, 152, 169
impulso criativo, 64
Impulso de validação, 64, 169
impulso por afinidade, 64
IMS Health, 84
Inativos, 47
incluir, 73, 187-204
    aplicativos internos, 230
    comunidade de idéias IdeaStorm da Dell, 195-196
    Crédit Mutuel (estudo de caso), 196-199
    Del Monte Foods (estudo de caso), 187-190
    Loblaw (estudo de caso), 200-202
    salesforce.com (estudo de caso), 192-195
Índia, 51
Índice de Satisfação de Clientes Americano, 215
Índice Net Promoter, 140
índice promotor on-line, 98

índice, Perfil Tecnográfico Social, 47
indústria automobilística
    blog da GM FastLane, 15, 119
    Mini (estudo de caso), 94-99
influenciadores, energizar, 100
Inovação Democratizante (von Hippel), 190
Inovação Externa (Seybold), 190
inovação, 190-191. *Ver também* incluir
Intel, 233
Internet Explorer, 34
Intranet, 231-235
Intuit
    fórum QuickBooks, 28, 182
iPhone, 105
iPod, 19,109
iRobot, 170
Isobar, 113
IT Toolbox, 14
Itália, 52
iTunes, 19

J.D. Power and Associates, 97
Jackson, Samuel L., 8
Japão
    blogs, 19
    foco, 28
    Perfil Tecnográfico Social, 46, 47, 51, 53-54
    ratings e análises, 28
    RSS, 34
    sites de relacionamento social, 23
    tags, 30
Jarvis, Jeff, 219
Jenkins, Henry, 172
Jericho, 172-174
jiu-jítsu, 17-18
jsmeeker, 183
Judas, Rabbi, 179
Judge, Barry, 227

Kaiser Family Foundation, 163
Kawasaki, Guy, 12

Kellogg School of Management, 96
KickApps, 158
Kim, Peter, 102
Kimura Takuya. Ver Takuya Kimura
Kingsley, Eric, 41, 45, 62, 155
Kintz, Eric, 117-119
Klauser, Harriett, 29
Koelling, Gary, 227-230
Kokich, Clark, 231
Koplowitz, Rob, 237
Korman, Jason, 243-244, 250

L. L. Bean, 59, 202
Lactivist, The, 8
Laycock, Jennifer, 8
Lee, Rex, 235-236
Lego, 154-156
    estudo de caso, energizar, 154-156
    LUGNET, 154
lei CAN-SPAM, 150
Leno, Jay, 106
Leverage Software, 77
Lindstrom, Martin, 19
LinkedIn, 14, 22
Linksys, 172
Linux, 9, 25, 196
Lithium Technologies, 185
Loblaw (estudo de caso), 200-202
Locklear, Heather, 138
LUGNET, 41, 154
Lutz, Bob, 15

M.D. Anderson, 81-82, 83, 91
Mães Alfa (Alpha Moms), 49-51
Mahmoud, Tarik, 170
malas, 137-138, 143-149
Manning, Harley, 166
marcas, 82-83. *Ver também* programa de embaixadores da marca
    ameaça do *groundswell* ao, 13
    definição de Ricardo Guimarães, 83
    escuta ajuda a definir, 99

Índice

monitoramento da marca, 21, 86-87, 94-99, 100
pertencer aos consumidores, 83
planejamento centralizado de marketing, 210
quando usar sites de relacionamento social, 114
vídeo gerado pelo usuário para, 21
marketing, 73, 107. *Ver também* falar
  como conversa, 134
  e-mail marketing, 149-153
  funil de marketing, 108
  gritar, 107
MarketTools, 86, 188
Marshall, Penny, 211
Masnick, Mike, 7
Massachusetts General Hospital, 161-165
Master, Rob, 207-208, 209-213, 251
McConnell, Ben, 7
McDonald, Sean, 170
McLeod, Hugh, 243, 250
Media-Wiki, 233
Mehta, Manish, 221
Memorial Sloan-Kettering (estudo de caso), 87-94
Menchaca, Lione, 217, 218
mentalidade *groundswell*, 16, 17, 71, 250, 252
  energizar, 138
  essência, 250
  método POST, 71
mentalidade
  blog Forrester Groundswell, 21
  dentro de empresas, 225-252
  efeito em segmentos diferentes, 13-14
  energizar, 137-160
  escutar, 81
  falar com, 105-135
  futuro, 245-248
  incluir, 187-204
  nível de participação, 43

  por que as pessoas participam, 62-64
  síndrome de evitar a estratégia *groundswell*, 70
  sustentar o, 161-186
  tendência de longo prazo, 10-11
  teste de tecnologia *groundswell*, 37
  transformar empresas, 207-252
  usado para mudar a cultura corporativa, 236-237
MetaCafe, 21
método POST, 71
  em blogs, 123
  tipos de falhas, 78
Meyers, Carol, 121
MGH. *Ver* Massachusetts General Hospital
Microsoft
  aquisição da aQuantive, 232
  vinícola Stormhoek, 244
mídia
  confiança menor que a propaganda positiva, 139
  efeito do *groundswell*, 13
  fóruns de apoio a programas de televisão, 172-174
MIKE2.0, 174-177
Miner, John G., 233
Míni USA
  afinidade da comunidade, 131
  estudo de caso, escutar, 94-99
mini-hompi, 113
MIT, 172
monitoramento. *Ver também* monitoramento de marca
  blogs e outros conteúdos *groundswell*, 21-22
  monitoramento da marca, 21-22, 87, 94-99, 100
    Mini (estudo de caso), 94-99
    para identificar influenciadores, 100
    relação do burburinho de vendas, 98-99

MotiveQuest, 94-99
Motley Fool, 14
Motorola (no CyWorld), 113
MTV, 48
Mulpuru, Sucharita, 14
my.barackobama.com, 57
myalli.com, 61
MySpace, 9, 21, 22, 113
    Adidas Soccer, uso do, 113
    Barack Obama, 114
    viciados em Mountain Dew, 115
    Victoria's Secret, 24

namoro, on-line, 63
Napster, 10
National Comprehensive Cancer Network. Ver NCCN (estudo de caso)
National Pork Board, 8
Naver, 179
NCCN (estudo de caso), 87
NEC (Japão), 53-54
Nee, Linda, 42, 47, 62
Neoterics, 12
NetVibes, 34
Network Solutions, 94
Networked Insights, 86
New Line Cinema, 7
NHN, 179
Nielsen, 84
    BuzzMetrics, 21, 87, 95
ning.com, 158
Noble, Jim, 137, 250
Northwestern University, 96, 98
notebook em chamas, 125, 219

O'Reilly, Tim, 11
Obama, Barack, 57, 114
obesidade, 61
objetivos
    correspondência com cargos de negócios, 73
    na estratégia *groundswell*, 72-73
    necessária para aplicativos *groundswell* internos, 229
Ogborn, Steve, 105
Ogilvy/Canadá, 207
Olin Coilege, 39
openmethodology.org, 176
Organic, 234
Orkut, 21
Osborne, Jim, 200, 201

Packard, Dave, 118
Pageflakes, 34
papéis
    apoio ao cliente, 73, 165
    CIO, 77
    criar melhores comunidades B-to-B, 153
    desenvolvimento de produtos, 73, 189
    e objetivos correspondentes, 73
    pesquisador de mercado, 73, 84
    profissional de marketing, 73, 107
    TI corporativo, 221
    vendas, 73, 141-142
PayPal, 14
Pearson, Bob, 217
Peirce, Georgia, 162
penetração on-line, 11
pequena empresa
    comunidade fechada para estudo, 93
    Constant Contact (estudo de caso), 149-153
    fórum QuickBooks, 28, 182
    Perfil Tecnográfico Social, 150
perfis, 22-23
Pergunta Definitiva, A (Reichheld), 140
perguntas e respostas
    Bazaarvoice, 179
    Naver, 179
    LinkedIn Answers, 14
    Yahoo! Answers, 179

Perry, Lynn, 81-82, 91, 250
pesquisa de mercado, 84
pesquisa, 73, 83. *Ver também* escutar
   escutar gera economia, 100
pesquisas 84
Petco, 146
Peuplade, 24
Photobucket, 32
Piczo, 22, 131
Pizza Hut (Coréia), 24, 113
plataformas, 39
podcasts, 19, 21
PodTech.net, 178
política
   John Edwards usa o Twitter, 37
   Perfil Tecnográfico Social, 56-57
   uso de *widgets*, 35
Poniatowski, Bob, 183
Pontiac, 15, 24
posts. *Ver* blogs, fóruns
Prager, Dr. Iris, 128
Predador. Ver Stenski, Jeff
President's Choice, 200-202
Procter & Gamble, 126-132
   estudo de caso, escutar, 126-132
   programa interno de blogs, 240
profissionais de marketing cidadãos (McConnell and Huba), 7
programa de embaixadores da marca, 142
   Fiskars, 156
   Lego (estudo de caso), 154-156
   ROI do, 155
Programas de embaixadores. Ver programas de embaixadores da marca
Propaganda positiva, 138, 150
Prosper, 14
publicidade on-line, 11

QuickBooks, fórum de suporte, 28, 182

Rabjohns, David, 98
Rangaiah, Babs, 207, 210, 211, 251
ratings e análises, 27-29, 143-149, 200-202
   ameaças, 29
   Bazaarvoice, 146, 200
   críticas negativas, 146
   eBags (estudo de caso), 137-138, 142-149
   ExpoTV (análise dos vídeos), 28
   gerar alavancagem sobre os fabricantes, 149
   Loblaw (estudo de caso), 200-202
   no Perfil Tecnográfico Social, 45
   números que usam, 28, 146-147
   ROI do, 147
Ray-Ban, no YouTube, 22
really simple syndication. Ver RSS
recrutar, 111-112
redfiagdeals.com, 14
RedDot, 232
Reichheld, Fred, 140
Reino Unido
   Fóruns no, 28
   Perfil Tecnográfico Social, 52
   ratings e análises, 28
   Redes sociais, 22-23
   RSS, 35
   tagging, 30
   UPS *widget*, 36
relacionamentos, mais importantes que tecnologias, 18
relações públicas, 107
   gerenciar crises, 100
   responder com blogs, 119
renda psíquica, 169, 179, 180
Republicanos, 57
Reuters, 27
ROI
   do programa de embaixadores da marca, 155
   em blogs, 119
   fóruns de apoio, 170
   ratings e análises, 146

Rollins, Kevin, 236
Roman, Eugene, 236
Rose, Kevin, 3-7
Rotten Tomatoes, 10, 28
Royal, Maureen, 150
RP. Ver relações públicas
RSS, 33-36
Rubel, Steve, 219
Rusk, Kelly, 152

salesforce.com
    estudo de caso, comunidade de idéias, 192-195
    Mark Benioff, 221
    rede social para consumidores, 24
saúde
    CarePages (estudo de caso), 161-165
    NCCN (estudo de caso), 87-94
    Perfil Tecnográfico Social, 59
Schilling, Curt, 31
Schwartz, Jonathan, 118
Scoble, Robert, 178
Sears, 69, 114, 202
Second Life, 23
Será que vai bater? (estudo de caso), 106
serviços financeiros
    ameaça do *groundswell* ao, 14
    Charles Schwab, 94
    Crédit Mutuel (estudo de caso), 196-199
    Fair Isaac, 170
sexo, 127
Seybold, Patricia B., 190
sijetaisbanquier.com, 197
sites de relacionamento social, 22-25.
    Ver também Facebook, MySpace, CyWorld, LinkedIn, Piczo,
    Adidas Soccer/MySpace, 113
    definição dos participantes, 46
    Ernst & Young/Facebook (estudo de caso), 111-112
    estimular interação, 115
    friending, 22, 112
    número de pessoas usando, 22-24
    "Organism" da Organics (interno), 234
    para namoro, 63
    perfis, 22-23
    Peuplade, 24
Skittles, 24
Snakes em um blog, 8
Snakes on a Plane, 8
Snausages Breakfast Bites, 188
SNS. *Ver* sites de relacionamento social
SOA, 110
software de código aberto, 25
Sonet, Ellen, 87-89, 93, 250
Sony BMG, 128
Sony, 202
spam, 149-153
Special K, 181
SplashCast, 35
spray corporal Axe, 93
Stenski, Jeff, 167, 169
Streisand, Barbra, 7
StumbleUpon, 30
Sturgeon, Theodore, 12
Suécia, Perfil Tecnográfico Social, 52
Sun Microsystems, 118
Super Bowl, 199, 208

tags, 30-33. *Ver também* Digg.com; del.icio.us
    Everything Is Miscellaneous (Weinberger), 30
    Flickr, 30
    na definição dos Colecionadores, 46
    no YouTube, 30-31
Takuya Kimura, 54
talkpages, 26, 27
Tampax (estudo de caso), 126-132
Tapscott, Don, 190

Taschek, John, 193
Tassler, Nina, 174
taxalmanac.com, 177
taxonomia, 30
TechCrunch, 70
Techdirt.com, 7
Technorati, 21, 86
Tecnográfico, 43. *Ver também* Perfil Tecnográfico Social
tecnologias
    avaliação, 37
    como plataformas, 39
    menos importante que relacionamentos, 18
    selecionar fornecedores, 77
    último prazo na estratégia, 72
telefones celulares, 11, 245
    Twitter, 37
terceira idade, 54-55
terceirização, 166
Thomas, Jacquelyn, 98
Thymus Branding, 83
Tibco, 110
TiVo, 183
TNS Cymfony, 21, 87, 95
Toshiba, 4
Toys 'R" Us, 58
Trampp, Helena, 246
Transformação de empresas, 207-252
    Passos para, 208-209
TripAdvisor, 28, 85
Truemors, 12
Trump, Donald, 210
Twitter, 36-40
Typhoon (no CyWorld), 114

Unica, 121
Unilever, 94 207-208, 210-213. *Ver também* Dove
    Comunidade fechada Axe, 93
    estudo de caso, transformação do marketing, 207-208, 210-213
UPS *widget*, 36

Van Flandern, Constance, 49
Vander Wal, Thomas, 30
Varejo
    ameaça do *groundswell* ao, 14
    Best Buy (estudo de caso), 225-226, 227-230
    desconto aos funcionários, 228
    eBags (estudo de caso), 137-138, 142-149
    Loblaw (estudo de caso), 200-202
    Perfil Tecnográfico Social dos compradores, 58-60
vendas, 69. *Ver também* energizar clientes em potencial vindos de blogs, 122
    relação com burburinho, 98
viagens a negócios, 145
Victoria's Secret, 24, 69
vídeo blogs, 19
Vídeo gerado pelo usuário, 19, 109-110. *Ver também* Vídeos virais; YouTube
    Usado para marcas, 21
vídeo. Ver vídeo gerado pelo usuário
vídeos vitais, 109-110
    Blendtec (estudo de caso), 106
    Quando usar, 132-133
    Tibco, 110
vinícola Stormhoek, 243-244
von Hippel, Eric, 190

Wal-Mart, 59, 202
    aplicativo Facebook, 59, 79
    blog, 31
Watterson, Alison, 116
Web 2.0, 12, 13, 34
Webkinz, 24
WebMD, 92
WeeWorld, 23, 24
Weinberger, David, 30
widgets, 33-36
wiki de impostos, 63-64, 177
WikiHow, 25

Wikinomics (Tapscott e Williams), 190
Wikipedia, 9, 25, 27, 63, 175, 178, 233
    ameaça, 26
    fazer mudanças, 27
    Media-Wiki, 233
    ponto de vista neutro, 25
    por que as pessoas contribuem, 64
    talk pages, 27
wikis, 25-27. *Ver também* Wikipedia
    "Intelpedia", da Intel, 233
    Avenue A/Razorfish (estudo de caso), 231-235
    BearingPoint (estudo de caso), 175
    definido, 25
    eBay, 177
    Número de pessoas que contribuem para, 26
    Organic, 234
    Problemas com, 178
    quando usar, 177-178
    talk pages, 26
    Wiki sobre impostos da Intuit, 177
wikivangelizador, 239
Williams, Anthony D., 190
Windows Vista, 117
Word of Mouth Marketing Association, 139
Wright, George, 106
www. *Ver* verbetes em ordem alfabética, de acordo com nome de domínio

Yahoo!
    Como parceiro, 77
    del.icio.us, 30
    Flickr, 30
    home page como RSS reader, 33-34
    Yahoo! Answers, 64, 179
    Yahoo! Finance, 14
    Yahoo! Video search, 21
Yelp, 85
Young, Oliver, 234
youth
    comunidade beinggirl.com, 126
    comunidade particular para estudar, 93
    Perfil Tecnográfico Social, 47-48, 127
YouTube, 7, 8, 9, 12, 19, 208, 211
    ameaça, 5, 7, 20
    Automóveis Mini, 98
    Canais no, 20
    Chave do DVD HD, 5
    Dove Evolution, 208, 211
    Greg, o Arquiteto, 110
    Na definição dos Criadores, 43
    Número de pessoas vendo, 19
    Será que vai bater?, 106
    tags no, 30
    usado pela vinícola Stormhoek, 243
    Vídeo da Ray-Ban, 21

Zelen, Alisou, 93
Ziman, Dan, 110

Cartão Resposta
05012004-7/2003-DR/RJ
Elsevier Editora Ltda
...CORREIOS...

ELSEVIER

SAC | 0800 026 53 40
ELSEVIER | sac@elsevier.com.br

CARTÃO RESPOSTA
Não é necessário selar

O SELO SERÁ PAGO POR
Elsevier Editora Ltda

20299-999 - Rio de Janeiro - RJ

Acreditamos que sua resposta nos ajuda a aperfeiçoar continuamente nosso trabalho para atendê-lo(la) melhor e aos outros leitores.
Por favor, preencha o formulário abaixo e envie pelos correios.
Agradecemos sua colaboração.

Seu Nome: _____

Sexo: ☐ Feminino ☐ Masculino   CPF: _____

Endereço: _____

E-mail: _____

Curso ou Profissão: _____

Ano/Período em que estuda: _____

Livro adquirido e autor: _____

Como ficou conhecendo este livro?
☐ Mala direta   ☐ E-mail da Elsevier
☐ Recomendação de amigo   ☐ Anúncio (onde?) _____
☐ Recomendação de seu professor?
☐ Site (qual?) _____   ☐ Resenha jornal ou revista
☐ Evento (qual?) _____   ☐ Outro (qual?) _____

Onde costuma comprar livros?
☐ Internet (qual site?) _____
☐ Livrarias ☐ Feiras e eventos ☐ Mala direta

☐ Quero receber informações e ofertas especiais sobre livros da Elsevier e Parceiros

Qual(is) o(s) conteúdo(s) de seu interesse?

Jurídico - ☐ Livros Profissionais ☐ Livros Universitários ☐ OAB ☐ Teoria Geral e Filosofia do Direito

Educação & Referência - ☐ Comportamento ☐ Desenvolvimento Sustentável ☐ Dicionários e Enciclopédias ☐ Divulgação Científica ☐ Educação Familiar ☐ Finanças Pessoais ☐ Idiomas ☐ Interesse Geral ☐ Motivação ☐ Qualidade de Vida ☐ Sociedade e Política

Negócios - ☐ Administração/Gestão Empresarial ☐ Biografias ☐ Carreira e Liderança Empresariais ☐ E-Business ☐ Estratégia ☐ Light Business ☐ Marketing/Vendas ☐ RH/Gestão de Pessoas ☐ Tecnologia

Concursos - ☐ Administração Pública e Orçamento ☐ Ciências ☐ Contabilidade ☐ Dicas e Técnicas de Estudo ☐ Informática ☐ Jurídico Exatas ☐ Língua Estrangeira ☐ Língua Portuguesa ☐ Outros

Universitário - ☐ Administração ☐ Ciências Políticas ☐ Computação ☐ Comunicação ☐ Economia ☐ Engenharia ☐ Estatística ☐ Finanças ☐ Física ☐ História ☐ Psicologia ☐ Relações Internacionais ☐ Turismo

Áreas da Saúde - ☐ Anestesia ☐ Bioética ☐ Cardiologia ☐ Ciências Básicas ☐ Cirurgia ☐ Cirurgia Plástica ☐ Cirurgia Vascular e Endovascular ☐ Dermatologia ☐ Ecocardiologia ☐ Eletrocardiologia ☐ Emergência ☐ Enfermagem ☐ Fisioterapia ☐ Genética Médica ☐ Ginecologia e Obstetrícia ☐ Imunologia Clínica ☐ Medicina Baseada em Evidências ☐ Neurologia ☐ Odontologia ☐ Oftalmologia ☐ Ortopedia ☐ Pediatria ☐ Radiologia ☐ Terapia Intensiva ☐ Urologia ☐ Veterinária

Outras Áreas - _____

Tem algum comentário sobre este livro que deseja compartilhar conosco? _____

* A informação que você está fornecendo será usada apenas pela Elsevier e não será vendida, alugada ou distribuída por terceiros sem permissão preliminar.
* Para obter mais informações sobre nossos catálogos e livros por favor acesse **www.elsevier.com.br** ou ligue para **0800 026 53 40.**